한 번에 끝!
OPIc
러시아어

합격 노하우!

1. 시험의 첫 단추, '자기소개' 완벽 대비
2. **Background Survey**를 전략적으로 선택하기 위한 길잡이
3. 콤보 문제 해결을 위한 모범 답변 수록
4. 롤플레이(**Role Play**) 준비하기

1. 시험의 첫 단추, '자기소개' 완벽 대비

Q "자기소개 답변은 어떻게 준비해야 할까요?"

A 자기소개는 항상 첫 번째 질문으로 나오는 가장 빈출도 높은 항목입니다. 수험자의 다양성을 고려해서 학생과 직장인의 입장으로 나누어 자기소개를 준비했습니다. 본인의 상황에 맞게 자기소개를 간단하고 자연스럽게 준비해 보세요.

2. Background Survey를 전략적으로 선택하기 위한 길잡이

Q "설문지에서 어떤 항목을 선택하는 게 좋을까요?"

A 설문지를 선택할 때, 연관성 있는 항목을 전략적으로 선택하는 것이 중요합니다. 합리적인 선택을 도와주기 위해 다양한 표현들과 어휘들을 정리해 놓았습니다.

3. 콤보 문제 해결을 위한 모범 답변 수록

Q "콤보 문제를 어떻게 준비해야 할지 모르겠어요."

A 수험자들이 가장 어렵게 생각하는 것이 '콤보 문제'입니다. 어떤 질문이 나와도 당황하지 않고 답변할 수 있도록 빈출도 높은 콤보 문제들에 대한 모범 답변을 준비했습니다.

4. 롤플레이(Role Play) 준비하기

Q "롤플레이는 어떻게 준비해야 할까요?"

A 대부분의 수험자들이 당황하는 파트 중 하나입니다. 롤플레이는 약간의 연기가 필요합니다. 그러므로, 자신감을 가지고 연습할 수 있도록 상황별 롤플레이에 필요한 핵심 패턴만을 모았습니다.

OPIc이란?

OPIc 시험은 컴퓨터를 통해 진행되는 가상 1:1 인터뷰 방식의 응시자 맞춤형 외국어 말하기 평가로서, 실제 생활에서 얼마나 효과적이고 적절하게 외국어를 사용할 수 있는지 측정하는 시험입니다.

OPIc 시험은 개인별 설문 조사를 통해 응시자의 관심 분야에 맞춘 주제에 따라 문항을 출제합니다. 또한, 응시자가 질문의 난이도를 스스로 설정할 수 있는 맞춤형 평가입니다. 문항별 시간제한 없이 전체 시험 시간(40분) 안에만 완료하면 되는 비교적 자유로운 평가입니다. 따라서 응시자가 답변 시간을 조절할 수 있으며, 질문을 듣지 못하면 한 번 더 들을 수도 있습니다. 또한, 시험 중간에 문제 난이도를 재조정할 수 있는 기회가 있는 응시자 편의의 평가입니다.

OPIc 평가 등급 체계

레벨		내용
Advanced	**AL** (Advanced Low)	완벽하고 자연스러운 답변이 가능하며, 주제에 대해서 자유롭게 대화 및 토론이 가능하다. 여러 가지 다양한 어휘를 사용하여 부족한 부분들을 말할 수 있고, 익숙하지 않은 복잡한 상황에서도 문제에 대한 설명과 답변이 가능하다.
Intermediate	**IH** (Intermediate High)	다양한 어휘와 문법들을 사용할 수 있다. 여러 가지 주제들을 적극적으로 이야기할 수 있으며, 보다 논리적으로 서술할 수 있다. 돌발 질문들에도 자연스럽게 답변이 가능하다.
	IM1, IM2, IM3 (Intermediate Mid)	일상적인 소재뿐만 아니라 개인적으로 익숙한 상황에서도 답변이 가능하다. 다양한 어휘 및 문법들을 사용하려고 노력한다.
	IL (Intermediate Low)	일상적인 소재의 질문들을 정리된 문법으로 말할 수 있다. 본인이 선호하는 주제에 대해서는 답변을 할 수 있다.
Novice	**NH** (Novice High)	개인 정보에 대한 질문들을 답변할 수 있다. 또한, 간단한 일상적인 질문들을 답변할 수 있다.
	NM (Novice Mid)	기본적인 문장의 형태 및 제한적인 몇몇 단어들을 나열할 수 있다.
	NL (Novice Low)	몇몇 단어들만 이야기할 수 있다.

① 자신의 답변 녹음하기

매일 실전처럼 자신의 답변을 녹음한 후, 반복해서 들으며 인지하지 못했던 자신의 어색한 발음과 내용 전달력 등을 체크하는 것이 중요합니다.

② OPIc 시험의 특징 200% 활용하기

OPIc 시험은 진실성을 평가하는 시험이 아닙니다. 따라서 더 나은 답변을 위해 여러 요소들을 가상으로 만들어 답변해도 충분히 높은 점수를 받을 수 있습니다.

③ 센스 있게 Background Survey 선택하기

OPIc 시험은 수험자가 선택한 Background Survey를 바탕으로 시험이 나옵니다. 수험자가 시험 범위를 어느 정도 예측할 수 있다는 장점을 활용해서 Background Survey를 전략적으로 선택하는 것이 중요합니다. 콤보 문제를 대비하여 되도록 비슷한 주제를 함께 선택하고 답변을 최대한 중복시켜 준비하는 것이 필요합니다.

④ 스토리텔링 기법 활용하기

OPIc에서 짜임새 있는 답변의 구성은 기본적으로 필요합니다. 문법이나 발음, 강세 등에서 조금 실수해도 어느 정도 짜임새 있는 스토리 답변을 구성할 수 있다면, IM 등급은 어렵지 않게 받을 수 있습니다. 기본적인 실수는 최소화하면서 짜임새 있는 답변의 스토리를 만드는 연습을 해보세요.

OPIc 시험은 총 〈15문제〉로 구성됩니다.

1 자기소개 (1문항)

가장 처음, 그리고 필수적으로 출제되는 문항으로 수험자 자신을 소개하는 문제 유형입니다. 본인이 선택한 Background Survey 항목을 잘 생각해서 일관성 있게 답변하는 것이 유리합니다.

2 롤플레이 (2~3문항)

주어진 상황에 맞게 수험자가 역할극을 하는 문항입니다. 다만, 시험관이 상대 역할을 실제로 해주지 않기 때문에 어느 정도의 감정 표현과 연기력이 요구되는 문항입니다. 시험에 대한 긴장감으로 인해 결코 쉽지 않은 부분이지만, 실제 상황처럼 자연스럽게 답변할 수 있도록 많은 연습이 필요합니다. 문제에서 요구하는 부분을 정확하게 파악한 후, 답변을 한다면 높은 점수를 얻을 수 있습니다.

3 설문지 관련 문항 (6~9문항)

수험자가 선택한 Background Survey 항목을 바탕으로 출제되는 문항입니다. 대부분 콤보 형태로 출제되므로, 본인이 선택한 항목에 대해 출제될 수 있는 다양한 문항을 예측하고 답변을 준비하는 것이 중요합니다.

4 돌발 질문 (3~5문항)

수험자가 선택하지 않은 Background Survey 항목에서 출제되는 문항입니다. 체감 난이도는 높지만, IM 등급을 목표로 한다면, 빈출 주제를 중심으로 핵심 어휘와 표현을 활용하여 간단하게 답변해도 좋습니다.

● 오리엔테이션 🕐 20분

Background Survey 작성 ➡ 자기 수준에 맞는 시험 난이도 설정 ➡

질문 청취 및 답변 녹음 기능 사전 점검 ➡ 화면구성, 청취 및 답변 방법 안내, 답변 연습

● 본 시험 🕐 40분

◎ 첫 번째 세션

약 7문항의
개인 맞춤형
문항
➡
질문 청취
2회 가능
➡
문항별
답변 시간
제한 없음

⬇

난이도 재조정

⬇

◎ 두 번째 세션

약 7문항의
개인 맞춤형
문항
➡
질문 청취
2회 가능
➡
문항별
답변 시간
제한 없음

* 두 번째 세션에서는 재조정된 난이도를 바탕으로 첫 번째 세션과 동일하게 진행됩니다.

Q 문항별 답변 시간은 어느 정도가 적절한가요?

A 답변 시간에 제한은 없지만, 보통 1분 30초~2분 내외로 답변하는 것이 좋습니다.

Q 난이도 선택에서 쉬운 질문을 선택하면 등급도 낮아지나요?

A 그렇지 않습니다.
쉬운 질문에도 짜임새 있는 구성의 답변을 한다면, 충분히 높은 등급을 받을 수 있습니다.

Q 성적표에 UR등급이 나오는 경우, 재시험의 기회는 없나요?

A 수험자의 과실이 있는 경우가 아닌, 시스템 오류로 인해 녹음 불량이거나 음량이 너무 작은 경우는 1회의 재시험 기회가 있습니다. (※UR등급 : unable to rate의 약자, 등급 판정 불가)

Q OPIc은 절대평가인가요?

A 네. 수험자의 녹음 내용은 ACTFL 공인 평가자에게 전달되어 ACTFL Proficiency Guidelines Speaking 기준에 따라 절대평가되어 등급이 부여됩니다.

한 번에 끝! OPIc 러시아어

초판인쇄	2022년 6월 3일

지 은 이	문지혜
펴 낸 이	임승빈
편집책임	정유항, 김하진
편집진행	이승연
디 자 인	다원기획
마 케 팅	염경용, 이동민, 이서빈

펴 낸 곳	ECK북스
주 소	서울시 마포구 창전로2길 27 [04098]
대표전화	02-733-9950
팩 스	02-6394-5801
홈페이지	www.eckbooks.kr
이 메 일	eck@eckedu.com
등록번호	제 2020-000303호
등록일자	2000. 2. 15

I S B N	979-11-6877-014-0
정 가	19,000원

한 번에 끝!

OPIc

러시아어

– 문지혜 지음 –

지은이의 말

제2 외국어 능력이 취업과 승진에서 큰 가산점을 받아 유리하게 작용한지는 오래되었습니다. 글로벌 시대를 맞아 많은 기업이 제2 외국어 능력자들을 양성하고 채용하려는 경향도 커졌습니다. OPIc 시험이 신뢰할 만한 외국어 말하기 능력 평가로 부각되면서 제2 외국어를 구사하는 이들에게는 필수 시험이 되었습니다.

러시아어는 공인 인증 시험이 국내에 많지 않아서 OPIc의 중요성이 더 큽니다. 러시아어 시험 관련 콘텐츠는 영어, 일본어, 중국어에 비하면 아직도 많이 미흡하다고 말할 수 있습니다. 학습 자들은 스스로 인터넷에서 정보를 찾아다녀야 하며 심지어 그에 맞는 자료를 찾기도 어려운 실 정입니다. 교육 현장에서 이러한 학습자들의 고충을 몸소 느꼈고 학습자들에게 조금이나마 도 움이 되고자 기쁜 마음으로 「한 번에 끝! OPIc 러시아어」를 집필하게 되었습니다.

「한 번에 끝! OPIc 러시아어」는 OPIc 시험에 대한 진행 방식을 상세히 기술함으로써, 시험에 대한 기본 배경지식이 없는 학습자들도 교재만으로 충분히 시험에 대비할 수 있도록 준비했습니다. 빈출도 높고 서로 연관성 있는 주제만을 선별하여 학교생활과 직장 생활을 따로 나누어 학습자의 상황에 맞는 다양한 상황별 모범 답변을 제시하고, 기본적인 자기소개와 주제별 3단 콤보 문제를 비롯하여 학습자들이 특히 어려워하는 롤플레이와 돌발 질문까지 모두 패턴 안에 서 쉽게 사용할 수 있도록 응용 표현들을 제시했습니다. 응용에서 끝나는 것이 아닌 기초 문법 을 함께 학습함으로써 학습자 스스로 문장을 만들어 보며 러시아어 실력을 향상시키는 데 도움 을 주고자 했습니다. 러시아어의 특성상 과거 시제 및 여러 품사에서 남성과 여성의 형태가 다 르기 때문에 남성 학습자와 여성 학습자 모두 학습할 수 있도록 준비했으며, 바로 응용하여 시 험 현장에서 사용할 수 있도록 모든 단어들의 형태를 응용 문장에 맞췄습니다. 다양한 응용 표 현으로 학습자들은 꼭 주어진 제시 문장만을 암기하는 것이 아닌 본인의 이야기를 작성할 수 있습니다.

1. 기초 응용 편

질문 초반에 나오는 가장 빈출도 높은 필수 질문들로 구성되어 있으며, 제시된 문장을 보고 학습자가 자신의 이야기를 만들어 보는 코너입니다. 구조별 답변 순서를 구분해 놓음으로써, 어떤 내용이 질문에 대한 답으로 들어가야 하는지를 파악할 수 있습니다.

2. 콤보 응용 편

출제 빈도가 높고 연관성 있는 내용끼리 엮어서 답변할 수 있도록 관련성 높은 주제로만 선정하였습니다. 3단 콤보 형식으로 구성되어 있으며, 핵심 구조를 통해 문장 및 패턴을 익히고 이를 활용한 모범 답변으로 학습자가 실제 시험에서 100% 활용할 수 있도록 준비했습니다. 이외에 유용한 표현 사전을 통해 주제에 대한 다양한 표현을 추가로 학습할 수 있습니다.

3. 롤플레이 핵심 패턴

다양한 상황의 롤플레이 패턴을 제시하여 실제 시험에서 어떤 주제가 나와도 핵심 패턴을 응용해서 답할 수 있도록 준비했습니다. 답변 중, 잠시 생각할 시간이 필요하거나 답변 시간을 벌 수 있도록 리액션하기 좋은 답변들도 함께 구성되어 있습니다.

4. 돌발 질문

선택한 주제와 관련 없는 돌발 질문에 대비한 모범 답변을 출제 빈도 높은 주제별로 선별하였습니다.

마지막으로 물심양면으로 애써주시고 오랜 시간 믿고 기다려주신 ECK교육 임승빈 대표님과 관계자분들을 비롯하여 편집에 많은 도움을 주신 이승연 실장님께 진심으로 감사의 인사를 전합니다. 이 책이 완성되기까지 항상 응원해 주고 힘이 되어준 가족들과 영원한 친구이자 교재 감수에 도움을 준 Светлана Медведева에게도 감사의 마음을 표합니다.

러시아어 학습자들에게 조금이나마 이 교재가 도움이 되길 바랍니다.

저자 문 지혜

이 책의 구성과 특징

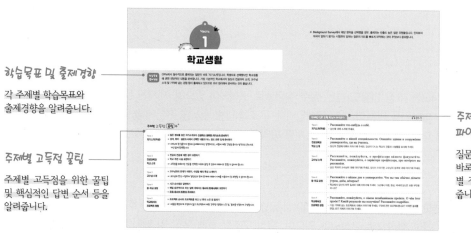

학습목표 및 출제경향

각 주제별 학습목표와
출제경향을 알려줍니다.

주제별 고득점 꿀팁

주제별 고득점을 위한 꿀팁
및 핵심적인 답변 순서 등을
알려줍니다.

주제별 질문 유형 한눈에 파악하기

질문 의도를 빠르게 파악하고
바로 대답할 수 있도록 주제
별 질문 유형을 모아서 보여
줍니다.

기초 응용 편

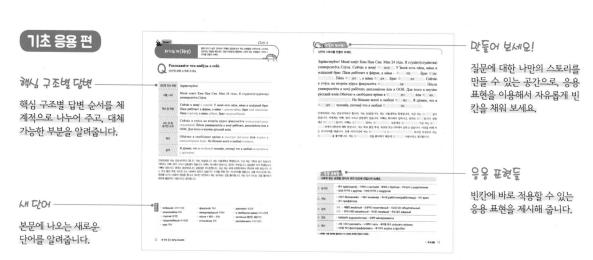

핵심 구조별 답변

핵심 구조별 답변 순서를 체
계적으로 나누어 주고, 대체
가능한 부분을 알려줍니다.

새 단어

본문에 나오는 새로운
단어를 알려줍니다.

만들어 보세요!

질문에 대한 나만의 스토리를
만들 수 있는 공간으로, 응용
표현을 이용해서 자유롭게 빈
칸을 채워 보세요.

응용 표현들

빈칸에 바로 적용할 수 있는
응용 표현을 제시해 줍니다.

문법 익히기

기초 필수 문법을 다양한 예문과 함께
알기 쉽게 정리했습니다. 회화뿐만 아니
라 기초적인 문법도 함께 익혀 보세요.

유용한 표현사전 10

주제별 유용한 표현들을 다양하게 수록
했습니다. 어떤 질문이 나와도 자신 있게
답변할 수 있도록 자신만의 재미있는 스
토리를 만들어 보세요.

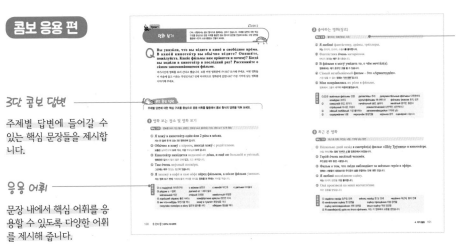

핵심 구조

고득점을 위한 핵심 구조를 제시해 줌으로써 체계적인 답변을 할 수 있도록 도와줍니다.

3단 콤보 답변

주제별 답변에 들어갈 수 있는 핵심 문장들을 제시합니다.

응용 어휘

문장 내에서 핵심 어휘를 응용할 수 있도록 다양한 어휘를 제시해 줍니다.

모범 답변

'콤보 응용 편'에서는 주제에 관한 모범 답변을 제시해 줍니다. 다양한 답변으로 높은 점수를 받을 수 있도록 자신에게 맞는 답변으로 활용해 보세요.

롤플레이 핵심 패턴

빈출도 높은 롤플레이(Role Play) 핵심 패턴만을 모았습니다.
제시된 가상의 상황에 맞게 상황극을 연습해 보세요.

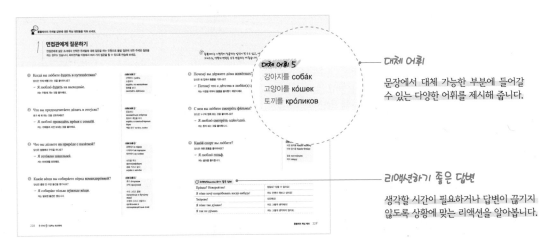

대체 어휘

문장에서 대체 가능한 부분에 들어갈 수 있는 다양한 어휘를 제시해 줍니다.

리액션하기 좋은 답변

생각할 시간이 필요하거나 답변이 끊기지 않도록 상황에 맞는 리액션을 알아봅니다.

이 책의 구성과 특징

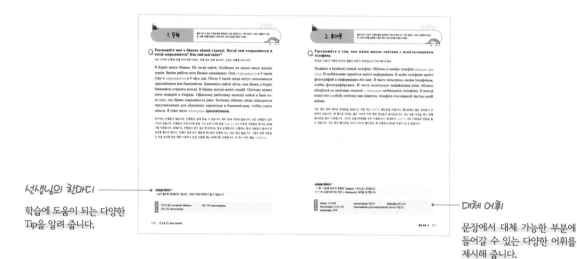

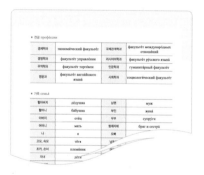

| Contents |

기초 응용 편

1. 학교생활

2. 직장 생활

3. 가족 및 이웃

콤보 응용 편

롤플레이 핵심 패턴

돌발 질문 10

꿀팁! 부록

OPIc 시험에 앞서 러시아어의 알파벳과 문법의 가장 기초가 되는 내용을 미리
확인하고 가는 코너입니다. 러시아어의 기초를 튼튼하게 준비해 보세요.

예비과

❶ 러시아어의 알파벳과 발음 🎧 00-01

러시아어는 동슬라브어의 기초를 두고 있는 언어로 키릴문자를 사용합니다. 알파벳은 총 33개로 기본 모음 6개(а, э, ы, и, о, у), 합성모음 4개(я, е, ё, ю), 자음 21개 그리고 2개의 기호(ь, ъ)로 구성됩니다.

■ 알파벳과 발음

알파벳	필기체	명칭	발음	발음법
А а (단일 모음)	*Аа*	[a] 아	[a]	모음 [ㅏ] 발음입니다. папа [빠빠] 아빠　　мама [마마] 엄마　　август [아브구스뜨] 8월
Б б	*Бб*	[бэ] 베	[b]	자음 [ㅂ] 발음과 유사합니다. бабушка [바부쉬까] 할머니　　банан [바난] 바나나 бомба [봄바] 폭탄
В в	*Вв*	[ве] 붸	[v]	영어의 자음 [v] 발음과 유사합니다. волк [볼크] 늑대　　вода [바다] 물　　свой [스보이] 자신의
Г г	*Гг*	[re] 게	[g]	자음 [ㄱ] 발음과 유사합니다. галстук [갈스뚝] 넥타이　　гамбургер [감부르게르] 햄버거 ГУМ [굼] 국영 백화점
Д д	*Дд*	[де] 데	[d]	자음 [ㄷ] 발음과 유사합니다. 연모음, й, ь 앞에서 [ㅈ] 발음이 됩니다. дом [돔] 집　　дача [다차] 별장　　дядя [자쟈] 삼촌, 아저씨
Е е (합성 모음)	*Ее*	[e] 예	[je]	모음 [ㅖ] 발음입니다. если [예슬리] 만약에　　море [모례] 바다　　вес [베스] 무게
Ё ё (합성 모음)	*Ёё*	[ё] 요	[jo]	모음 [ㅛ] 발음입니다. ёжик [요직] 고슴도치　　ёлка [욜까] 트리　　мёд [묘트] 꿀
Ж ж	*Жж*	[жэ] 줴	[ʒ]	영어의 발음기호 [ʒ] 발음과 유사합니다. 혀를 띄운 후 혀의 가운데 부분을 움푹 들어가게 하면서 발음합니다. жена [지나] 아내　　журнал [쥬르날] 잡지　　жаль [좔] 유감
З з	*Зз*	[зэ] 제	[z]	영어의 자음 [z] 발음과 유사합니다. 혀끝을 윗니 안쪽에 대고 발음합니다. зал [잘] 홀, 회의실, 응접실　　золото [졸라따] 금　　за [자] 찬성
И и (단일 모음)	*Ии*	[и] 이	[i:]	모음 [ㅣ] 발음입니다. институт [인스찌뚜트] 연구실, 대학교　　ирония [이로니야] 아이러니 рис [리스] 쌀

Й й	*Й й*	[и краткое] 이 끄라뜨꼬예	[j]	[이]를 짧게 발음합니다. йогурт[요구르트] 요거트　　йога[요가] 요가
К к	*К к*	[ка] 까	[k]	자음 [ㅋ], [ㄲ] 발음입니다. книга[크니가] 책　　кошка[꼬쉬까] 고양이　　кто[크또] 누구
Л л	*Л л*	[эль] 엘	[l]	영어의 자음 [l] 발음과 유사합니다. лоб[롭] 이마　　лошадь[로샤지] 말　　лампа[람빠] 램프
М м	*М м*	[эм] 엠	[m]	자음 [ㅁ] 발음입니다. машина[마쉬나] 자동차　　мама[마마] 엄마　　муха[무하] 파리
Н н	*Н н*	[эн] 엔	[n]	자음 [ㄴ] 발음입니다. номер[노미르] 번호　　ноль[놀] (숫자) 0　　нож[노쉬] 칼
О о (단일 모음)	*О о*	[о] 오	[o]	모음 [ㅗ] 발음입니다. остров[오스트롭] 섬　　отдых[오듸흐] 휴식　　комната[꼼나따] 방
П п	*П п*	[пэ] 뻬	[p]	자음 [ㅃ] 발음과 유사합니다. 두 입술로 공기를 막았다가 열면서 소리 냅니다. пальто[빨또] 외투　　папа[빠빠] 아빠　　пыль[쀨] 먼지
Р р	*Р р*	[эр] 에르	[r]	혀끝을 입천장 중간부터 잇몸 쪽으로 진동을 주며 발음합니다. раз[라스] 번, 횟수　　роза[로자] 장미　　роль[롤] 역할
С с	*С с*	[эс] 에스	[s]	자음 [ㅅ], [ㅆ] 발음입니다. сад[싸트] 정원　　собака[싸바까] 강아지　　сон[쏜] 꿈
Т т	*Т т*	[тэ] 떼	[t]	자음 [ㄸ] 발음입니다. 연모음, й, ь 앞에서 [ㅉ] 발음이 됩니다. тётя[쪼쨔] 이모, 고모　　там[땀] 그곳　　точно[또취나] 정확하다
У у (단일 모음)	*У у*	[у] 우	[u]	모음 [ㅜ] 발음입니다. унитаз[우니따스] 변기　　улица[울리짜] 거리　　ум[움] 뇌
Ф ф	*Ф ф*	[эф] 에프	[f]	영어의 자음 [f] 발음입니다. фирма[피르마] 회사　　фото[포따] 사진　　фильм[필름] 영화
Х х	*Х х*	[ха] 하	[h]	자음 [ㅎ]과 [ㅋ]의 중간 발음입니다. 혀의 뿌리 부분을 입천장 안쪽 방향으로 끌어 올려 발음합니다. храм[흐람] 성당　　хлеб[흘렙] 빵　　хобби[호비] 취미

Ц ц	*Ц ц*	[цэ] 쩨	[ci]	자음 [ㅉ] 발음과 유사합니다. церковь[쩨르커ㅍ] 교회　цена[쩨나] 가격　отец[아쩨ㅉ] 아버지
Ч ч	*Ч ч*	[че] 체	[tʃ]	자음 [ㅊ] 발음과 유사합니다. час[차스] (시간) 시　чай[차이] (마시는) 차　чашка[차쉬가] 찻잔
Ш ш	*Ш ш*	[ша] 샤	[ʃ]	영어의 발음기호 [ʃ] 발음과 유사합니다. 혀를 띄운 후 혀의 가운데 부분을 움푹 들어가게 하면서 발음합니다. шапка[샤쁘까] 모자　шумно[슘나] 시끄럽다　шутка[슈트까] 농담
Щ щ	*Щ щ*	[ща] 시챠	[ch]	입을 [이] 소리 모양으로 만든 후 [ʃ]를 길게 하여 발음합니다. 한국어에서는 [쉬] 소리에 가까우나, 상응하는 소리는 없습니다. площадь[쁠로쉬지] 광장　борщ[보르쉬] (수프) 보르시　щёки[쇼끼] 양 볼
Ъ	*ъ*	[твёрдый знак] 뜨뵤르듸 즈낙	–	경음 기호로 따로 음가는 가지지 않습니다. 기호 앞에 오는 자음을 경자음으로 발음해야 함을 표시해 줍니다. въехать[브예하찌] 안으로 들어가다　съёмка[스욤까] 촬영
Ы (단일 모음)	*ы*	[ы] 의	[ui]	혀를 뒤로 당겨 입모양을 [이]처럼 만든 뒤 [으]로 발음합니다. 한국어에서는 [의] 소리에 가까우나, 상응하는 소리는 없습니다. сын[씐] 아들　ты[띄] 너　мы[믜] 우리
Ь	*ь*	[мягкий знак] 먀흐끼 즈낙	[ı]	연음 기호로 따로 음가를 가지지 않습니다. 기호 앞에 오는 자음을 연자음으로 발음해야 함을 표시해 줍니다. сесть[세스찌] 앉다　только[똘까] 오직, 단지
Э э (단일 모음)	*Э э*	[э] 에	[e]	모음 [ㅔ] 발음입니다. это[에따] 이것은　эпоха[에뽀하] 시대
Ю ю (합성 모음)	*Ю ю*	[ю] 유	[ju:]	모음 [ㅠ] 발음입니다. юноша[유나샤] 젊은이　юг[육] 남쪽　ключ[끌류취] 열쇠
Я я (합성 모음)	*Я я*	[я] 야	[ja:]	모음 [ㅑ] 발음입니다. семья[씨먀] 가족　моя[마야] 나의

■ 발음의 종류와 규칙

러시아어 알파벳은 경모음/연모음, 경자음/연자음, 무성음/유성음으로 구분됩니다.

⑴ 경모음, 연모음

경모음	А [а]	Э [э]	Ы [ы]	О [о]	У [у]
연모음	Я [йа]	Е [йэ]	И [и]	Ё [йо]	Ю [йу]

⑵ 경자음, 연자음

자음 + 경모음 = 경자음

자음 + 연모음 = 연자음

- ж, ш, ц는 항상 '경자음'입니다.
- ч, щ는 항상 '연자음'입니다.
- д, т 뒤에 연모음, й, ь이 올 경우, 구개음화 현상으로 각각 [ㅈ], [ㅉ] 발음이 됩니다.

⑶ 무성음, 유성음

유성	б	в	г	д	ж	з
무성	п	ф	к	т	ш	с

유성	-			л	м	н	р	й
무성	х	ц	ч	щ	-			

* л, м, н, р는 공명음으로 따로 짝을 가지고 있지 않습니다.

• 유성음, 무성음 발음 규칙

① 단어 맨 끝에 오는 유성음은 무성음으로 발음합니다. (단, 공명음은 제외)

зуб [зуп]   друг [друк]   год [гот]

нож [нош]   раз [рас]   плов [плоф]

② 유성음 + 무성음 → 무성음 + 무성음

ложка [лошк^]   сказка [скаск^]

③ 무성음 + 유성음 → 유성음 + 유성음 (в는 제외)

сделать [зд'элът']   отдых [од:ых]

свой [свой]   твой [твой]

❷ 러시아어의 특징

■ **성 (性, род)**

- 남성 명사는 자음, -й, -ь으로 끝납니다.

  > **주의** 명사의 성 자체가 남성일 경우 -a로 끝나도 남성

  папа 아빠   дедушка 할아버지

- 여성 명사는 모음 -a, -я, -ь으로 끝납니다.

- 중성 명사는 o, e, ё로 끝나는 명사 또는 -мя로 끝납니다.

  время 시간   имя 이름

■ **성, 수, 격 일치**

소유대명사, 지시대명사, 형용사, 서수사 등은 항상 명사와 '성, 수, 격'을 일치시켜야 합니다.

■ **동사의 변화**

- 동사원형 형태는 -ть, -ти, -чь입니다.
- 동사는 주격에 맞춰서 어미를 바꿔줘야 합니다.
- 동사에는 1식과 2식이 있습니다.

1식				2식			
-ать, -ять				-ить, -еть			
어미				어미			
я (나)	-ю/-у	мы (우리)	-ем	я (나)	-ю/-у	мы (우리)	-им
ты (너)	-ешь	вы (너희들, 당신)	-ете	ты (너)	-ишь	вы (너희들, 당신)	-ите
он (она, оно) (그, 그녀, 그것)	-ет	они (그들)	-ют/-ут	он (она, оно) (그, 그녀, 그것)	-ит	они (그들)	-ят/-ат

* 1식과 2식의 동사원형 어미는 대표적인 형태이므로, 모든 동사들이 해당되지는 않습니다.

  слышать − я слышу, ты слышишь, они слышат

■ **정자법 규칙**

자음 г, к, х, ж, ш, щ, ч 뒤에는 ы, я, ю가 올 수 없습니다. 이를 대신하여 и, а, у가 옵니다.

· 4주 완성 학습 계획표 ·

OPIc 시험 대비에 이상적인 4주 완성 학습 계획표입니다.

제시된 계획표대로 차근차근 준비한다면 4주 후, OPIc 러시아어 시험 준비를 마스터할 수 있습니다.
계획표에 맞게 준비하는 것도 좋지만, 나에게 맞는 플랜으로 나누어서 학습하는 방법들도 활용해 보세요.
시간적 여유가 있다면 반복 학습을 통해 돌발 질문들에 대한 답변에 대응해 보세요.

날짜	내용		학습 ☑	학습 페이지	복습 ☑	복습 페이지
1일	**1. 학교생활**	· 자기소개(학생)	☐	___	☐	___
		· 전공과목과 학교 소개	☐	___	☐	___
2일		· 교수님 소개	☐	___	☐	___
		· 등·하교 과정	☐	___	☐	___
3일		· 학교에서의 프로젝트 경험	☐	___	☐	___
	· 롤플레이 핵심 패턴		☐	___	☐	___
	· 돌발 질문 10		☐	___	☐	___
4일	**2. 직장 생활**	· 자기소개(직장인)	☐	___	☐	___
		· 사무실 소개	☐	___	☐	___
5일		· 직장 상사 소개	☐	___	☐	___
		· 출·퇴근 과정	☐	___	☐	___
		· 회사에서의 프로젝트 경험	☐	___	☐	___
6일	· 롤플레이 핵심 패턴		☐	___	☐	___
	· 돌발 질문 10		☐	___	☐	___
7일	**3. 가족 및 이웃**	· 가족 구성원 소개	☐	___	☐	___
		· 거주지 소개	☐	___	☐	___
8일		· 가족 구성원이 담당하는 집안일	☐	___	☐	___
		· 집안일 관련 경험	☐	___	☐	___
		· 이웃 소개	☐	___	☐	___
9일	· 롤플레이 핵심 패턴		☐	___	☐	___
	· 돌발 질문 10		☐	___	☐	___
10일	**4. 여가 활동**	· 영화 보기	☐	___	☐	___
		· 공연/연극 보기	☐	___	☐	___
11일		· 공원 가기	☐	___	☐	___
		· 캠핑하기	☐	___	☐	___
		· 스포츠 관람하기	☐	___	☐	___
12일	· 롤플레이 핵심 패턴		☐	___	☐	___
	· 돌발 질문 10		☐	___	☐	___
13일	**5. 취미와 관심사**	· 음악 감상하기	☐	___	☐	___
		· 요리하기	☐	___	☐	___
14일		· 악기 연주하기	☐	___	☐	___
		· 노래 부르기	☐	___	☐	___
		· 애완동물 기르기	☐	___	☐	___
15일	· 롤플레이 핵심 패턴		☐	___	☐	___
	· 돌발 질문 10		☐	___	☐	___

날짜	내용		학습 ☑	학습 페이지	복습 ☑	복습 페이지
16일	**6. 운동**	· 수영하기	☐	___	☐	___
		· 자전거 타기	☐	___	☐	___
17일		· 걷기 및 조깅	☐	___	☐	___
		· 헬스 하기	☐	___	☐	___
18일		· 요가 하기	☐	___	☐	___
	· 롤플레이 핵심 패턴		☐	___	☐	___
	· 돌발 질문 10		☐	___	☐	___
19일	**7. 여행 (국내/해외)**	· 국내 여행	☐	___	☐	___
		· 해외여행	☐	___	☐	___
20일		· 국내 출장	☐	___	☐	___
		· 해외 출장	☐	___	☐	___
21일		· 집에서 보내는 휴가	☐	___	☐	___
22일	· 롤플레이 핵심 패턴		☐	___	☐	___
	· 돌발 질문 10		☐	___	☐	___
23일	**1. 학교생활**		☐	___	☐	___
	· 롤플레이 핵심 패턴		☐	___	☐	___
	· 돌발 질문 10		☐	___	☐	___
24일	**2. 직장 생활**		☐	___	☐	___
	· 롤플레이 핵심 패턴		☐	___	☐	___
	· 돌발 질문 10		☐	___	☐	___
25일	**3. 가족 및 이웃**		☐	___	☐	___
	· 롤플레이 핵심 패턴		☐	___	☐	___
	· 돌발 질문 10		☐	___	☐	___
26일	**4. 여가 활동**		☐	___	☐	___
	· 롤플레이 핵심 패턴		☐	___	☐	___
	· 돌발 질문 10		☐	___	☐	___
27일	**5. 취미와 관심사**		☐	___	☐	___
	· 롤플레이 핵심 패턴		☐	___	☐	___
	· 돌발 질문 10		☐	___	☐	___
28일	**6. 운동**		☐	___	☐	___
	· 롤플레이 핵심 패턴		☐	___	☐	___
	· 돌발 질문 10		☐	___	☐	___
29일	**7. 여행(국내/해외)**		☐	___	☐	___
	· 롤플레이 핵심 패턴		☐	___	☐	___
	· 돌발 질문 10		☐	___	☐	___
30일	전체 복습 및 핵심 정리					

Background Survey

시험 문항 출제를 위한 사전 조사로 응시자가 선택한 주제를 토대로 문항이 출제됩니다. 러시아어의 경우 영어와는 조금 다른 항목들이 있고, 응시자가 선택하지 않은 주제를 바탕으로 출제되는 돌발 질문도 있으므로 유의해야 합니다.

Background Survey 샘플 화면

Background Survey # 샘플 테스트의 서베이 항목과 실제 테스트의 서베이 항목이 다를 수 있습니다.

이 Background Survey 응답을 기초로 개인 맞춤형 문항이 출제가 됩니다.
질문을 자세히 읽고 답변해 주시기 바랍니다.

1 현재 귀하는 어느 분야에 종사하고 계십니까?
   - ○ 사업/회사
   - ○ 재택근무/재택 사업
   - ○ 교사/교육자
   - ○ 일 경험 없음

2 현재 귀하는 학생이십니까?
   - ○ 네
   - ○ 아니오

3 현재 귀하는 어디에 살고 계십니까?
   - ○ 개인주택이나 아파트에 홀로 거주
   - ○ 친구나 룸메이트와 함께 주택이나 아파트에 거주
   - ○ 가족(배우자/자녀/기타 가족 일원)과 함께 주택이나 아파트에 거주
   - ○ 학교 기숙사
   - ○ 군대 막사

   – 아래의 4~7번 문항에서 12개 이상을 선택해 주시기 바랍니다.

4 귀하는 여가 활동으로 주로 무엇을 하십니까? (두 개 이상 선택)
   - ○ 영화 보기
   - ○ 클럽/나이트클럽 가기
   - ○ 공연 보기
   - ○ 콘서트 보기
   - ○ 박물관 가기
   - ○ 공원 가기
   - ○ 캠핑하기
   - ○ 해변 가기
   - ○ 스포츠 관람

OPIc 공식 홈페이지에서
제공하는 샘플 테스트입니다.
샘플처럼 처음 시작 전 질문에
해당 답변을 체크하면,
맞춤형 문항으로 출제됩니다.

✱ Background Survey에 제시된 주제들 중 가장 많이 선택하는 주제 List입니다. 자신이 선택할 주제를 체크하고 체크된 중심으로 시험을 준비해 보세요.

Background Survey 주제별 List

Часть 1 학교생활	☐ 자기소개(학생) ☐ 전공과목과 학교 소개 ☐ 교수님 소개	☐ 등·하교 과정 ☐ 학교에서의 프로젝트 경험
Часть 2 직장 생활	☐ 자기소개(직장인) ☐ 사무실 소개 ☐ 직장 상사 소개	☐ 출·퇴근 과정 ☐ 회사에서의 프로젝트 경험
Часть 3 가족 및 이웃	☐ 가족 구성원 소개 ☐ 거주지 소개 ☐ 가족 구성원이 담당하는 집안일	☐ 집안일 관련 경험 ☐ 이웃 소개
Часть 4 여가 활동	☐ 영화 보기 ☐ 공연/연극 보기 ☐ 공원 가기	☐ 캠핑하기 ☐ 스포츠 관람하기
Часть 5 취미와 관심사	☐ 음악 감상하기 ☐ 요리하기 ☐ 악기 연주하기	☐ 노래 부르기 ☐ 애완동물 기르기
Часть 6 운동	☐ 수영하기 ☐ 자전거 타기 ☐ 걷기 및 조깅	☐ 헬스 하기 ☐ 요가 하기
Часть 7 여행(국내/해외)	☐ 국내 여행 ☐ 해외여행 ☐ 국내 출장	☐ 해외 출장 ☐ 집에서 보내는 휴가

'기초 응용 편'은 출제 빈도가 높은 주제별 질문 유형들에 대한 모범 답변을 중심으로 나에게 맞는 스토리를 만들어 보는 코너입니다. 빈칸에 대체 가능한 응용 표현들을 대입시켜서 어떤 질문이 나와도 당황하지 않고 의연하게 답변할 수 있도록 미리 준비해 보세요.

기초 응용 편

Часть 1

학교생활

학습목표 출제경향 OPIc에서 필수적으로 출제되는 질문이 바로 '자기소개'입니다. 학생으로 선택했다면 학교생활에 관한 전반적인 내용을 준비합니다. 가장 기본적인 학교에서의 일상과 전공과목 소개, 교수님 소개 및 기억에 남는 경험 등이 출제되고 있으므로 미리 정리해서 준비하는 것이 좋습니다.

주제별 고득점 꿀팁 ★

Урок 1 자기소개 (학생)	✻ 많은 정보를 담은 자기소개보다 간결하고 정확한 자기소개 준비하기 ✻ 성격, 취미 : 설문조사에서 선택한 내용과 어느 정도 관련 있게 준비하기 ☞ OPIc의 첫 질문이자 필수로 준비해야 하는 답변이므로, 시험에 대한 긴장을 푼다는 생각으로 큰소리로 자신 있게 답변합니다.
Урок 2 전공과목과 학교 소개	✻ 전공과 전공에 대한 생각 표현하기 ✻ 학교 주변 시설 표현하기 ☞ 고득점을 위해서는 전공을 선택한 이유와 졸업 후 진로에 대해서도 말할 수 있어야 합니다.
Урок 3 교수님 소개	✻ 교수님과의 관계가 어떤지, 수업할 때의 특징 소개하기 ☞ 교수님과 만난 시점부터 첫인상과 현재 관계에 대해서 시제를 이용하여 잘 표현할 수 있어야 합니다.
Урок 4 등·하교 과정	✻ 시간 순서대로 답변하기 ✻ 매일 습관적으로 하는 일에 대해서는 동사의 현재시제로 표현하기 ✻ 운동 동사의 방향성 주의하기
Урок 5 학교에서의 프로젝트 경험	✻ 프로젝트 순서와 프로젝트를 하고 난 후의 느낀 점 말하기 ☞ 내용을 복잡하게 구성하지 않고 프로젝트에 대한 간략한 설명과 느낀 점, 결과를 연결시켜 구성합니다.

✱ Background Survey에서 해당 항목을 선택했을 경우, 출제되는 빈출도 높은 질문 유형들입니다. 인터뷰식 외국어 말하기 평가는 시험관이 말하는 질문의 의도를 빠르게 파악하는 것이 무엇보다 중요합니다.

주제별 질문 유형 한눈에 파악하기　🎧 01-1

Урок 1 **자기소개(학생)**	• Расскажи́те что-нибу́дь о себе́. 　– 당신에 대해 소개해 주세요.
Урок 2 **전공과목과** **학교 소개**	• Расскажи́те о ва́шей специа́льности. Опиши́те зда́ния и сооруже́ния университе́та, где вы у́читесь. 　– 당신의 전공에 대해서 이야기해 주세요. 당신이 다니는 학교의 건물괴 시설들을 묘사해 주세요.
Урок 3 **교수님 소개**	• Расскажи́те, пожа́луйста, о профе́ссоре ва́шего факульте́та. Расскажи́те, пожа́луйста, о хара́ктере профе́ссора, про кото́рого вы рассказа́ли. 　– 당신 학과의 교수님에 대해 이야기해 주세요. 당신이 이야기한 교수님의 성격에 대해 이야기해 주세요.
Урок 4 **등·하교 과정**	• Расскажи́те о ва́шем дне в университе́те. Что вы там обы́чно де́лаете у́тром, днём, ве́чером? 　– 학교에서 당신의 하루 일과에 대해 이야기해 주세요. 그곳에서 아침, 점심, 저녁에 당신은 보통 무엇을 하나요?
Урок 5 **학교에서의** **프로젝트 경험**	• Расскажи́те, пожа́луйста, о са́мом незабыва́емом прое́кте. О чём э́тот прое́кт? Како́й результа́т вы получи́ли? Расскажи́те подро́бно. 　– 가장 기억에 남는 프로젝트에 대해서 이야기해 주세요. 무엇에 관한 프로젝트였나요? 어떠한 결과를 얻었나요? 자세히 이야기해 주세요.

자기소개 (학생)

출제 빈도가 높은 인터뷰의 주제별 질문에 맞게 핵심 표현들을 단계적으로 나누어서 답변하는 연습을 해보세요. '응용 표현들'을 활용해서 나에게 맞는 표현들로 나만의 스토리를 만들어 보세요.

Q Расскажи́те что-нибу́дь о себе́.

당신에 대해 소개해 주세요.

간단한 인사 표현	Здра́вствуйте!
이름, 나이	Меня́ зову́т Ким Нам Сик. Мне 24 го́да. Я студе́нт(студе́нтка) университе́та Сеу́ла.
학교 및 전공	Сейча́с я живу́ с семьёй. У меня́ есть па́па, ма́ма и мла́дший брат. Па́па рабо́тает в фи́рме, а ма́ма – домохозя́йка. Брат ещё шко́льник. Па́па стро́гий, а ма́ма до́брая. Брат трудолюби́вый.
사는 곳 및 동거인 소개	Сейча́с я учу́сь на второ́м ку́рсе факульте́та междунаро́дных отноше́ний. По́сле университе́та я хочу́ рабо́тать диплома́том и́ли в ООН. Для э́того я изуча́ю ру́сский язы́к.
취미	Обы́чно в свобо́дное вре́мя я смотрю́ фи́льмы и́ли игра́ю в компью́терные и́гры. Но бо́льше всего́ я люблю́ гото́вить.
성격	Я ду́маю, что я акти́вный челове́к, потому́ что я люблю́ встреча́ться с друзья́ми.

안녕하세요! 저는 김남식이라고 합니다. 저는 24살입니다. 저는 서울대학교 학생입니다. 지금 저는 가족과 살고 있습니다. 저에게는 아빠, 엄마 그리고 남동생이 있습니다. 아빠는 회사에서 일하시고, 엄마는 주부입니다. 남동생은 아직 학생입니다. 아빠는 엄하시고, 엄마는 상냥하십니다. 남동생은 부지런합니다. 지금 저는 국제 관계학과에서 2학년에 재학 중입니다. 저는 학교 졸업 후에, 외교관 또는 UN에서 일하고 싶습니다. 이것을 위해 저는 러시아어를 배웁니다. 보통 여가시간에 저는 영화를 보거나 컴퓨터 게임을 합니다. 하지만 무엇보다 저는 요리하는 것을 좋아합니다. 저는 친구 만나는 것을 좋아하기 때문에 활동적인 사람이라고 생각합니다.

새단어

- мла́дший 나이가 어린
- домохозя́йка 주부
- стро́гий 엄격한
- тродолюби́вый 부지런한
- курс 학년

- факульте́т 학과
- междунаро́дный 국제의
- по́сле + 생격 ~ 후에
- отноше́ние 관계

- диплома́т 외교관
- в свобо́дное вре́мя 여가시간에
- акти́вный 활발한, 활동적인
- расска́зывать 이야기하다

나만의 스토리를 만들어 보세요.

Здра́вствуйте! Меня́ зову́т Ким Нам Сик. Мне 24 го́да. Я студе́нт(студе́нтка) университе́та Сеу́ла. Сейча́с я живу́ ① 동거인 . У меня́ есть па́па, ма́ма и мла́дший брат. Па́па рабо́тает в фи́рме, а ма́ма – ② 직업 . Брат ② 직업 . Па́па ③ 성격 , а ма́ма ③ 성격 . Брат ③ 성격 . Сейча́с я учу́сь на второ́м ку́рсе факульте́та ④ 전공 . По́сле университе́та я хочу́ рабо́тать дипломáтом и́ли в ООН. Для э́того я изуча́ю ру́сский язы́к. Обы́чно в свобо́дное вре́мя я ⑤ 취미 и́ли ⑤ 취미 . Но бо́льше всего́ я люблю́ ⑤ 취미 . Я ду́маю, что я ③ 성격 челове́к, потому́ что я люблю́ ⑤ 취미 .

안녕하세요! 저는 김남식이라고 합니다. 저는 24살입니다. 저는 서울대학교 학생입니다. 지금 저는 ① ___ 살고 있습니다. 저에게는 아빠, 엄마 그리고 남동생이 있습니다. 아빠는 회사에서 일하시고, 엄마는 ② ___ 입니다. 남동생은 ② ___ 입니다. 아빠는 ③ ___, 엄마는 ③ ___. 남동생은 ③ ___. 지금 저는 ④ ___ 과에서 2학년에 재학 중입니다. 저는 학교 졸업 후에, 외교관 또는 UN에서 일하고 싶습니다. 이것을 위해 저는 러시아어를 배웁니다. 보통 여가시간에 저는 ⑤ ___ 나 ⑤ ___. 하지만 무엇보다 저는 ⑤ ___ 을 좋아합니다. 저는 ⑤ ___ 것을 좋아하기 때문에 ③ ___ 사람이라고 생각합니다.

응용 표현들

나에게 맞는 표현을 찾아서 위의 빈칸에 대입시켜 보세요.

① 동거인	• 혼자 оди́н(одна́) • 자매와 с сестро́й • 형제와 с бра́том • 부모님과 с роди́телями • (남성) 친구와 с дру́гом • (여성) 친구와 с подру́гой	
② 직업	• 사업가 бизнесме́н • 기술자 инжене́р • 회사원 рабо́тник(рабо́тница) • 의사 врач • 교수 профе́ссор	
③ 성격	장점 : • 쾌활한 весёлый • 긍정적인 позити́вный • 사교성 있는 общи́тельный 단점 : • 변덕스러운 капри́зный • 게으른 лени́вый • 욕심 많은 жа́дный	
④ 전공	• 신문방송학 журнали́стики • 경영학 ме́неджмента	
⑤ 취미	• 그림 그리다 рисова́ть • 노래하다 петь • 음악을 듣다 слу́шать му́зыку • 사진을 찍다 фотографи́ровать • 축구하다 игра́ть в футбо́л	

※ 〈부록〉 기초 단어를 활용해서 더 다양한 표현을 만들어 보세요.

러시아어의 문법과 구조 형태 및 유용한 어휘 등을 학습하고 답변에 응용해 보세요. 자연스러운 표현과 언어 구사 능력이 올라갑니다.

● 이름 말하기

러시아어로 이름을 말하는 방법은 한국어와 조금 다릅니다. '나는 ~입니다'를 러시아어로는 '나를 ~라고 부릅니다'라고 표현합니다. 그렇기 때문에 인칭대명사를 대격(목적어) 형태로 써 주어야 합니다.

저는 안나입니다. ➡ **Меня́ зову́т Анна.** 저를 안나라고 부릅니다.

이 활용은 다른 사람의 이름을 말할 때도 사용할 수 있습니다. 'меня́(나를)' 자리에 다음의 인칭대명사의 대격 형태를 넣으면 됩니다.

주격	대격	주격	대격
я (나)	меня́ (나를)	мы (우리)	нас (우리를)
ты (너)	тебя́ (너를)	вы (당신, 너희들)	вас (당신을, 너희를)
он (그)	его́ (그를)	они (그들)	их (그들을)
она (그녀)	её (그녀를)		

Это моя́ ма́ма. Её зову́т Софи́я. 이 사람은 저의 엄마입니다. 그녀는 소피아입니다.

● 형용사의 성

형용사는 꾸며주는 명사의 '성, 수, 격'에 따라 일치시켜 줍니다. 형용사의 주격(주어) 어미 형태의 변화는 아래와 같이 변화합니다.

	형용사 형태 변화		
남성	-ый	-ой	-ий
여성	-ая		-яя
중성	-ое		-ее
복수	-ые		-ие

Это но́вый дом/но́вая кни́га/но́вое пальто́/но́вые часы́.
이것은 새로운 집/책/외투/시계입니다.

Это дорого́й стол/дорога́я су́мка/дорого́е кольцо́/дороги́е брюки.
이것은 비싼 책상/가방/반지/바지입니다.

Это си́ний каранда́ш/си́няя ю́бка/си́нее кре́сло/си́ние очки́.
이것은 파란색 연필/치마/안락의자/안경입니다.

주제에 관한 다양하고 유용한 표현들입니다. 자신에게 맞는 문장을 체크하고 재미있는 스토리를 만들어 보세요. 돌발 질문에도 당황하지 않고 나만의 표현력은 물론, 논리력에도 자신감이 생깁니다.

☐ 우리 가족은 대가족/핵가족입니다.

Моя семья́ больша́я/ма́ленькая.

☐ 저는 대학교에 입학했습니다.

Я поступи́л(а) в университе́т.

☐ 저는 외국에서 일하고 싶습니다.

Я хочу́ рабо́тать за грани́цей.

☐ 저는 좋은 직장을 얻고 싶습니다.

Я хочу́ получи́ть хоро́шую рабо́ту.

☐ 저는 친구가 많습니다.

У меня́ есть мно́го друзе́й.

☐ 부모님은 멀리 사십니다.

Роди́тели живу́т далеко́.

☐ 저는 집에서 쉬는 것을 좋아합니다.

Я люблю́ отдыха́ть до́ма.

☐ 저는 곧 대학을 졸업합니다.

Я ско́ро зако́нчу университе́т.

☐ 저는 직장을 찾고 있습니다.

Я ищу́ рабо́ту.

☐ 저는 대학원에 입학할 예정입니다.

Я бу́ду поступа́ть в магистрату́ру.

전공과목과 학교 소개

출제 빈도가 높은 인터뷰의 주제별 질문에 맞게 핵심 표현들을 단계적으로 나누어서 답변하는 연습을 해보세요. '응용 표현들'을 활용해서 나에게 맞는 표현들로 나만의 스토리를 만들어 보세요.

Q **Расскажи́те о ва́шей специа́льности. Опиши́те зда́ния и сооруже́ния университе́та, где вы у́читесь.**

당신의 전공에 대해서 이야기해 주세요. 당신이 다니는 학교의 건물과 시설들을 묘사해 주세요.

* 여성의 경우, 괄호 안의 단어로 학습해 보세요.

학교 소개	Снача́ла я хочу́ рассказа́ть о моём университе́те. Университе́т нахо́дится далеко́ от це́нтра. Зда́ния университе́та о́чень ста́рые и больши́е. Я ду́маю, что мой ка́мпус зелёный и краси́вый, потому́ что там мно́го травы́ и дере́вьев.
전공 소개	Тепе́рь я расскажу́ вам о мое́й специа́льности. Моя́ специа́льность – э́то коре́йский язы́к и литерату́ра. Кро́ме э́того, ещё изуча́ю мето́дику преподава́ния. И ещё на́до изуча́ть психоло́гию.
선택한 이유	Я люблю́ мой родно́й язы́к, поэ́тому я хоте́л(а) бо́лее глубоко́ его́ изучи́ть. Для э́того я реши́л(а) поступи́ть на э́тот факульте́т.
좋아하는 과목 및 이유	А мой са́мый люби́мый предме́т – психоло́гия. На э́тих заня́тиях я могу́ изуча́ть причи́ны де́йствий челове́ка. И са́мое гла́вное я могу́ узна́ть, как пра́вильно понима́ть други́х люде́й. Поэ́тому я люблю́ э́тот предме́т.
앞으로의 계획	В бу́дущем я хочу́ испо́льзовать всё, что я изуча́л(а) в университе́те.

먼저 우리 학교에 대해서 이야기하고 싶습니다. 학교는 중심가와 떨어진 곳에 위치해 있습니다. 대학 건물은 매우 오래되었고 큽니다. 저는 캠퍼스에 풀과 나무들이 많기 때문에, 푸르고 아름답다고 생각합니다. 이제 저의 전공에 대해서 이야기하겠습니다. 저의 전공은 한국어와 문학입니다. 이외에도 교수법을 더 공부하고 있습니다. 그리고 심리학을 공부해야 합니다. 저는 모국어를 사랑하기 때문에 좀 더 깊이 공부를 하고 싶었습니다. 이것을 위해 저는 이 학과에 입학하기로 결정했습니다. 하지만 제가 가장 좋아하는 과목은 심리학입니다. 이 수업 시간에 저는 사람의 행동에 대한 이유를 공부할 수 있습니다. 그리고 가장 중요한 것은 제가 다른 사람을 어떻게 해야 올바르게 이해할 수 있는지 알 수 있습니다. 그래서 저는 이 과목을 좋아합니다. 미래에 제가 대학교에서 배운 모든 것들을 사용하고 싶습니다.

새 단어
- нахо́диться ~에 위치하다
- ка́мпус 캠퍼스
- кро́ме э́того 그 외에, 이 외에도
- поступи́ть 입학하다
- предме́т 과목
- в бу́дущем 미래에

나만의 스토리를 만들어 보세요.

Снача́ла я хочу́ рассказа́ть о моём университе́те. Университе́т нахо́дится
① _____ 거리 표현 _____ . Зда́ния университе́та о́чень ② _____ 캠퍼스 묘사 _____ . Я
ду́маю, что мой ка́мпус ② _____ 캠퍼스 묘사 _____ , потому́ что там мно́го
③ _____ 캠퍼스에서 볼 수 있는 것 _____ . Тепе́рь я расскажу́ вам о мое́й специа́льности. Моя́
специа́льность – э́то коре́йский язы́к и литерату́ра. Кро́ме э́того, ещё изуча́ю
④ _____ 전공 _____ . И ещё на́до изуча́ть ④ _____ 전공 _____ . Я люблю́
④ _____ 전공 _____ , поэ́тому я хоте́л(а) бо́лее глубоко́ его́ изучи́ть. Для э́того
я реши́л(а) поступи́ть на э́тот факульте́т. А мой са́мый люби́мый предме́т –
_____ 가장 좋아하는 과목 _____ . На э́тих заня́тиях я могу́ ⑤ _____ 수업을 듣는 이유 _____ .
И са́мое гла́вное я могу́ ⑤ _____ 수업을 듣는 이유 _____ .
Поэ́тому я люблю́ э́тот предме́т. В бу́дущем я хочу́ испо́льзовать всё, что я
изуча́л(а) в университе́те.

먼저 우리 학교에 대해서 이야기하고 싶습니다. 학교는 ① _____ 위치해 있습니다. 대학 건물은 매우
② _____ . 저는 캠퍼스에 ③ _____ 이 많기 때문에, ② _____ 고 생각합니다. 이제 저의 전
공에 대해서 이야기하겠습니다. 저의 전공은 한국어와 문학입니다. 이외에도 ④ _____ 더 공부하고 있습니다. 그
리고 ④ _____ 공부해야 합니다. 저는 ④ _____ 사랑하기 때문에 좀 더 깊이 공부를 하고 싶었습니다. 이것을
위해 저는 이 학과에 입학하기로 결정했습니다. 하지만 제가 가장 좋아하는 과목은 _____ 입니다. 이 수업 시간에
저는 ⑤ _____ 수 있습니다. 그리고 가장 중요한 것은 제가 ⑤
_____ 수 있습니다. 그래서 저는 이 과목을 좋아합니다. 미래에 제가 대학교에서 배운 모든
것들을 사용하고 싶습니다.

응용 표현들
나에게 맞는 표현을 찾아서 위의 빈칸에 대입시켜 보세요.

① 거리 표현	• 지하철역 옆에 ря́дом со ста́нцией метро́ • 중심가와 가까운 곳에 бли́зко от це́нтра
② 캠퍼스 묘사	• 작은 ма́ленький • 독특한 уника́льный • 새로운 но́вый • 깨끗한 чи́стый • 현대적인 совреме́нный
③ 캠퍼스에서 볼 수 있는 것	• 좋은 장소 хоро́ших мест • 카페 кафе́ • 학생들 студе́нтов • 조각들 скульпту́р
④ 전공	• 철학을 филосо́фию • 물리학을 фи́зику • 생태학을 эколо́гию • 정치학을 политоло́гию
⑤ 수업을 듣는 이유	• 규칙을 배우다 вы́учить пра́вила • 좋은 점수를 받다 получи́ть хоро́шую оце́нку • 연구 방법을 공부하다 научи́ться ме́тодам исследова́ния • 예전에 내가 알지 못했던 새로운 정보를 알다 узна́ть но́вую информа́цию, кото́рую ра́ньше я не зна́л(а)

※ 〈부록〉 기초 단어를 활용해서 더 다양한 표현을 만들어 보세요.

러시아어의 문법과 구조 형태 및 유용한 어휘 등을 학습하고 답변에 응용해 보세요. 자연스러운 표현과 언어 구사 능력이 올라갑니다.

● 가능성 말하기

мочь 동사는 '~하는 것이 가능하다'라는 뜻으로 뒤에 동사원형이 와야 합니다. мочь 동사의 인칭대명사에 따른 변화 형태는 다음과 같습니다.

인칭	인칭변화	인칭	인칭변화
я	могу́	мы	мо́жем
ты	мо́жешь	вы	мо́жете
он(она́,оно́)	мо́жет	они́	мо́гут

Я могу́ поступи́ть университе́т. 저는 대학교에 입학할 수 있습니다.

Он мо́жет помо́чь мне. 그는 저를 도와줄 수 있습니다.

● 소유대명사

러시아어에서 소유대명사는 뒤에 오는 명사의 '성, 수, 격'에 일치시켜 줍니다.

	남성	여성	중성	복수
누구의	Чей	Чья	Чьё	Чьи
나의	мой	моя́	моё	мой
너의	твой	твоя́	твоё	твой
그의	его́			
그녀의	её			
우리의	наш	на́ша	на́ше	на́ши
당신/당신들/너희들의	ваш	ва́ша	ва́ше	ва́ши
그들의	их			

Чей э́то телефо́н? 이것은 누구의 핸드폰인가요?

➡ Э́то мой телефо́н. 이것은 저의 핸드폰입니다.

Чья э́то маши́на? 이것은 누구의 자동차인가요?

➡ Э́то на́ша маши́на. 이것은 우리의 자동차입니다.

주제에 관한 다양하고 유용한 표현들입니다. 자신에게 맞는 문장을 체크하고 재미있는 스토리를 만들어 보세요. 돌발 질문에도 당황하지 않고 나만의 표현력은 물론, 논리력에도 자신감이 생깁니다.

□ 이 과목은 일주일에 2번 있습니다.

Этот предме́т 2 ра́за в неде́лю.

□ 수업은 영어로 진행됩니다.

Заня́тие прово́дится на англи́йском языке́.

□ 이것은 가장 인기 있는 과목입니다.

Это са́мый популя́рный предме́т.

□ 저는 자주 수업에 지각합니다.

Я ча́сто опа́здываю на заня́тие.

□ 조별로 과제를 해야 합니다.

На́до сде́лать зада́ние по гру́ппам.

□ 많은 전문 용어들을 외워야 해서 어렵습니다.

На́до вы́учить мно́го те́рминов, поэ́тому тру́дно.

□ 실습은 항상 재미있습니다.

Пра́ктика всегда́ интере́сная.

□ 실습은 이론보다 재미있습니다.

Пра́ктика интере́снее, чем тео́рия.

□ 저는 복수 전공을 하고 있습니다.

Я получи́л(а) двойну́ю специа́льность.

□ 졸업을 하기 위해 논문을 써야 합니다.

На́до написа́ть дипло́мную рабо́ту для вы́пуска.

교수님 소개

출제 빈도가 높은 인터뷰의 주제별 질문에 맞게 핵심 표현들을 단계적으로 나누어서 답변하는 연습을 해보세요. '응용 표현들'을 활용해서 나에게 맞는 표현들로 나만의 스토리를 만들어 보세요.

Q **Расскажи́те, пожа́луйста, о профе́ссоре ва́шего факульте́та. Расскажи́те, пожа́луйста, о хара́ктере профе́ссора, про кото́рого вы рассказа́ли.**

당신 학과의 교수님에 대해 이야기해 주세요. 당신이 이야기한 교수님의 성격에 대해 이야기해 주세요.

* 여성의 경우, 괄호 안의 단어로 학습해 보세요.

이름, 나이	Я расскажу́ о моём профе́ссоре. Профе́ссора зову́т Джэ́йсон. Он(а́) из Аме́рики. Ему́(ей) приме́рно 50 лет.
외모 묘사	Он(а́) невысо́кий(невысо́кая) но у него́(неё) хоро́шая фигу́ра. Он(а́) всегда́ надева́ет костю́м. И он(а́) но́сит очки́ то́лько во вре́мя заня́тий.
첫인상	Его́(Её) вне́шний вид произвёл на меня́ хоро́шее впечатле́ние.
성격 묘사	Он(а́) о́чень стро́гий(стро́гая) и споко́йный(споко́йная). И совсе́м не акти́вный(акти́вная). Он(а́) ненави́дит, когда́ студе́нты опа́здывают на заня́тия. Поэ́тому на пе́рвом заня́тии студе́нты, кото́рые опозда́ли, не могли́ войти́ в аудито́рию.
교수님의 장점/단점	Он(а́) даёт студе́нтам мно́го дома́шнего зада́ния, и экза́мены о́чень тру́дные, поэ́тому студе́нты не лю́бят его́(её). Хотя́ всё же не́которым студе́нтам нра́вится он(а́), потому́ что он(а́) ста́вит хоро́шую оце́нку.
교수님과의 관계	Я то́же люблю́ его́(её). Потому́ что его́(её) заня́тия о́чень поле́зные.

제 교수님에 대해서 말해 드리겠습니다. 교수님의 이름은 제이슨입니다. 그는 미국에서 왔습니다. 나이는 50살 정도인 것 같습니다. 그는 키는 작지만 좋은 체형을 가지고 있습니다. 그는 항상 양복을 입고 옵니다. 그리고 수업 시간에만 안경을 씁니다. 그의 외모는 제게 좋은 인상을 주었습니다. 그는 매우 엄격하고 조용한 성격입니다. 그리고 전혀 활동적이지도 않습니다. 그는 학생들이 수업 시간에 늦는 것을 싫어합니다. 그래서 첫 수업 때 지각한 학생들이 강의실로 못 들어왔습니다. 학생들에게 과제도 많이 내주고 시험도 어려워서 학생들이 좋아하지 않습니다. 그런데도 몇몇 학생들은 그가 점수를 잘 주기 때문에, 그를 좋아합니다. 저 역시도 교수님이 좋습니다. 왜냐하면 그의 수업은 정말 유익하기 때문입니다.

새단어

- приме́рно 대략, 약
- невысо́кий 키가 작은
- фигу́ра 몸매
- надева́ть ~을 입다

- во вре́мя + 생격
  ~할 때에, ~시기에
- ненави́деть 싫어하다
- опа́здывать 지각하다

- войти́ 안으로 들어가다
- дома́шнее зада́ние 과제
- оце́нка 점수

나만의 스토리를 만들어 보세요.

Я расскажу́ о моём профе́ссоре. Профе́ссора зову́т Джэ́йсон. Он(а́) ① 출신 . Ему́(ей) приме́рно 50 лет. Он(а́) невысокий(невысокая) но у него́(неё) ② 몸매 фигу́ра. Он(а́) всегда́ надева́ет ③ 옷 . И он(а́) но́сит очки́ то́лько во вре́мя заня́тий. Его́(Её) вне́шний вид произвёл на меня́ хоро́шее впечатле́ние. Он(а́) о́чень стро́гий(стро́гая) и споко́йный(споко́йная). И совсе́м не акти́вный(акти́вная). Он(а́) ненави́дит, когда́ студе́нты ④ 싫어하는 것 . Поэ́тому на пе́рвом заня́тии студе́нты, кото́рые опозда́ли, не могли́ войти́ в аудито́рию. Он(а́) даёт студе́нтам мно́го дома́шнего зада́ния, и экза́мены о́чень тру́дные, поэ́тому студе́нты не лю́бят его́(её). Хотя́ всё же не́которым студе́нтам нра́вится он(а́), потому́ что он(а́) ста́вит хоро́шую оце́нку. Я то́же люблю́ его́(её). Потому́ что его́(её) заня́тия о́чень ⑤ 수업을 좋아하는 이유 .

제 교수님에 대해서 말해 드리겠습니다. 교수님의 이름은 제이슨입니다. 그는 ① 왔습니다. 나이는 50살 정도인 것 같습니다. 그는 키는 작지만 ② 체형을 가지고 있습니다. 그는 항상 ③ 입고 옵니다. 그리고 수업 시간에만 안경을 씁니다. 그의 외모는 제게 좋은 인상을 주었습니다. 그는 매우 엄격하고 조용한 성격입니다. 그리고 전혀 활동적이지도 않습니다. 그는 학생들이 ④ 것을 싫어합니다. 그래서 첫 수업 때 지각한 학생들이 강의실로 못 들어왔습니다. 학생들에게 과제도 많이 내주고 시험도 어려워서 학생들이 좋아하지 않습니다. 그런데도 몇몇 학생들은 그가 점수를 잘 주기 때문에, 그를 좋아합니다. 저 역시도 교수님이 좋습니다. 왜냐하면 그의 수업은 정말 ⑤ 기 때문입니다.

응용 표현들

나에게 맞는 표현을 찾아서 위의 빈칸에 대입시켜 보세요.

① 출신	• 러시아에서 из Росси́и • 캐나다에서 из Кана́ды • 중국에서 из Кита́я • 일본에서 из Япо́нии	
② 몸매	• 균형 잡힌 стро́йная • 예쁜 краси́вая	
③ 옷	• 청바지를 джи́нсы • 바지를 брю́ки • 외투를 пальто́ • 원피스를 пла́тье • 치마를 ю́бку	
④ 싫어하는 것	• 수업 시간에 수다를 떨다 болта́ют на заня́тиях • 집중하지 않다 не обраща́ют внима́ния • 과제를 하지 않다 не де́лают дома́шнее зада́ние	
⑤ 수업을 좋아 하는 이유	• 재미있는 интере́сные • 효과 있는 эффекти́вные	

※ 〈부록〉 기초 단어를 활용해서 더 다양한 표현을 만들어 보세요.

러시아어의 문법과 구조 형태 및 유용한 어휘 등을 학습하고 답변에 응용해 보세요. 자연스러운 표현과 언어 구사 능력이 올라갑니다.

● 나이 말하기

나이를 말할 때는 대상을 여격으로 표현합니다. 이때, 나이를 표현하는 단어는 숫자의 범위마다 다르게 표기됩니다. 끝자리가 1인 경우는 год으로, 끝자리가 2~4인 경우는 го́да로, '5~20, 30, 40, 50 …'은 лет으로 표기합니다.

① 끝자리가 1인 경우 : год

Мне 21 год. 저는 21살입니다.

② 끝자리가 2~4인 경우 : го́да

Мне 32 го́да. 저는 32살입니다.

③ 5~20, 30, 40, 50 … : лет

Ей 40 лет. 그녀는 40살입니다.

단, 11~19는 무조건 лет을 씁니다. 러시아어에서 12는 двена́дцать로, 숫자 2(два)가 단어의 맨 끝이 아닌 맨 앞에 위치해 있기 때문에 12 го́да라고 쓸 수 없습니다. 하지만 32 같은 경우에는 три́дцать два로 읽기 때문에 32 다음에 го́да가 와야 합니다.

Мне 11 лет. 저는 11살입니다.

Мне 14 лет. 저는 14살입니다.

● 좋아하는 것, 싫어하는 것

좋아하는 것을 말할 때는 люби́ть 동사, 싫어하는 것은 ненави́деть 동사를 쓰며, 뒤에는 동사원형 또는 목적어가 옵니다.

> люби́ть / ненави́деть + 동사원형/목적어 : ~하는 것을 좋아합니다/싫어합니다

저는 소설 읽는 것을 좋아합니다.

Я люблю́ чита́ть рома́ны.
동사 원형

⇔

저는 소설 읽는 것을 싫어합니다.

Я ненави́жу чита́ть рома́ны.
동사 원형

주제에 관한 다양하고 유용한 표현들입니다. 자신에게 맞는 문장을 체크하고 재미있는 스토리를 만들어 보세요. 돌발 질문에도 당황하지 않고 나만의 표현력은 물론, 논리력에도 자신감이 생깁니다.

☐ 그(그녀)는 긴/짧은 헤어스타일을 가지고 있습니다.

У него́(неё) дли́нная/коро́ткая причёска.

☐ 그(그녀)는 자신의 나이보다 젊어 보입니다.

Он(а́) вы́глядит моло́же свои́х лет.

☐ 그(그녀)는 보이는 것보다 젊습니다.

Он(а́) моло́же, чем вы́глядит.

☐ 그(그녀)의 시험을 통과하는 것은 매우 어렵습니다.

Очень тру́дно сдать его́(её) экза́мен.

☐ 그(그녀)의 강의를 듣는 것은 매우 행운입니다.

Мне повезло́ слу́шать его́(её) ле́кции.

☐ 저는 그(그녀)를 존경합니다.

Я уважа́ю его́(её).

☐ 그(그녀)는 학생을 잘 이해해줍니다.

Он(а́) хорошо́ понима́ет студе́нтов.

☐ 그(그녀)는 곱슬머리를 가지고 있습니다.

У него́(неё) кудря́вые во́лосы.

☐ 그(그녀)의 강의를 듣는 것은 매우 재미있습니다.

Очень интере́сно слу́шать его́(её) ле́кции.

☐ 저는 교수님과 좋은 관계를 가지고 있습니다.

У меня́ хоро́шие отноше́ния с профе́ссором.

등·하교 과정

출제 빈도가 높은 인터뷰의 주제별 질문에 맞게 핵심 표현들을 단계적으로 나누어서 답변하는 연습을 해보세요. '응용 표현들'을 활용해서 나에게 맞는 표현들로 나만의 스토리를 만들어 보세요.

Q **Расскажи́те о ва́шем дне в университе́те. Что вы там обы́чно де́лаете у́тром, днём, ве́чером?**

학교에서 당신의 하루 일과에 대해 이야기해 주세요. 그곳에서 아침, 점심, 저녁에 당신은 보통 무엇을 하나요?

학교 가기 전	Я встаю́ в 6 часо́в утра́, потому́ что заня́тия обы́чно начина́ются в 9. У́тром я де́лаю заря́дку и за́втракаю.
학교 등굣길에 하는 일	Обы́чно я езжу́ в университе́т на авто́бусе. В авто́бусе я смотрю́ юту́б по телефо́ну и́ли слу́шаю му́зыку.
점심시간	В университе́те я обе́даю в столо́вой. Иногда́ я обе́даю в кафе́, кото́рое нахо́дится неделеко́ от университе́та, но ча́ще в университе́тской столо́вой.
점심 이후	И по́сле обе́да я разгова́риваю с друзья́ми в па́рке. Обы́чно заня́тие по́сле обе́да начина́ется в 2 часа́ дня и зака́нчивается в 5 часо́в ве́чера. По́сле обе́да мне на́до сро́чно идти́ в аудито́рию, потому́ что аудито́рия далеко́ от столо́вой.
방과 후	По́сле заня́тий я люблю́ проводи́ть вре́мя с друзья́ми в университе́те, поэ́тому я люблю́ ходи́ть в университе́т. Мне нра́вится день в университе́те.

수업이 보통 9시에 시작하기 때문에 저는 아침 6시에 일어납니다. 아침에는 스트레칭을 하고 밥을 먹습니다. 저는 보통 버스를 타고 학교에 갑니다. 버스에서는 핸드폰으로 유튜브를 보거나 음악을 듣습니다. 점심은 학교에 있는 식당에서 먹습니다. 가끔씩 학교에서 멀지 않은 곳에 위치한 카페에서 먹기도 하지만, 학교 식당에서 더 자주 먹습니다. 그리고 점심 이후에는 공원에서 친구들과 이야기를 나눕니다. 점심 이후 수업은 보통 오후 2시에 시작해서 저녁 5시에 끝납니다. 점심 이후 저는 강의실로 바로 가야 하는데, 왜냐하면 강의실은 식당에서 멀기 때문입니다. 방과 후 저는 친구들과 함께 시간 보내는 것을 좋아해서 학교에 가는 것을 좋아합니다. 저는 대학교에서의 하루가 마음에 듭니다.

새단어

- встава́ть 일어나다
- начина́ться 시작되다
- е́здить (~을 타고) 다니다
- ча́ще 더 자주
- зака́нчиваться 끝나다

나만의 스토리를 만들어 보세요.

Я встаю́ в 6 часо́в утра́, потому́ что заня́тия обы́чно начина́ются в 9. Утром я ① [아침에 하는 일] и ① [아침에 하는 일] . Обы́чно я езжу́ в университе́т на авто́бусе. В авто́бусе я ② [등굣길에 하는 일] и́ли ② [등굣길에 하는 일] . В университе́те я обе́даю ③ [음식 먹는 장소] . Иногда́ я обе́даю ③ [음식 먹는 장소] , кото́рое нахо́дится неделеко́ от университе́та, но ча́ще ③ [음식 먹는 장소] . И по́сле обе́да я ② [점심 이후 하는 일] . Обы́чно заня́тие по́сле обе́да начина́ется в 2 часа́ дня и зака́нчивается в 5 часо́в ве́чера. По́сле обе́да мне на́до сро́чно идти́ в аудито́рию, потому́ что аудито́рия далеко́ от столо́вой. По́сле заня́тий я люблю́ ④ [친구들과 함께하는 시간] с друзья́ми в университе́те, поэ́тому я люблю́ ходи́ть в университе́т. Мне нра́вится день в университе́те.

수업이 보통 9시에 시작하기 때문에 저는 아침 6시에 일어납니다. 아침에는 ① ___고 ① ___. 저는 보통 버스를 타고 학교에 갑니다. 버스에서는 ② ___거나 ② ___. 점심은 학교에 있는 ③ ___ 먹습니다. 가끔씩 학교에서 멀지 않은 곳에 위치한 ③ ___ 먹기도 하지만, ③ ___ 더 자주 먹습니다. 그리고 점심 이후에는 ② ___. 점심 이후 저는 강의실로 바로 가야 하는데, 왜냐하면 강의실은 식당에서 멀기 때문입니다. 방과 후 저는 친구들과 함께 ④ ___ 것을 좋아해서 학교에 가는 것을 좋아합니다. 저는 대학교에서의 하루가 마음에 듭니다.

응용 표현들

나에게 맞는 표현을 찾아서 위의 빈칸에 대입시켜 보세요.

① 아침에 하는 일	• 샤워를 하다 принима́ю душ • 따뜻한 물 한 잔을 마신다 пью стака́н тёплой воды́ • 가방을 싸다 собира́ю рюкза́к
② 등굣길/점심 이후 하는 일	• 잔다 сплю • 과제를 한다 де́лаю дома́шнее зада́ние • 영어 단어를 공부한다 учу́ англи́йские слова́
③ 음식 먹는 장소	• 레스토랑에서 в рестора́не • 매점에서 в буфе́те • 벤치에서 на скаме́йке
④ 친구들과 함께하는 시간	• 커피를 마시다 пить ко́фе • 영화를 보다 смотре́ть фи́льмы • 공부하다 занима́ться

※ 《부록》 기초 단어를 활용해서 더 다양한 표현을 만들어 보세요.

러시아어의 문법과 구조 형태 및 유용한 어휘 등을 학습하고 답변에 응용해 보세요. 자연스러운 표현과 언어 구사 능력이 올라갑니다.

● 시간 말하기

시간을 물을 때는 'Кото́рый час? / Ско́лько вре́мени?(몇 시입니까?)'라고 물어보고 대답은 「숫자+시」라고 말하면 됩니다. 그러나 상황이 일어난 때를 물을 때는 'Когда́?(언제?)'라는 의문대명사를 사용하며, 「в+숫자+시」로 표현합니다.

Кото́рый час?	몇 시입니까?
➡ Сейча́с 2 часа́.	지금은 2시입니다.
<u>Когда́</u> вы у́жинаете?	당신은 <u>언제</u> 저녁 식사를 하나요?
➡ Обы́чно я у́жинаю в 7 часо́в.	보통 저는 7시에 저녁을 먹습니다.

나이를 말할 때와 마찬가지로 숫자 뒤에는 알맞은 격으로 '시'를 표현해 줍니다.

1	час
2~4	часа́
5~20, 10의 단위	часо́в

● 마음에 드는 대상 말하기

어떠한 대상이 마음에 들었을 때 нра́виться 동사를 사용합니다. 의미상의 주어는 여격으로 표시하며 마음에 드는 대상은 <u>주격</u>으로 표시합니다.

> 여격 + нра́виться + 주격 : 나는 (무엇)이 마음에 듭니다

Мне нра́вится <u>Москва́</u>.	저는 <u>모스크바가</u> 마음에 듭니다.
Ему́ нра́вятся <u>часы́</u>.	그는 <u>시계가</u> 마음에 듭니다.

[인칭대명사의 여격]

주격	여격	주격	여격
я (나)	мне (나한테)	мы (우리)	нам (우리한테)
ты (너)	тебе́ (너한테)	вы (당신, 너희들)	вам (당신/당신들/너희들한테)
он (그)	ему́ (그한테)	они́ (그들)	им (그들한테)
она́ (그녀)	ей (그녀한테)		

주제에 관한 다양하고 유용한 표현들입니다. 자신에게 맞는 문장을 체크하고 재미있는 스토리를 만들어 보세요. 돌발 질문에도 당황하지 않고 나만의 표현력은 물론, 논리력에도 자신감이 생깁니다.

☐ 저녁에 저는 도서관에서 공부합니다.

Ве́чером я занима́юсь в библиоте́ке.

☐ 쉬는 시간마다 저는 매점에 다녀옵니다.

На ка́ждом переры́ве я хожу́ в буфе́т.

☐ 점심 후에는 빈 강의실에서 잠을 잡니다.

По́сле обе́да я сплю в пусто́й аудито́рии.

☐ 저는 당구치러 갑니다.

Я иду́ игра́ть в билья́рд.

☐ 학교 식당은 맛이 없습니다.

В столо́вой в университе́те не вку́сно.

☐ 저는 친구들과 맥주를 마십니다.

Я пью пи́во с друзья́ми.

☐ 저는 보통 저녁 식사를 배달시켜먹습니다.

Обы́чно я зака́зываю еду́ с доста́вкой в университе́т на у́жин.

☐ 학교 주변에는 식당과 카페들이 많습니다.

Около университе́та мно́го рестора́нов и кафе́.

☐ 저는 수업 후에 친구들하고 축구를 합니다.

Я игра́ю в футбо́л с друзья́ми по́сле заня́тий.

☐ 저는 집에 늦게 갑니다.

Я еду́ домо́й по́здно.

학교에서의 프로젝트 경험

출제 빈도가 높은 인터뷰의 주제별 질문에 맞게 핵심 표현들을 단계적으로 나누어서 답변하는 연습을 해보세요. '응용 표현들'을 활용해서 나에게 맞는 표현들로 나만의 스토리를 만들어 보세요.

Q **Расскажи́те, пожа́луйста, о са́мом незабыва́емом проéкте. О чём э́тот проéкт? Како́й результа́т вы получи́ли? Расскажи́те подро́бно.**

가장 기억에 남는 프로젝트에 대해서 이야기해 주세요. 무엇에 관한 프로젝트였나요? 어떠한 결과를 얻었나요? 자세히 이야기해 주세요.

수행한 과목	В про́шлом году́ во вре́мя заня́тий я вы́полнил(а) проéкт «Земля́ и челове́чество»
과제 주제	Тéмы проéктов бы́ли ра́зные у ка́ждой гру́ппы. У нас была́ тéма – чи́стая вода́.
과제 수행 묘사	Снача́ла мы обсуди́ли, кто за что бу́дет отве́тственным, и я вы́брал(а) созда́ть презента́цию.
수행 결과	Пото́м мы вы́полнили наш проéкт за 2 неде́ли. Мы предста́вили профéссору и студéнтам на́шу презента́цию.
느낀 점	Профéссор нас похвали́л, потому́ что мы акти́вно уча́ствовали в проéкте. В результа́те мы получи́ли хоро́шую оцéнку. По́сле оконча́ния э́того проéкта я поблагодари́л(а) уча́стников мое́й гру́ппы, потому́ что они́ хорошо́ порабо́тали над проéктом. Кро́ме э́того ещё я поду́мал(а) о серьёзности экологи́ческих пробле́м.

저는 작년에 「지구와 인류」 강의 시간에 프로젝트를 했습니다. 프로젝트의 주제는 그룹마다 달랐습니다. 우리의 주제는 깨끗한 바다였습니다. 처음에 우리는 누가 무엇을 맡을지 논의했고, 저는 프레젠테이션을 만드는 역할을 골랐습니다. 이후에 우리는 프로젝트를 2주 만에 완성했습니다. 우리는 교수님과 학생들 앞에서 프레젠테이션 발표를 했습니다. 우리는 모두 적극적으로 프로젝트에 참여했기 때문에 교수님이 칭찬을 해주셨습니다. 그 결과, 우리는 좋은 점수를 얻었습니다. 저는 이 프로젝트를 마치며, 프로젝트를 잘 완성시켜 준 그룹원들에게 고마웠습니다. 그 외에도, 저는 생태환경의 심각한 문제에 대해 다시 생각하게 되었습니다.

새단어

- **в про́шлом году́** 작년에
- **вы́брать** 선택하다
- **снима́ть** 빌리다, 촬영하다
- **созда́ть** 만들다
- **предста́вить** 소개하다

나만의 스토리를 만들어 보세요.

В про́шлом году́ во вре́мя заня́тий я вы́полнил(а) прое́кт ① ≪ 과목

≫. Те́мы прое́ктов бы́ли ра́зные у ка́ждой гру́ппы. У нас была́

те́ма – ② 프로젝트 주제 . Снача́ла мы обсуди́ли, кто за что бу́дет отве́тственным,

и я вы́брал(а) ③ 역할 . Пото́м мы вы́полнили наш прое́кт

за 2 неде́ли. Мы предста́вили профе́ссору и студе́нтам на́шу презента́цию.

Профе́ссор нас похвали́л, потому́ что мы акти́вно уча́ствовали в прое́кте. В

результа́те мы получи́ли хоро́шую оце́нку. По́сле оконча́ния э́того прое́кта

я поблагодари́л(а) уча́стников мое́й гру́ппы, потому́ что они́ хорошо́

порабо́тали над прое́ктом. Кро́ме э́того ещё я поду́мал(а) о ④ 깨달은 것

.

저는 작년에 ①「   」강의 시간에 프로젝트를 했습니다. 프로젝트의 주제는 그룹마다 달랐습니다. 우

리의 주제는 ②   였습니다. 처음에 우리는 누가 무엇을 맡을지 논의했고, 저는 ③

          역할을 골랐습니다. 이후에 우리는 프로젝트를 2주 만에 완성했습니다. 우리는 교수님과 학생들 앞에

서 프레젠테이션 발표를 했습니다. 우리는 모두 적극적으로 프로젝트에 참여했기 때문에 교수님이 칭찬을 해

주셨습니다. 그 결과, 우리는 좋은 점수를 얻었습니다. 저는 이 프로젝트를 마치며, 프로젝트를 잘 완성시

켜 준 그룹원들에게 고마웠습니다. 그 외에도, 저는 ④   에 대해 다시 생각하게 되었습

니다.

응용 표현들

나에게 맞는 표현을 찾아서 위의 빈칸에 대입시켜 보세요.

① 과목	• 문학 литерату́ра • 세계사 мирова́я исто́рия • 사회경제학 экономи́ческая социоло́гия • 마케팅 марке́тинг
② 프로젝트 주제	• 광고에서 음악의 역할 роль му́зыки в рекла́ме • 문학의 민족성 наро́дность литерату́ры • 자본주의가 사회에 끼친 영향 влия́ние капитали́зма на о́бщество
③ 역할	• 자료를 찾다 найти́ материа́лы • 데이터를 연구하다 иссле́довать да́нные • 프레젠테이션을 발표하다 предста́вить презента́цию
④ 깨달은 것	• 그룹 조원들 역할의 중요성 ва́жности ро́ли уча́стников гру́ппы • 책임감 отве́тственности

※〈부록〉기초 단어를 활용해서 더 다양한 표현을 만들어 보세요.

러시아어의 문법과 구조 형태 및 유용한 어휘 등을 학습하고 답변에 응용해 보세요. 자연스러운 표현과 언어 구사 능력이 올라갑니다.

● быть 동사 활용 (1)

'~이다, ~에 있다'를 의미하는 동사로 영어의 be동사와 같은 역할을 합니다. 단, 현재형은 존재하지 않으며, 과거형과 미래형만 쓰입니다.

[과거형]

인칭대명사	과거형	인칭대명사	과거형
он	был	оно́	бы́ло
она́	была́	они́	бы́ли

[미래형]

인칭대명사	미래형	인칭대명사	미래형
я	бу́ду	мы	бу́дем
ты	бу́дешь	вы	бу́дете
он (она́, оно́)	бу́дет	они́	бу́дут

Я был(а) до́ма.   저는 집에 있었습니다.

Я бу́ду до́ма.   저는 집에 있을 것입니다.

● 참여, 참석 표현하기

어떠한 경기나 활동에 '참여하다'라는 뜻을 지닌 동사로 уча́ствовать 다음에는 장소 표현이 위치합니다.

> уча́ствовать в + 장소 (전치격) : ~에 참여하다

Я уча́ствовал(а) в конфере́нции.   저는 콘퍼런스에 참가했습니다.

Я уча́ствую в соревнова́нии.   저는 경기에 참가합니다.

주제에 관한 다양하고 유용한 표현들입니다. 자신에게 맞는 문장을 체크하고 재미있는 스토리를 만들어 보세요. 돌발 질문에도 당황하지 않고 나만의 표현력은 물론, 논리력에도 자신감이 생깁니다.

☐ 프로젝트의 주제는 재미가 없었습니다.

Тéма проéкта былá не интерéсная.

☐ 프로젝트를 하는 도중 많은 문제가 있었습니다.

Во врéмя проéкта мнóго проблéм бы́ло.

☐ 조원들이 모두 모임에 왔습니다.

Все учáстники грýппы пришли́ на собрáние.

☐ 몇몇은 모임에 오지 않았습니다.

Нéкоторые не пришли́ на собрáние.

☐ 우리는 제시간에 프로젝트를 끝내지 못했습니다.

Мы вóвремя не успéли заверши́ть проéкт.

☐ 우리는 열심히 자신의 역할을 수행했습니다.

Мы усéрдно вы́полнили свою́ часть.

☐ 많은 사진과 그림을 프레젠테이션에서 보여줬습니다.

Мы показáли мнóго карти́н и рисýнков в презентáции.

☐ 저는 발표하는 것이 무서웠습니다.

Я боя́лся(боя́лась) предстáвить презентáцию.

☐ 조원들이 저를 응원해 주었습니다.

Учáстники грýппы поддержáли меня́.

☐ 비록 좋은 결과는 얻지 못했지만, 우리는 만족했습니다.

Мы бы́ли довóльны, хотя́ не получи́ли хорóший результáт.

직장 생활

학습목표
출제경향 Background survey에서 '직장인'으로 선택한 경우, 직장에서 쓰는 러시아어 용어들을 익혀 두는 것이 좋습니다. 자주 나오는 질문들 중, 본인의 업무 내용과 직장 동료와의 관계를 묻는 경우가 많으므로, 구체적인 업무 내용과 기본적인 단어들을 활용하여 다양한 구문을 만들어서 활용할 수 있도록 준비하는 것이 중요합니다.

주제별 고득점 꿀팁

Урок 1 자기소개(직장인)	✹ 본인의 업무와 직급, 회사 동료들과의 관계, 성격 묘사 등을 바탕으로 답변 준비하기 ✹ 성격, 취미 : 설문조사에서 선택한 내용과 어느 정도 관련 있게 준비하기 ☞ 현재의 직업을 선택하게 된 이유도 간략하게 설명한다면 고득점에 더 가까워집니다.
Урок 2 사무실 소개	✹ 장소 묘사 : 상대방이 나의 답변을 듣고 해당 장소를 자연스럽게 떠올릴 수 있도록 표현하기 ✹ 사무실 묘사 : 주변 환경과 일하는 공간의 장·단점 함께 표현하기 ☞ 사무실의 위치, 내부 구조, 일하는 공간 등을 위주로 전체적인 내용에서 세부적인 내용으로 이어지는 구조로 답변합니다.
Урок 3 직장 상사 소개	✹ 직장 상사가 가지고 있는 특징에 대해 이야기하기 ✹ 직장 상사와 팀원들 간의 관계에 대해 이야기하기 ☞ 묘사하는 내용에서 성·수·격 일치에 주의합니다.
Урок 4 출·퇴근 과정	✹ 하루 일과를 나타내는 표현과 함께 출·퇴근 과정에서 하는 일, 느낀 점 등을 함께 표현하기 ✹ 출·퇴근 이동 : 주위 풍경이나 습관적으로 하는 일에 대해 설명하기
Урок 5 회사에서의 프로젝트 경험	✹ 회사 프로젝트 관련 질문 : 개인의 경험을 바탕으로 답변하므로 시제 사용에 유의하기 ✹ 프로젝트를 진행하면서 어려웠던 점, 느낀 점 등도 함께 언급하기 ✹ 마무리 단계 : 프로젝트의 결과에 대해 반드시 언급하기

✹ Background Survey에서 해당 항목을 선택했을 경우, 출제되는 빈출도 높은 질문 유형들입니다. 인터뷰식 외국어 말하기 평가는 시험관이 말하는 질문의 의도를 빠르게 파악하는 것이 무엇보다 중요합니다.

Урок 1 자기소개(직장인)	• Здра́вствуйте, сейча́с начнём интервью́. Расскажи́те о себе́ и о свое́й рабо́те. – 안녕하세요, 지금부터 인터뷰를 시작하겠습니다. 자기소개와 직업에 대해서 이야기해 주세요.
Урок 2 사무실 소개	• Вы указа́ли в анке́те, что рабо́таете в фи́рме. Что есть в ва́шем о́фисе? Опиши́те ваш о́фис подро́бно. – 설문조사에서 당신은 회사에서 근무한다고 표시했습니다. 당신의 사무실에는 무엇이 있나요? 　당신의 사무실에 대해 자세히 묘사해 주세요.
Урок 3 직장 상사 소개	• Расскажи́те о ва́шем нача́льнике. Како́е впечатле́ние бы́ло у вас на пе́рвой встре́че с ним? Опиши́те его́ подро́бно. – 당신의 상사에 대해서 이야기해 주세요. 그와의 첫 만남은 어땠나요? 그 사람에 대하여 자세히 묘사해 주세요.
Урок 4 출·퇴근 과정	• Во ско́лько вы выхо́дите на рабо́ту? Как вы е́здите на рабо́ту? Расскажи́те о том, что вы де́лаете по пути́ домо́й. – 당신은 회사에 몇 시에 출근하나요? 회사에는 어떻게 출근하나요? 퇴근길에 당신은 무엇을 하나요?
Урок 5 회사에서의 프로젝트 경험	• Расскажи́те о ва́шем пе́рвом прое́кте. Како́й прое́кт у вас был? Скажи́те, что вы узна́ли благодаря́ э́тому прое́кту. – 당신의 첫 번째 프로젝트에 대해서 이야기해 주세요. 어떤 프로젝트였나요? 이 프로젝트 후 당신은 무엇을 알게 되었는지 말해 주세요.

자기소개 (직장인)

출제 빈도가 높은 인터뷰의 주제별 질문에 맞게 핵심 표현들을 단계적으로 나누어서 답변하는 연습을 해보세요. '응용 표현들'을 활용해서 나에게 맞는 표현들로 나만의 스토리를 만들어 보세요.

 Q **Здра́вствуйте, сейча́с начнём интервью́. Расскажи́те о себе́ и о свое́й рабо́те.**

안녕하세요, 지금부터 인터뷰를 시작하겠습니다. 자기소개와 직업에 대해서 이야기해 주세요.

간단한 인사 표현	Здра́вствуйте!
이름, 나이	Меня́ зову́т Ким Чун Сик. Мне 35 лет.
담당 업무, 근무 기간	Я рабо́таю в торго́вой фи́рме ме́неджером по э́кспорту в отде́ле прода́ж. Мне нра́вится моя́ рабо́та, потому́ что я могу́ примени́ть все зна́ния, кото́рые получи́л(а) в университе́те.
성격, 주변 사람들의 평판	Я споко́йный челове́к. Я люблю́ проводи́ть вре́мя оди́н(одна́) и не люблю́ говори́ть о бессмы́сленных веща́х. А колле́ги счита́ют меня́ хоро́шим слу́шателем, потому́ что я внима́тельно выслу́шиваю собесе́дника.
결혼 여부, 동거인	Сейча́с я не жена́т и живу́ с семьёй.
취미, 여가 활동	Я живу́ ря́дом с на́шим о́фисом, и моё хо́бби – пла́вание. Я ча́сто хожу́ в бассе́йн, он та́кже нахо́дится недалеко́ от до́ма. По́сле э́того я возвраща́юсь домо́й и отдыха́ю.

안녕하세요! 저는 김춘식이라고 합니다. 저는 35살입니다. 저는 무역회사에서 수출 매니저로 영업부서에서 일합니다. 대학교에서 배운 것들을 회사에서 모두 사용할 수 있어서 저는 지금의 직업이 마음에 듭니다. 저는 조용한 사람입니다. 혼자서 시간 보내는 것을 좋아하고 쓸데없는 말 하는 것을 좋아하지 않습니다. 그런데 동료들은 상대방의 말을 제가 경청해 주기 때문에 남의 말을 잘 들어주는 사람이라고 여깁니다. 지금 저는 미혼이고 가족과 삽니다. 저는 우리 사무실 근처에서 살고, 취미는 수영입니다. 저는 수영장을 자주 가는데, 그것 역시 집에서 멀지 않은 곳에 있습니다. 이후에 저는 집에 돌아와서 쉽니다.

 새 단어

- □ торго́вая фи́рма 무역회사
- □ э́кспорт 수출
- □ колле́га 동료
- □ счита́ть ~라고 여기다
- □ бессмы́сленный 의미 없는
- □ та́кже 또한, 역시

나만의 스토리를 만들어 보세요.

Здра́вствуйте! Меня́ зову́т Ким Чун Сик. Мне 35 лет. Я рабо́таю ① 직장 ② 직책 в отде́ле ② 부서 . Мне нра́вится моя́ рабо́та, потому́ что ③ 좋아하는 이유 . Я споко́йный челове́к. Я люблю́ проводи́ть вре́мя оди́н(одна́) и не люблю́ говори́ть о бессмы́сленных веща́х. А колле́ги счита́ют меня́ хоро́шим слу́шателем, потому́ что я внима́тельно выслу́шиваю собесе́дника. Сейча́с я ④ 결혼 여부 и живу́ ④ 동거인 . Я живу́ ря́дом с на́шим о́фисом, и моё хо́бби – ⑤ 취미 . Я ча́сто хожу́ ⑥ 취미활동 장소 , он та́кже нахо́дится недалеко́ от до́ма. По́сле э́того я возвраща́юсь домо́й и отдыха́ю.

안녕하세요! 저는 김춘식이라고 합니다. 저는 35살입니다. 저는 ① 에서 ② 로 ② 에서 일합니다. ③ 어서 저는 지금의 직업이 마음에 듭니다. 저는 조용한 사람입니다. 혼자서 시간 보내는 것을 좋아하고 쓸데없는 말 하는 것을 좋아하지 않습니다. 그런데 동료들은 상대방의 말을 제가 경청해 주기 때문에 남의 말을 잘 들어주는 사람이라고 여깁니다. 지금 저는 ④ 이고 ④ 삽니다. 저는 우리 사무실 근처에서 살고, 취미는 ⑤ 입니다. 저는 ⑥ 을 자주 가는데, 그것 역시 집에서 멀지 않은 곳에 있습니다. 이후에 저는 집에 돌아와서 쉽니다.

응용 표현들

나에게 맞는 표현을 찾아서 위의 빈칸에 대입시켜 보세요.

① 직장	• 은행에서 в ба́нке • 국가기관에서 в госуда́рственном учрежде́нии • 대기업에서 на кру́пном предприя́тии	
② 직책/부서	직책 : • 책임자로 дире́ктором • 지점장으로 администра́тором • 책임/관리자로 заве́дующим 부서 : • 인사의 ка́дров • 관리의 управле́ния • 마케팅의 марке́тинга	
③ 좋아하는 이유	• 새로운 사람들을 만날 수 있다 могу́ встреча́ть но́вых люде́й • 근무환경이 좋다 на рабо́те хоро́шая обстано́вка • 이 일은 나의 꿈이었다 э́та рабо́та была́ мое́й мечто́й	
④ 결혼 여부, 동거인	• 유부남 жена́т • 유부녀 за́мужем • 남자친구와 с па́рнем • 여자친구와 с де́вушкой • 혼자 оди́н(одна́)	
⑤ 취미	• 농구 баскетбо́л • 산책하다 гуля́ть • 쇼핑 шо́пинг	
⑥ 취미활동 장소	• 경기장 на стадио́н • 공원 в па́рк • 쇼핑몰 в торго́вый це́нтр	

※ 《부록》 기초 단어를 활용해서 더 다양한 표현을 만들어 보세요.

러시아어의 문법과 구조 형태 및 유용한 어휘 등을 학습하고 답변에 응용해 보세요. 자연스러운 표현과 언어 구사 능력이 올라갑니다.

● 직업 말하기

'~로 일합니다'라는 표현을 할 때 직업은 조격으로 표현합니다.

> рабóтать + **직업**(조격) : ~로서 일합니다

격	의문사	수	남성			중성			여성		
주격	Кто?	단	-#	-й	-ь	-о	-е	-мя	-а	-я	-ь
И.п.	Что?	복	-ы	-и		-а	-я	-мена	-ы	-и	
조격	Кем?	단	-ом	-ем		-ом	-ем	-менем	-ой	-ей	-ью
Т.п.	Чем?	복	-ами, -ями (-менами)								

* # 표시는 '어미가 없다'라는 의미입니다.

Я рабóтаю учи́телем.
저는 선생님으로서 일합니다. (저는 선생님입니다.)

Я рабóтаю бизнесмéном.
저는 사업가로서 일합니다. (저는 사업가입니다.)

● 소유 표현

'누가 무엇을 가지고 있다'라는 표현은 「у+생격+есть+주격」 구조로 표현합니다. у는 전치사로 생격을 요구하며, 장소 명사와는 '~옆에', 사람 명사와는 '~에게'라는 뜻을 가집니다. 소유되어진 대상은 주격으로 표현합니다.

> у + 생격 + есть + 주격 : 누가 (무엇)을 가지고 있다

У меня́ есть собáка.
저는 강아지가 있습니다.

У негó есть стáршая сестрá.
그는 누나가 있습니다.

주격	생격	주격	생격
я	меня́ (у меня́)	мы	нас (у нас)
ты	тебя́ (у тебя́)	вы	вас (у вас)
он	егó (у негó)	они́	их (у них)
онá	её (у неё)		

주제에 관한 다양하고 유용한 표현들입니다. 자신에게 맞는 문장을 체크하고 재미있는 스토리를 만들어 보세요. 돌발 질문에도 당황하지 않고 나만의 표현력은 물론, 논리력에도 자신감이 생깁니다.

□ 저는 바이어로 일하고 있습니다.

Я рабо́таю ба́йером.

□ 저는 3년 후에는 다른 곳에서 일하고 싶습니다.

Че́рез 3 го́да я хочу́ рабо́тать в друго́й фи́рме.

□ 저는 이곳에서 8년 동안 일하고 있습니다.

Я рабо́таю здесь 8 лет.

□ 영어를 구사하는 것이 중요합니다.

Ва́жно уме́ть говори́ть на англи́йском.

□ 힘들게 취직했습니다.

Тру́дно устро́ился(устро́илась) на рабо́ту.

□ 일은 너무 힘들고 재미없습니다.

Рабо́та о́чень тяжёлая и ску́чная.

□ 저는 스트레스를 많이 받습니다.

Я весь(вся) на не́рвах.

□ 저는 출장을 자주 갑니다.

Я ча́сто е́зжу в командиро́вки.

□ 저의 직업은 전공과 연관이 있습니다.

Моя́ профе́ссия свя́зана со специа́льностью.

□ 저는 독신입니다.

Я холостя́к.

🎧 02-3

사무실 소개

출제 빈도가 높은 인터뷰의 주제별 질문에 맞게 핵심 표현들을 단계적으로 나누어서 답변하는 연습을 해보세요. '응용 표현들'을 활용해서 나에게 맞는 표현들로 나만의 스토리를 만들어 보세요.

Q **Вы указа́ли в анке́те, что рабо́таете в фи́рме. Что есть в ва́шем о́фисе? Опиши́те ваш о́фис подро́бно.**

설문조사에서 당신은 회사에서 근무한다고 표시했습니다. 당신의 사무실에는 무엇이 있나요? 당신의 사무실에 대해 자세히 묘사해 주세요.

회사 위치	Моя́ фи́рма нахо́дится в це́нтре Сеу́ла. Напро́тив фи́рмы есть парк.
사무실 위치	В зда́нии фи́рмы всего́ 18 этаже́й. Мой отде́л нахо́дится на 16-ом этаже́.
사무실 구비 물품 및 묘사	Мой о́фис о́чень большо́й, а за́лы совеща́ний нахо́дятся на друго́м этаже́. Во́зле вхо́да есть ме́сто, где мо́жно пить во́ду и́ли ко́фе и есть пече́нье. И ещё есть ме́сто, где мо́жно распеча́тывать докуме́нты, бума́ги и так да́лее. Напро́тив вхо́да ви́дно моё ме́сто. Сле́ва от меня́ – други́е отде́лы, а в коридо́ре нет ничего́ осо́бенного. Обо́и – бе́лые, столы́ разделя́ются о́фисными перегоро́дками.
사무실에 대한 느낌	Всё вы́глядит чи́сто и прия́тно. Мне нра́вится мой о́фис, потому́ что я рабо́таю в чи́стом рабо́чем простра́нстве.

제 회사는 서울 중심가에 위치해 있습니다. 회사 반대편에는 공원이 있습니다. 회사 건물은 총 18층입니다. 제 부서는 16층에 위치해 있습니다. 사무실은 매우 크고, 회의실은 다른 층에 위치해 있습니다. 입구 가까이에는 물 또는 커피를 마시고, 과자를 먹을 수 있는 공간이 있습니다. 그리고 서류, 종이 등을 프린트할 수 있는 공간도 있습니다. 입구 반대편에서는 제 자리가 보입니다. 제 왼쪽에는 다른 부서들이 있고, 복도에는 특별한 것이 없습니다. 벽지는 하얀색이고 책상들은 사무실 칸막이로 나누어져 있습니다. 모든 것들이 깨끗하고 쾌적해 보입니다. 저는 깨끗한 업무 공간에서 일하기 때문에 제 사무실이 마음에 듭니다.

 새단어

- зал совеща́ний 회의실
- распеча́тывать 프린트하다
- и так да́лее (и т. д.) 기타 등등
- коридо́р 복도
- осо́бенный 특별한
- обо́и 벽지
- перегоро́дка 칸막이

나만의 스토리를 만들어 보세요.

Моя́ фи́рма нахо́дится в це́нтре Сеу́ла. ① 위치 표현 фи́рмы есть парк. В зда́нии фи́рмы всего́ 18 этаже́й. Мой отде́л нахо́дится на 16-ом этаже́. Мой о́фис о́чень ② 묘사 , а ③ 부대시설 нахо́дятся на друго́м этаже́. ① 위치 표현 вхо́да есть ме́сто, где мо́жно пить во́ду и́ли ко́фе и есть пече́нье. И ещё есть ме́сто, где мо́жно распеча́тывать докуме́нты, бума́ги и так да́лее. ① 위치 표현 вхо́да ви́дно моё ме́сто. ① 위치 표현 меня́ – други́е отде́лы, а в коридо́ре ④ 사무기기 . Обо́и – бе́лые, столы́ разделя́ются о́фисными перегоро́дками. Всё вы́глядит чи́сто и прия́тно. Мне нра́вится мой о́фис, потому́ что я рабо́таю в чи́стом рабо́чем простра́нстве.

제 회사는 서울 중심가에 위치해 있습니다. 회사 ① 는 공원이 있습니다. 회사 건물은 총 18층입니다. 제 부서는 16층에 위치해 있습니다. 사무실은 매우 ② , ③ 은 다른 층에 위치해 있습니다. 입구 ① 는 물 또는 커피를 마시고, 과자를 먹을 수 있는 공간이 있습니다. 그리고 서류, 종이 등을 프린트할 수 있는 공간도 있습니다. 입구 ① 서는 제 자리가 보입니다. ① 는 다른 부서들이 있고, 복도에는 ④ 가 있습니다. 벽지는 하얀색이고 책상들은 사무실 칸막이로 나누어져 있습니다. 모든 것들이 깨끗하고 쾌적해 보입니다. 저는 깨끗한 업무 공간에서 일하기 때문에 제 사무실이 마음에 듭니다.

응용 표현들

나에게 맞는 표현을 찾아서 위의 빈칸에 대입시켜 보세요.

① 위치 표현	• 오른쪽에 спра́ва от • 근처에 о́коло • 가까운 곳에 недалеко́ от
② 묘사	• 작다 ма́ленький • 쾌적하다 ую́тный • 밝다 све́тлый • 넓다 широ́кий • 좁다 те́сный • 조용하다 споко́йный
③ 부대시설	• 구내식당 рабо́чая столо́вая • 휴게실 ко́мната о́тдыха • 집무실 кабине́т
④ 사무기기	• 컴퓨터 компью́тер • 사물함 ка́мера хране́ния • 탁자 стол • 정수기 куле́р для воды́ • 복사기 при́нтер • 냉장고 холоди́льник

＊ 〈부록〉 기초 단어를 활용해서 더 다양한 표현을 만들어 보세요.

러시아어의 문법과 구조 형태 및 유용한 어휘 등을 학습하고 답변에 응용해 보세요. 자연스러운 표현과 언어 구사 능력이 올라갑니다.

● 건물 층수 표현

전치사 「на+전치격」으로 층수는 서수사로 표현합니다. 서수사는 명사의 '성, 수, 격'에 일치시켜 줍니다.

Я живу́ на пя́том этаже́.	저는 5층에 삽니다.
Рестора́н нахо́дится на второ́м этаже́.	레스토랑은 2층에 있습니다.
На како́м этаже́ **нахо́дится изда́тельство?**	출판사는 몇 층에 있나요?

		첫 번째		두 번째		세 번째		네 번째		다섯 번째	
		주격	전치격	주격	전치격	주격	전치격	주격	전치격	주격	전치격
남		пе́рвый	пе́рвом	второ́й	второ́м	тре́тий	тре́тьем	четвёртый	четвёртом	пя́тый	пя́том
중		пе́рвое		второ́е		тре́тье		четвёртое		пя́тое	
여		пе́рвая	пе́рвой	втора́я	второ́й	тре́тья	тре́тьей	четвёртая	четвёртой	пя́тая	пя́той
복		пе́рвые	пе́рвых	вторы́е	вторы́х	тре́тьи	тре́тьих	четвёртые	четвёртых	пя́тые	пя́тых

● 형용사의 전치격 어미

전치격은 러시아어 6격 중 마지막 격으로 전치사와 같이 사용되어야 합니다. 전치사에 따라 의미가 달라지며, 대표적인 전치사는 'в, на, о'가 있습니다. 전치사 в, на는 장소를 뜻하는 전치사이며, о는 '~에 대해'라는 의미를 가지고 있습니다.

격	수	남성			중성		여성	
주격	단	-ый	-ой	-ий	-ое	-ее	-ая	-яя
И.п.	복	-ые, -ие						
전치격	단	-ом, -ем					-ой	-ей
П.п.	복	-ых, -их						

В како́м го́роде вы живёте?	당신은 어느 도시에서 거주하나요?
➡ Я живу́ в краси́вом го́роде Сеу́л.	저는 예쁜 도시 서울에서 거주합니다.
На како́й тетра́ди есть ру́чка?	어떤 공책 위에 펜이 있나요?
➡ На кра́сной.	빨간색 (공책) 위에요.

주제에 관한 다양하고 유용한 표현들입니다. 자신에게 맞는 문장을 체크하고 재미있는 스토리를 만들어 보세요. 돌발 질문에도 당황하지 않고 나만의 표현력은 물론, 논리력에도 자신감이 생깁니다.

☐ 회사의 건물은 높습니다.

Зда́ние компа́нии высо́кое.

☐ 휴게실에서 책들을 읽을 수 있습니다.

Мо́жно чита́ть кни́ги в ко́мнате о́тдыха.

☐ 6대의 엘리베이터가 있습니다.

Есть 6 ли́фтов.

☐ 사무실 안으로 들어갈 때, 출입증을 찍어야 합니다.

В фи́рме на́до приложи́ть про́пуск, что́бы войти́.

☐ 회사 안에서는 카메라를 쓸 수 없습니다.

Нельзя́ по́льзоваться цифрово́й ка́мерой в фи́рме.

☐ 회사 안에 헬스장이 있습니다.

В фи́рме есть спорти́вный зал.

☐ 사무실에는 많은 화분이 있습니다.

В о́фисе мно́го горшко́в для цвето́в.

☐ 사무실 안의 창들은 매우 큽니다.

Окна в о́фисе о́чень больши́е.

☐ 제 자리는 구석에 있습니다.

Моё ме́сто нахо́дится в углу́.

☐ 제 자리는 어느 자리에서든지 잘 보입니다.

Отовсю́ду ви́дно моё ме́сто.

직장 상사 소개

출제 빈도가 높은 인터뷰의 주제별 질문에 맞게 핵심 표현들을 단계적으로 나누어서 답변하는 연습을 해보세요. '응용 표현들'을 활용해서 나에게 맞는 표현들로 나만의 스토리를 만들어 보세요.

Q **Расскажи́те о ва́шем нача́льнике. Како́е впечатле́ние бы́ло у вас на пе́рвой встре́че с ним? Опиши́те его́ подро́бно.**

당신의 상사에 대해서 이야기해 주세요. 그와의 첫 만남은 어땠나요? 그 사람에 대하여 자세히 묘사해 주세요.

* 남성의 경우, 괄호 안의 단어로 학습해 보세요.

이름, 나이	Я расскажу́ о мое́й нача́льнице(моём нача́льнике). Её(Его́) зову́т Джи На. Ей(Ему́) 35 лет.
함께 일한 기간	Я рабо́таю вме́сте с ней(ним) 5 лет. Говоря́т, что она́(он) начала́(на́чал) рабо́тать в на́шей фи́рме 8 лет наза́д.
외모	Она́(Он) лю́бит носи́ть коро́ткую причёску. Она́(Он) худа́я(худо́й) и у неё(него́) больши́е глаза́, поэ́тому она́(он) произвела́(произвёл) на меня́ хоро́шее впечатле́ние.
능력	Она́(Он) свобо́дно говори́т на англи́йском языке́, потому́ что жила́(жил) в Кана́де 20 лет. Та́кже она́(он) хорошо́ говори́т и на испа́нском языке́. Она́(Он) сказа́ла(сказа́л), что изуча́ла(изуча́л) его́ в шко́ле. Поэ́тому её(его́) рабо́та – э́то обще́ние с иностра́нными партнёрами.
성격	Она́(Он) о́чень акти́вная(акти́вный) и дру́жно обща́ется с колле́гами. Но в рабо́те она́(он) серьёзна(серёзен).
함께 일하면 좋은 점	Она́(Он) всегда́ стара́ется помога́ть мне на рабо́те. Поэ́тому я всегда́ благодарю́ её(его́).

제 상사에 대해서 이야기하겠습니다. 그녀(그)의 이름은 지나입니다. 그녀(그)는 35살입니다. 저는 회사에서 그녀(그)와 5년 동안 함께 일하고 있습니다. 사람들이 말하길, 그녀(그)는 8년 전에 우리 회사에서 일을 시작했다고 합니다. 그녀(그)는 짧은 머리를 좋아합니다. 그녀(그)는 마른 체형에 큰 눈을 가지고 있어서 저에게 좋은 첫인상을 주었습니다. 그녀(그)는 캐나다에서 20년을 살았기 때문에 영어를 자유롭게 구사합니다. 또한 그녀(그)는 스페인어도 잘합니다. 고등학교 때 배웠다고 말해 줬습니다. 그래서 그녀(그)의 업무는 외국 파트너와 소통하는 것입니다. 그녀(그)는 매우 활발하고, 동료들과 친하게 지냅니다. 하지만, 일을 할 때에는 진지합니다. 그녀(그)는 일할 때 항상 저를 도와주려고 노력합니다. 그래서 저는 그녀(그)에게 항상 고맙습니다.

새 단어

- говоря́т 말하기를
- причёска 헤어스타일
- та́кже (= то́же) 또한
- дру́жно 사이좋게, 친하게
- обща́ться 교제하다, 관계하다
- благодари́ть 감사하다

 **만들어 보세요!**

나만의 스토리를 만들어 보세요.

Я расскажу́ о мое́й нача́льнице(моём нача́льнике). Её(Его́) зову́т ⬚이름⬚ .
Ей(Ему́) ⬚나이⬚ . Я рабо́таю вме́сте с ней(ним) ① ⬚기간 표현⬚ . Говоря́т, что она́(он)
начала́(на́чал) рабо́тать в на́шей фи́рме ⬚몇 년⬚ наза́д. Она́(Он) лю́бит носи́ть
② ⬚머리 스타일⬚ . Она́(Он) худа́я(худо́й) и у неё(него́) ③ ⬚외모⬚ ,
поэ́тому она́(он) произвела́(произвёл) на меня́ хоро́шее впечатле́ние.
Она́(Он) свобо́дно говори́т ⬚구사할 수 있는 언어⬚ , потому́ что жила́(жил)
в ⬚나라⬚ ① ⬚기간 표현⬚ . Та́кже она́(он) ④ ⬚잘하는 언어⬚ .
Она́(Он) сказа́ла(сказа́л), что изуча́ла(изуча́л) его́ в шко́ле. Поэ́тому
её(его́) рабо́та – э́то обще́ние с иностра́нными партнёрами. Она́(Он) о́чень
акти́вная(акти́вный) и дру́жно обща́ется с колле́гами. Но в рабо́те она́(он)
серьёзна(серёзен). ⑤ ⬚함께 일하면서 좋은 점⬚
Поэ́тому я всегда́ благодарю́ её(его́).

제 상사에 대해서 이야기하겠습니다. 그녀(그)의 이름은 ⬚ 입니다. 그녀(그)는 ⬚ 살입니다. 저는 회사에서 그녀
(그)와 ① ⬚ 함께 일하고 있습니다. 사람들이 말하길, 그녀(그)는 ⬚ 년 전에 우리 회사에서 일을 시작했다고 합
니다. 그녀(그)는 ② ⬚ 좋아합니다. 그녀(그)는 마른 체형에 ③ ⬚ 을 가지고 있어서 저에게 좋은 첫인상
을 주었습니다. 그녀(그)는 ⬚ 에서 ① ⬚ 을 살았기 때문에 ⬚ 를 자유롭게 구사합니다. 또한 그녀(그)는 ④
⬚ . 고등학교 때 배웠다고 말해줬습니다. 그래서 그녀(그)의 업무는 외국 파트너와 소통하는 것입
니다. 그녀(그)는 매우 활발하고, 동료들과 친하게 지냅니다. 하지만, 일을 할 때에는 진지합니다. ⑤ ⬚
⬚ 그래서 저는 그녀(그)에게 항상 고맙습니다.

응용 표현들

나에게 맞는 표현을 찾아서 위의 빈칸에 대입시켜 보세요.

① 기간 표현	• 오랫동안, 예전부터 давно́ • 최근에 неда́вно • 6개월 (반년) полго́да • 1년 반 полтора́ го́да • 장기간, 오랫동안 до́лго • 잠깐 동안 недо́лго	
② 머리 스타일	• 긴 머리를 дли́нные во́лосы • 보브컷을 каре́ • 앞머리를 чёлку • 클라식 스타일을 (포마드) класси́ческий стиль • 스포츠 스타일을 спорти́вный стиль	
③ 외모	• 작은 눈 у́зкие глаза́ • 오똑한 코 прямо́й нос • 하얀 피부 све́тлая ко́жа • 짙은 눈썹 густы́е бро́ви	
④ 잘하는 언어	• 중국어를 잘한다 хорошо́ говори́т на кита́йском • 일본어를 잘한다 хорошо́ говори́т на япо́нском	
⑤ 함께 일하면서 좋은 점	• 저는 많은 것을 배울 수 있다. Я могу́ научи́ться мно́гому. • 저는 즐겁게 일할 수 있다. Я могу́ рабо́тать с интере́сом. • 그(그녀)는 나를 이해해 주려고 노력한다. Он(а́) стара́ется поня́ть меня́.	

※ 〈부록〉 기초 단어를 활용해서 더 다양한 표현을 만들어 보세요.

러시아어의 문법과 구조 형태 및 유용한 어휘 등을 학습하고 답변에 응용해 보세요. 자연스러운 표현과 언어 구사 능력이 올라갑니다.

● ~ 언어로 말하다

'(어떤) 언어로 말을 하다'라고 표현을 할 때에는 기본적으로 'по-'를 씁니다. 이외에도 「на+전치격」을 써서 표현할 수 있습니다.

говори́ть как = говори́ть на како́м языке́ : ~언어로 말하다

➡ Мы говори́м по-ру́сски.　　　　　　　　우리는 러시아어를 합니다.
　 = Мы говори́м на ру́сском языке́.

➡ Я не уме́ю говори́ть по-англи́йски.　　　저는 영어를 못합니다.
　 = Я не уме́ю говори́ть на англи́йском языке́.

● 어울리다 (명사의 여격 어미)

'(누구)에게 (무엇)이 어울리다'라는 표현에는 동사 идти́를 씁니다. 이때, 어울리는 대상은 여격으로 표현하고, 어울리는 물건은 주격으로 표현합니다.

여격 + идти́ + 주격 : (누구)에게 (무엇)이 어울리다

격	의문사	수	남성			중성			여성		
주격	Кто?	단	-#	-й	-ь	-о	-е	-мя	-а	-я	-ь
И.п.	Что?	복	-ы	-и		-а	-я	-мена	-ы	-и	
여격	Кому?	단	-у	-ю		-у	-ю	-мени	-е		-и
Д.п.	Чему?	복	-ам, -ям (-менам)								

Ей не идёт э́то пла́тье.　　　　그녀에게는 이 원피스가 어울리지 않습니다.

Мне иду́т э́ти часы́?　　　　　　이 시계가 나에게 어울리나요?

Анто́ну идёт э́та футбо́лка.　　　안톤에게는 이 티셔츠가 어울립니다.

주제에 관한 다양하고 유용한 표현들입니다. 자신에게 맞는 문장을 체크하고 재미있는 스토리를 만들어 보세요. 돌발 질문에도 당황하지 않고 나만의 표현력은 물론, 논리력에도 자신감이 생깁니다.

☐ 제 상사는 자주 지각을 합니다.

Мой нача́льник ча́сто опа́здывает на рабо́ту.

☐ 저는 상사 때문에 스트레스를 받습니다.

Я постоя́нно нахожу́сь в напряже́нии из-за нача́льника.

☐ 그(그녀)는 사소한 일을 저에게 자주 요구합니다.

Он(а́) ча́сто тре́бует от меня́ выполне́ния малова́жной рабо́ты.

☐ 그(그녀)는 개인적인 일을 저에게 자주 시킵니다.

Он(а́) ча́сто даёт мне ли́чные поруче́ния.

☐ 그(그녀)는 능력이 없습니다.

Он(а́) неспосо́бен(неспосо́бна).

☐ 제 상사는 항상 동료들을 격려해 줍니다.

Мой нача́льник всегда́ подде́рживает сотру́дников.

☐ 가끔씩 일하는 것이 힘들지만, 상사의 지지 덕분에 참을 수 있습니다.

Иногда́ рабо́тать о́чень тяжело́, но я могу́ справля́ться с тру́дностями благодаря́ подде́ржке нача́льника.

☐ 저는 상사와 매일 점심을 같이 먹습니다.

Мы с мои́м нача́льником вме́сте обе́даем ка́ждый день.

☐ 그(그녀)는 좋은 조언들을 해줍니다.

Он(а́) даёт хоро́шие сове́ты.

☐ 그(그녀)는 동료들의 의견을 잘 들어줍니다.

Он(а́) внима́тельно выслу́шивает мне́ния сотру́дников.

출·퇴근 과정

출제 빈도가 높은 인터뷰의 주제별 질문에 맞게 핵심 표현들을 단계적으로 나누어서 답변하는 연습을 해보세요. '응용 표현들'을 활용해서 나에게 맞는 표현들로 나만의 스토리를 만들어 보세요.

Q **Во ско́лько вы выхо́дите на рабо́ту? Как вы е́здите на рабо́ту? Расска́жите о том, что вы де́лаете по пути́ домо́й.**

당신은 회사에 몇 시에 출근하나요? 회사에는 어떻게 출근하나요? 퇴근길에 당신은 무엇을 하나요?

출·퇴근 이동 수단	Обы́чно я выхожу́ из до́ма в 6 часо́в и е́ду на маши́не на рабо́ту. Но иногда́ я по́льзуюсь обще́ственным тра́нспортом. Доро́га до компа́нии занима́ет 40 мину́т. Что́бы не попа́сть по доро́ге в про́бку, мне необходи́мо вы́йти зара́нее.
예외	Е́сли вдруг маши́на слома́лась и́ли ей по́льзуется жена́, я е́ду на метро́.
선호하는 교통수단	Я предпочита́ю води́ть маши́ну, потому́ что э́то удо́бно.
퇴근길에 하는 일	Когда́ возвраща́юсь домо́й, всегда́ попада́ю в про́бки, потому́ что все зака́нчивают рабо́ту в то же вре́мя, что и я, тогда́ на доро́гу домо́й ухо́дит бо́льше ча́са. В маши́не ску́чно, поэ́тому я слу́шаю му́зыку. Ещё когда́ приезжа́ю домо́й, тру́дно найти́ ме́сто для парко́вки. В э́ти моме́нты я ду́маю, что лу́чше по́льзоваться обще́ственным тра́нспортом.

저는 보통 6시에 집에서 나와 자동차를 타고 일터로 갑니다. 하지만, 가끔 대중교통을 이용합니다. 회사까지 40분 정도 걸립니다. 교통 체증에 안 걸리려면 반드시 일찍 나가야 합니다. 만약, 갑자기 차가 고장 나거나, 아내가 사용한다면 지하철을 타고 갑니다. 저는 편하기 때문에 자동차를 타고 다니는 것을 선호합니다. 모든 사람들이 비슷한 시간에 일을 마치기 때문에 퇴근할 때는 항상 길이 막혀서 집까지 가는데 1시간이 넘게 걸립니다. 차 안에서는 매우 지루하기 때문에 음악을 듣습니다. 집에 도착하면 주차할 곳을 찾는 것 또한 힘이 듭니다. 그럴 때 대중교통을 이용하는 것이 더 좋다고 생각합니다.

새단어

- обще́ственный тра́нспорт 대중교통
- попа́сть 마주치다, 만나다
- про́бка 교통 체증
- слома́ться 고장 나다
- ску́чно 지루하다
- парко́вка 주차장

Обы́чно я выхожу́ из до́ма в 출근하는 시간 часо́в и ① 교통수단 на рабо́ту. Но иногда́ я по́льзуюсь обще́ственным тра́нспортом. Доро́га до компа́нии занима́ет 회사까지 걸리는 시간 . Что́бы не попа́сть по доро́ге в про́бку, мне необходи́мо вы́йти зара́нее. Если вдруг ② 예외 상황 и́ли ② 예외 상황 , я ① 교통수단 . Я предпочита́ю ③ 선호하는 교통수단 , потому́ что э́то ④ 선호 이유 . Когда́ возвраща́юсь домо́й, всегда́ попада́ю в про́бки, потому́ что все зака́нчивают рабо́ту в то же вре́мя, что и я, тогда́ на доро́гу домо́й ухо́дит бо́льше ча́са. В маши́не ску́чно, поэ́тому я ⑤ 퇴근길에 하는 일 . Ещё когда́ приезжа́ю домо́й, тру́дно найти́ ме́сто для парко́вки. В э́ти моме́нты я ду́маю, что лу́чше по́льзоваться обще́ственным тра́нспортом.

저는 보통   시에 집에서 나와 ①   일터로 갑니다. 하지만, 가끔 대중교통을 이용합니다. 회사까지   정도 걸립니다. 교통 체증에 안 걸리려면 반드시 일찍 나가야 합니다. 만약, 갑자기 ②   거나, ② ①   . 저는 ④   때문에 ③   선호합니다. 모든 사람들이 비슷한 시간에 일을 마치기 때문에 퇴근할 때는 항상 길이 막혀서 집까지 가는데 1시간이 넘게 걸립니다. 차 안에서는 매우 지루하기 때문에 ⑤   . 집에 도착하면 주차할 곳을 찾는 것 또한 힘이 듭니다. 그럴 때 대중교통을 이용하는 것이 더 좋다고 생각합니다.

응용 표현들

나에게 맞는 표현을 찾아서 위의 빈칸에 대입시켜 보세요.

① 교통수단	• 택시를 타고 е́ду на такси́ • 기차를 타고 е́ду на по́езде • 자전거를 타고 е́ду на велосипе́де • 걸어서 иду́ пешко́м
② 예외 상황	• 비가 많이 내리면 идёт си́льный дождь • 다른 곳으로 가야 한다면 на́до пое́хать в друго́е ме́сто • 몸 상태가 좋지 않을 때 я чу́вствую себя́ нехорошо́
③ 선호하는 교통수단	• 지하철을 타다 е́здить на метро́ • 버스를 타다 е́здить на авто́бусе • 걸어서 가다 ходи́ть пешко́м
④ 선호 이유	• 좀 더 편하다 так бо́лее удо́бно • 좀 더 싸다 так бо́лее дёшево • 좀 더 가깝다 так бо́лее бли́зко • 주차할 필요가 없다 не на́до паркова́ться
⑤ 퇴근길에 하는 일	• 오디오 책을 듣다 слу́шаю аудиокни́ги • 라디오를 듣다 слу́шаю ра́дио • 노래하다 пою́

* 〈부록〉 기초 단어를 활용해서 더 다양한 표현을 만들어 보세요.

 **문법 익히기**

러시아어의 문법과 구조 형태 및 유용한 어휘 등을 학습하고 답변에 응용해 보세요. 자연스러운 표현과 언어 구사 능력이 올라갑니다.

● 교통수단

교통수단 이용에 관한 표현은 교통수단을 필요로 하는 '이동동사'와 같이 「на+전치격」으로 표현해 줍니다.

> éхать/éздить + на + **교통수단**(전치격) : ~을 타고 가다/다니다

Я éду в университéт на маши́не. 저는 대학교에 자동차를 타고 갑니다.

Ма́ша éздит в бассéйн на велосипéде. 마샤는 수영장에 자전거를 타고 다닙니다.

● 명사의 전치격 어미

명사의 전치격 어미는 '남성, 중성, 여성' 모두 동일하며, 여성 명사 중 '-ь'으로 끝날 경우에만 '-и'의 형태를 갖습니다. 주격 어미 형태가 '-ий, -ие, -ия'일 경우에는 전치격에서 ии의 형태를 갖습니다. 복수 어미는 '남성, 중성, 여성' 모두 동일합니다.

격	의문사	수	남성			중성			여성		
주격	Кто?	단	-#	-й	-ь	-о	-е	-мя	-а	-я	-ь
И.п.	Что?	복	-ы		-и	-а	-я	-мена	-ы		-и
전치격	О ком?	단	-е (-мени)								-и
П.п.	О чём?	복	-ах, ях (-менах)								

● 길이 막히다

'교통 체증'을 뜻하는 단어 про́бка 또는 '러시아워'를 뜻하는 단어 час пик를 쓸 때 동사는 попа́сть를 씁니다. попа́сть는 '(무엇)을 맞추다/명중하다'라는 뜻으로 상황을 직면하게 될 때에도 자주 사용합니다.

> попа́сть в + про́бку/час пик : 길이 막히다, 교통 체증에 걸리다

Извини́! Сейча́с я попа́л в про́бку! Я опа́здываю! 미안해! 지금 길이 막혀! 나 늦어!

Мне тяжело́ бы́ло возвраща́ться домо́й, потому́ что я попа́л в час пик. 차가 너무 막혀서 집에 가는 것이 너무 힘들었습니다.

주제에 관한 다양하고 유용한 표현들입니다. 자신에게 맞는 문장을 체크하고 재미있는 스토리를 만들어 보세요. 돌발 질문에도 당황하지 않고 나만의 표현력은 물론, 논리력에도 자신감이 생깁니다.

☐ 다른 호선으로 환승을 해야 합니다.

Надо сделать пересадку на другую линию.

☐ 회사에는 주차장이 없습니다.

В фирме нет парковки.

☐ 저는 창밖의 사람들을 봅니다.

Я смотрю в окно на людей.

☐ 사람들이 많기 때문에, 저는 앉아서 갈 수가 없습니다.

Я не могу ехать на работу сидя, потому что много людей.

☐ 저는 회사 가는 길에 동료를 태웁니다.

Я подвожу коллегу по пути на работу.

☐ 저는 회사에 30분 일찍 도착합니다.

Я прихожу на работу на 30 минут пораньше.

☐ 저는 퇴근길에 영어를 공부합니다.

По пути домой я занимаюсь английским языком.

☐ 저는 퇴근 후에 헬스장에 갑니다.

Я иду в фитнес-клуб после работы.

☐ 저는 야근을 자주 합니다.

Меня часто задерживают на работе.

☐ 저는 보통 저녁 9시쯤 집에 도착합니다.

Обычно я прихожу домой в 9 часов вечера.

회사에서의
프로젝트 경험

출제 빈도가 높은 인터뷰의 주제별 질문에 맞게 핵심 표현들을 단계적으로 나누어서
답변하는 연습을 해보세요. '응용 표현들'을 활용해서 나에게 맞는 표현들로 나만의 스
토리를 만들어 보세요.

Q **Расскажи́те о ва́шем пе́рвом прое́кте. Како́й прое́кт у вас был?
Скажи́те, что вы узна́ли благодаря́ э́тому прое́кту.**

당신의 첫 번째 프로젝트에 대해서 이야기해 주세요. 어떤 프로젝트였나요? 이 프로젝트 후 당신은
무엇을 알게 되었는지 말해 주세요.

처음 수행한 프로젝트	Я не по́мню подро́бностей. Мне ка́жется, на́до бы́ло уча́ствовать в прое́кте, когда́ я то́лько на́чал(а́) рабо́тать, поэ́тому прое́кт показа́лся мне тяжёлым.
프로젝트 진행과정	На́до бы́ло приду́мать но́вую моде́ль, предста́вить её презента́цию и убеди́ть нача́льников. Снача́ла я проанализи́ровал(а) все существу́ющие моде́ли. И поду́мал(а) о том, как удали́ть недоста́тки существу́ющих моде́лей, и предста́вил(а) презента́цию.
프로젝트 결과	К сожале́нию, презента́ция прошла́ не о́чень успе́шно. Я по́мню, что не смог(ла́) отве́тить на все вопро́сы. Поэ́тому мне сно́ва на́до бы́ло приду́мывать но́вую моде́ль.
프로젝트 후 느낀 점	Я узна́л(а), как тру́дно созда́ть что-нибу́дь но́вое при выполне́нии э́того прое́кта. Благодаря́ э́тому собы́тию, сейча́с мне намно́го ле́гче создава́ть други́е прое́кты.

저는 자세하게 기억나지 않습니다. 회사에서 일을 시작하자마자 프로젝트에 참여하게 돼서 프로젝트가 저한테 어렵게 느껴졌던 것 같습니다. 새로운 모델을 생각하고 그것을 발표하고 상사분들을 설득해야 했습니다. 처음에는 기존에 있는 모든 모델을 조사했습니다. 그리고 기존 모델의 단점을 어떻게 제거할지 생각하고 발표를 했습니다. 안타깝게도, 발표 결과는 좋지 않았습니다. 저는 모든 질문에 대답을 하지 못했습니다. 그래서 다시 새로운 모델을 생각해야만 했습니다. 이 프로젝트를 수행하면서 저는 무언가 새로운 것을 만드는 것이 너무나도 힘든 일인 것을 알았습니다. 이 일 덕분에 지금 저는 다른 프로젝트에서 더 좋은 결과를 얻고 있습니다.

 새
단
어

- **подро́бность** 상세. 세부
- **убеди́ть** 설득하다

- **существу́ющий** 존재하는, 기존의
- **недоста́ток** 단점

- **приду́мывать** 고안하다, 생각해 내다
- **что-нибу́дь** 무엇이든지

나만의 스토리를 만들어 보세요.

Я не по́мню подро́бностей. Мне ка́жется, на́до бы́ло уча́ствовать в прое́кте, когда́ я то́лько на́чал(а) рабо́тать, поэ́тому прое́кт показа́лся мне тяжёлым. На́до бы́ло ① 프로젝트 주제 , предста́вить её презента́цию и убеди́ть нача́льников. Снача́ла я ② 프로젝트에서 한 일

. И ② 프로젝트에서 한 일

, и предста́вил(а) презента́цию. К сожале́нию, презента́ция прошла́ не о́чень успе́шно. ③ 프로젝트 결과의 이유
Поэ́тому мне сно́ва на́до бы́ло приду́мывать но́вую ① 프로젝트 주제 . Я узна́л(а), как тру́дно созда́ть что-нибу́дь но́вое при выполне́нии э́того прое́кта. Благодаря́ э́тому собы́тию, сейча́с мне намно́го ле́гче создава́ть други́е прое́кты.

저는 자세하게 기억나지 않습니다. 회사에서 일을 시작하자마자 프로젝트에 참여하게 돼서 프로젝트가 저한테 어렵게 느껴졌던 것 같습니다. ① 고 그것을 발표하고 상사분들을 설득해야 했습니다. 처음에는 ② . 그리고 ② 고 발표를 했습니다. 안타깝게도, 발표 결과는 좋지 않았습니다. ③ 그래서 다시 새로운 ① 을 생각해야만 했습니다. 이 프로젝트를 수행하면서 저는 무언가 새로운 것을 만드는 것이 너무나도 힘든 일인 것을 알았습니다. 이 일 덕분에 지금 저는 다른 프로젝트에서 더 좋은 결과를 얻고 있습니다.

나에게 맞는 표현을 찾아서 위의 빈칸에 대입시켜 보세요.

① 프로젝트 주제	• 트렌드 컬러 조사하다 **проанализи́ровать мо́дные цвета́** • 프로젝트 관리자 양성 과정을 만들다 **написа́ть курс по подгото́вке ме́неджеров прое́кта** • 리더십 교육을 준비하다 **организова́ть тре́нинг для руководи́телей**
② 프로젝트에서 한 일	• 시장 트렌드를 조사했다 **иссле́довал(а) тре́нды на ры́нке** • 강사를 초빙했다 **пригласи́л(а) преподава́теля** • 참가자 명단을 작성했다 **соста́вил(а) спи́сок уча́стников**
③ 프로젝트 결과의 이유	• 나는 프레젠테이션을 완성하지 못했다. **Я не смог(ла́) вы́полнить презента́цию.** • 보고서를 제시간에 제출하지 못했다. **Я не смог(ла́) отпра́вить отчёт во́время.**

※ 〈부록〉 기초 단어를 활용해서 더 다양한 표현을 만들어 보세요.

러시아어의 문법과 구조 형태 및 유용한 어휘 등을 학습하고 답변에 응용해 보세요. 자연스러운 표현과 언어 구사 능력이 올라갑니다.

● ~해야 한다

'~해야 한다'라는 표현에는 보통 на́до 부사를 사용하며, 의미상 주어를 여격으로 표시하여 무인칭 문장을 만듭니다. 이때, на́до는 '~ 필요성이 있다, ~해야 한다'라는 뉘앙스가 포함되어 있습니다. 이와 비슷한 형태로, до́лжен 형용사 단어미 형태를 쓸 수도 있습니다. 이때 의미상의 주어와 문법상의 주어는 모두 주격으로 표시하며, 주격의 성, 수에 따라 до́лжен의 형태도 바뀝니다.

> **여격 + на́до + 동사원형** : ~해야 한다

> **주격 + до́лжен, должна́, должны́ + 동사원형** : 반드시 ~해야 한다

저는 우유를 사야 합니다.

Мне на́до купи́ть молоко́.   Я до́лжен купи́ть молоко́.

나타샤는 그를 초대해야 합니다.

Ната́ше на́до пригласи́ть его́.   Ната́ша должна́ пригласи́ть его́.

과거시제에서 на́до는 быть 동사의 중성 형태를 붙여줍니다. 단, до́лжен을 쓸 때는 быть 동사 역시 명사의 성과 수에 맞춰 줍니다.

Мне на́до бы́ло сде́лать дома́шние дела́.
= Я до́лжен был сде́лать дома́шние дела́.

저는 반드시 집안일을 해야 했습니다.

● 감사 표현

'~ 덕분에'라는 감사 표현을 할 때는 благодари́ть의 부동사형 благодаря́를 써주며, 감사한 대상을 여격으로 표현합니다.

> **благодаря́ + 여격** : ~ 덕분에

Я мог поступи́ть в хоро́ший университе́т благодаря́ по́мощи учи́теля. 저는 선생님의 도움 덕분에 좋은 학교에 입학할 수 있었습니다.

주제에 관한 다양하고 유용한 표현들입니다. 자신에게 맞는 문장을 체크하고 재미있는 스토리를 만들어 보세요. 돌발 질문에도 당황하지 않고 나만의 표현력은 물론, 논리력에도 자신감이 생깁니다.

☐ 성공적인 프로젝트 발표를 한 후 우리 동료들은 다 같이 저녁 식사를 했습니다.

Мы вме́сте с колле́гами поу́жинали по́сле успе́шного представле́ния прое́кта.

☐ 저는 아침 일찍부터 보고서를 준비했습니다.

Я гото́вил(а) отчёт с ра́ннего у́тра.

☐ 참가자를 모으는 것은 어렵습니다.

Очень тру́дно собира́ть уча́стников.

☐ 그때 저는 매우 바빴습니다.

В то вре́мя я был(а́) о́чень за́нят(а́).

☐ 새로운 디자인을 생각해 내기 위해서는 많은 시간이 필요합니다.

Ну́жно мно́го вре́мени, что́бы приду́мать но́вый дизайн.

☐ 프로젝트 계획이 수정되었습니다.

План прое́кта корректи́ровался.

☐ 우리는 파트너와 계약을 했습니다.

Мы заключи́ли догово́р с партнёром.

☐ 사장님이 우리를 칭찬해 주었습니다.

Президе́нт похвали́л нас.

☐ 회의를 준비하기 위해서 자료를 복사해야 합니다.

На́до распеча́тать материа́лы, что́бы подгото́виться к совеща́нию.

☐ 저는 기한 내에 보고서 보내는 것을 성공했습니다.

Я успе́л(а) отпра́вить отчёт в срок.

Часть

3

가족 및 이웃

학습목표 출제경향 자기소개 다음으로 자주 출제되는 질문입니다. 가족에 관한 소개와 집 구조, 이웃에 관한 내용들을 주로 물어보며, 해당 내용은 돌발 질문으로도 빈출도가 높습니다. 특히, 자신이 겪은 에피소드가 자주 출제되기 때문에 집안일 관련 경험이나 이웃과의 사건을 미리 준비하는 것이 좋습니다.

주제별 고득점 꿀팁

Урок 1 가족 구성원 소개	✱ 가족 구성원 소개하기 ✱ 가족과 나와의 관계에 대해 말하기 ✱ 가족과 시간을 보내는 방법 소개하기 ✱ 가족과 함께 거주하지 않는 경우 : 가족과 만나는 횟수, 방법, 장소 등 간략하게 설명하기
Урок 2 거주지 소개	✱ 거주지의 형태가 아파트인지 주택인지 말하기 ✱ 집의 구조에 대해 열거 후, 위치 및 장소 묘사의 어휘는 다양하게 구사하기 ☞ 고득점을 위해서는 감독관이 집 내부의 모습을 떠올릴 수 있도록, 공간의 특징들도 함께 답변합니다.
Урок 3 가족 구성원이 담당하는 집안일	✱ 가족 구성원별로 각자 맡은 집안일에 대해 설명하기 ✱ 내가 맡은 집안일에 대해 설명하고 맡게 된 이유와 어려운 점 등도 함께 표현하기
Урок 4 집안일 관련 경험	✱ 내가 맡았던 집안일 → 집안일을 수행한 과정 또는 하지 못한 이유 → 결과 → 깨달은 교훈 ☞ 스토리 전개를 위해서는 어려웠을 때 겪었던 경험에 대해 답변하는 것이 좋습니다.
Урок 5 이웃 소개	✱ 이웃에 대해 간단하게 설명하기 ✱ 이웃과의 관계에 대해 말하기 ☞ 이웃과 교류가 활발한 경우에는 함께 하는 활동에 대해 언급하고, 교류가 많지 않은 경우에는 그 이유에 대해서도 설명합니다.

✱ Background Survey에서 해당 항목을 선택했을 경우, 출제되는 빈출도 높은 질문 유형들입니다. 인터뷰식 외국어 말하기 평가는 시험관이 말하는 질문의 의도를 빠르게 파악하는 것이 무엇보다 중요합니다.

Урок 1 가족 구성원 소개	• Расскажи́те о ва́шей семье́. Кака́я у вас семья́? Како́й у них хара́ктер? Как вы прово́дите свобо́дное вре́мя с семьёй? – 당신의 가족에 대해서 이야기해 주세요. 어떤 가족인가요? 성격이 어떤가요? 가족과 어떻게 여가시간을 보내나요?
Урок 2 거주지 소개	• Како́е у вас жильё? Что есть о́коло до́ма? Ка́кая в ва́шем до́ме ме́бель? Опиши́те подро́бно. – 당신이 사는 곳은 어떤가요? 집 근처에는 무엇이 있나요? 당신의 집에는 어떤 가구들이 있나요? 상세히 묘사해 주세요.
Урок 3 가족 구성원이 담당하는 집안일	• Расскажи́те мне о разли́чных обя́занностях в ва́шем до́ме. Кто за что отвеча́ет? Как выполня́ет дела́? – 당신의 집에서 각각의 책임들에 대해 이야기해 주세요. 누가 무엇을 맡고 있나요? 어떻게 일을 수행하나요?
Урок 4 집안일 관련 경험	• У вас есть незабыва́емый слу́чай, свя́занный с дома́шними дела́ми? Что с ва́ми случи́лось? Расскажи́те, пожа́луйста, подро́бно. – 집안 일과 관련해서 잊을 수 없는 일이 있나요? 당신에게 무슨 일이 일어났나요? 자세하게 이야기해 주세요.
Урок 5 이웃 소개	• Каки́е сосе́ди живу́т в ва́шем до́ме? Каки́е они́? У вас есть незабыва́емые слу́чаи, свя́занные с ни́ми? Расскажи́те подро́бно. – 주변에 어떤 이웃이 살고 있나요? 그들은 어떤 가요? 그들과 잊지 못할 일이 있었나요? 자세하게 이야기해 주세요.

가족 구성원 소개

출제 빈도가 높은 인터뷰의 주제별 질문에 맞게 핵심 표현들을 단계적으로 나누어서 답변하는 연습을 해보세요. '응용 표현들'을 활용해서 나에게 맞는 표현들로 나만의 스토리를 만들어 보세요.

Q **Расскажи́те о ва́шей семье́. Кака́я у вас семья́? Како́й у них хара́ктер? Как вы прово́дите свобо́дное вре́мя с семьёй?**

당신의 가족에 대해서 이야기해 주세요. 어떤 가족인가요? 성격이 어떤가요? 가족과 어떻게 여가시간을 보내나요?

서론	Я с удово́льствием расскажу́ вам о мое́й семье́.
가족 구성원	Моя́ семья́ больша́я. В семье́ есть па́па, ма́ма, мла́дший брат, мла́дшая сестра́, соба́ка, ко́шка и я.
부모님 소개	Па́па инжене́р. В де́тстве мы с ним ча́сто игра́ли в футбо́л. Ма́ма ла́сковая и никогда́ не се́рдится. Она́ всегда́ стара́ется поня́ть нас. Ма́ма тала́нтливая. Она́ хорошо́ рису́ет и хорошо́ гото́вит. Она́ мо́жет созда́ть всё свои́ми рука́ми. Благодаря́ роди́телям я то́же научи́лся(научи́лась) хорошо́ де́лать всё рука́ми.
형제, 자매 소개	Брат то́же инжене́р. Он рабо́тает вме́сте с па́пой. Брат доброду́шный. Сестра́ неда́вно зако́нчила университе́т. Она́ пока́ и́щет рабо́ту. Она́ весёлая. Она́ о́чень лю́бит живо́тных. Поэ́тому она́ гуля́ет с соба́кой ка́ждый день.
가족과 함께 하는 일	В свобо́дное вре́мя мы хо́дим в кафе́ и́ли в рестора́н. Роди́тели лю́бят ко́фе. Поэ́тому они́ ча́сто хо́дят в кафе́, когда́ есть вре́мя. В выходно́й день мы с роди́телями вме́сте идём в кафе́, хорошо́ прово́дим вре́мя.

저는 기꺼이 제 가족에 대해서 이야기해 드리겠습니다. 우리 집은 대가족입니다. 아빠, 엄마, 남동생, 여동생, 강아지, 고양이 그리고 제가 있습니다. 아빠는 기술자입니다. 어렸을 때 우리는 아빠하고 자주 축구를 했습니다. 엄마는 상냥하시고 절대로 화를 내지 않으십니다. 항상 우리를 이해해 주려고 노력합니다. 엄마는 다재다능한 사람입니다. 그림도 잘 그리고, 요리도 잘합니다. 엄마는 손으로 무엇이든지 만드실 수 있습니다. 부모님 덕분에 저도 손으로 무엇이든 잘 만드는 법을 배웠습니다. 남동생 역시 기술자입니다. 지금 아빠와 함께 일하고 있습니다. 남동생은 착합니다. 여동생은 얼마 전에 대학교를 졸업했습니다. 그녀는 아직 일을 찾고 있습니다. 여동생은 밝은 성격을 가지고 있습니다. 그리고 동물을 너무 좋아합니다. 그래서 매일 강아지랑 산책을 합니다. 여가시간에 우리는 카페에 가거나 식당에 가서 식사를 합니다. 부모님은 커피를 좋아하십니다. 그래서 시간이 있을 때 자주 카페에 갑니다. 휴일에는 우리들도 부모님과 같이 카페에 가서 시간을 보냅니다.

새단어

□ серди́ться 화를 내다   □ доброду́шный 온화한, 선량한   □ проводи́ть вре́мя 시간을 보내다
□ созда́ть 창조하다, 만들다   □ живо́тное 동물

나만의 스토리를 만들어 보세요.

Я с удово́льствием расскажу́ вам о мое́й семье́. Моя́ семья́ больша́я. В семье́ есть па́па, ма́ма, мла́дший брат, мла́дшая сестра́, соба́ка, ко́шка и я. Па́па инжене́р. В де́тстве мы с ним ① ＿＿＿＿＿ 어렸을 때 기억 ＿＿＿＿＿. Ма́ма ла́сковая и никогда́ не се́рдится. Она́ всегда́ стара́ется поня́ть нас. Ма́ма тала́нтливая. Она́ ② ＿＿ 부모님 능력 ＿＿ и хорошо́ гото́вит. Она́ мо́жет созда́ть всё свои́ми рука́ми. Благодаря́ роди́телям ③ ＿＿＿＿＿ 부모님께 물려받은 능력 ＿＿＿＿＿. Брат то́же инжене́р. Он рабо́тает вме́сте с па́пой. Брат доброду́шный. Сестра́ неда́вно зако́нчила университе́т. Она́ пока́ и́щет рабо́ту. Она́ весёлая. Она́ о́чень лю́бит живо́тных. Поэ́тому она́ гуля́ет с соба́кой ка́ждый день. В свобо́дное вре́мя мы ④ ＿＿＿ 가족과 같이 행하는 것 ＿＿＿. Роди́тели лю́бят ко́фе. Поэ́тому они́ ча́сто хо́дят в кафе́, когда́ есть вре́мя. В выходно́й день мы с роди́телями вме́сте идём в кафе́, хорошо́ прово́дим вре́мя.

저는 기꺼이 제 가족에 대해서 이야기해 드리겠습니다. 우리 집은 대가족입니다. 아빠, 엄마, 남동생, 여동생, 강아지, 고양이 그리고 제가 있습니다. 아빠는 기술자입니다. 어렸을 때 우리는 아빠하고 ① ＿＿＿＿＿＿＿. 엄마는 상냥하시고 절대로 화를 내지 않으십니다. 항상 우리를 이해해 주려고 노력합니다. 엄마는 다재다능한 사람입니다. ② ＿＿＿＿고, 요리도 잘합니다. 엄마는 손으로 무엇이든지 만드실 수 있습니다. 부모님 덕분에 ③ ＿＿＿＿＿＿＿. 남동생 역시 기술자입니다. 지금 아빠와 함께 일하고 있습니다. 남동생은 착합니다. 여동생은 얼마 전에 대학교를 졸업했습니다. 그녀는 아직 일을 찾고 있습니다. 여동생은 밝은 성격을 가지고 있습니다. 그리고 동물을 너무 좋아합니다. 그래서 매일 강아지랑 산책을 합니다. 여가시간에 우리는 ④ ＿＿＿＿＿＿＿. 부모님은 커피를 좋아하십니다. 그래서 시간이 있을 때 자주 카페에 갑니다. 휴일에는 우리들도 부모님과 같이 카페에 가서 시간을 보냅니다.

나에게 맞는 표현을 찾아서 위의 빈칸에 대입시켜 보세요.

① 어렸을 때 기억	• 캠핑을 자주 갔다 ча́сто отдыха́ли с пала́ткой на приро́де • 동물원에 갔다 е́здили в зоопа́рк • 워터파크에 갔다 бы́ли в аквапа́рке
② 부모님 능력	• 피아노를 잘 친다 хорошо́ игра́ет на пиани́но • 뜨개질을 잘한다 хорошо́ вя́жет
③ 부모님께 물려받은 능력	• 나는 음악에 재능이 있다 у меня́ тала́нт к му́зыке • 나는 그림을 잘 그린다 я хорошо́ рису́ю
④ 가족과 같이 행하는 것	• 영화를 본다 смо́трим фи́льмы • 등산을 한다 хо́дим в го́ры • 장을 보러 간다 хо́дим в магази́н за проду́ктами

※ 〈부록〉 기초 단어를 활용해서 더 다양한 표현을 만들어 보세요.

러시아어의 문법과 구조 형태 및 유용한 어휘 등을 학습하고 답변에 응용해 보세요. 자연스러운 표현과 언어 구사 능력이 올라갑니다.

● 명사의 조격 어미

'~으로'의 표현을 할 때는 조격이 필요합니다. 조격은 전치사 없이 단독으로 쓰일 때 행동을 하기 위한 수단의 의미가 됩니다. 대표적인 조격의 전치사는 c이며 '~와 함께'라는 의미를 가지고 있습니다.

격	의문사	수	남성			중성			여성		
주격	Кто?	단	-#	-й	-ь	-о	-е	-мя	-а	-я	-ь
И.п.	Что?	복	-ы	-и		-а	-я	-мена	-ы	-и	
조격	Кем?	단	-ом	-ем		-ом	-ем	-менем	-ой	-ей	-ью
Т.п.	Чем?	복	-ами, -ями (-менами)								

* # 표시는 '어미가 없다'라는 의미입니다.

Я пишу́ письмо́ ру́чкой.　　　　　　저는 펜으로 편지를 씁니다.

Я отреза́л хлеб ножо́м.　　　　　　저는 칼로 빵을 잘랐습니다.

Я смотрю́ фильм вме́сте с дру́гом.　　저는 친구와 함께 영화를 봅니다.

● 비활동체 대격 어미

대격은 목적어의 역할을 하며, 다른 격들과 달리 활동체와 비활동체의 어미가 다릅니다. 비활동체 명사일 경우, 남성과 중성은 주격의 어미와 같으며 여성일 경우에는 어미 '-у, -ю'를 갖습니다.

격	의문사	수	남성			중성			여성		
주격	Кто?	단	-#	-й	-ь	-о	-е	-мя	-а	-я	-ь
И.п.	Что?	복	-ы	-и		-а	-я	-мена	-ы	-и	
대격	Что?	단	-#	-й	-ь	-о	-е	-мя	-у	-ю	-ь
В.п.		복	-ы	-и		-а	-я	-мена	-ы	-и	

Вчера́ я купи́л су́мку.　　　　　　어제 저는 가방을 샀습니다.

Я хочу́ купи́ть дом.　　　　　　　저는 집을 사고 싶습니다.

Я хорошо́ зна́ю исто́рию Росси́и.　저는 러시아 역사를 잘 압니다.

주제에 관한 다양하고 유용한 표현들입니다. 자신에게 맞는 문장을 체크하고 재미있는 스토리를 만들어 보세요. 돌발 질문에도 당황하지 않고 나만의 표현력은 물론, 논리력에도 자신감이 생깁니다.

☐ 우리 가족은 4명입니다.

У нас в семьé 4 человéка.

☐ 우리 가족은 사이가 좋고, 특히 엄마랑 관계가 좋습니다.

Нáша семьá дрýжная, и осóбенно хорошó я общáюсь с мáмой.

☐ 엄마는 예전에 일을 하셨지만, 지금은 주부입니다.

Рáньше мáма рабóтала, но сейчáс онá домохозя́йка.

☐ 부모님은 특히 저한테 관심이 많습니다.

Роди́тели уделя́ют мне осóбое внимáние.

☐ 우리 가족은 자주 모입니다.

Нáша семья́ чáсто собирáется.

☐ 저는 자매와 자주 싸웁니다.

Я чáсто ссóрюсь с сестрóй.

☐ 우리는 친구처럼 지냅니다.

Мы как друзья́.

☐ 형제는 얼마 전에 결혼을 했습니다.

Недáвно брат жени́лся.

☐ 자매는 3년 전에 결혼을 했습니다.

Сестрá вы́шла зáмуж 3 гóда назáд.

☐ 우리는 만나면 항상 즐겁습니다.

Всегдá вéсело, когдá мы встречáемся.

거주지 소개

출제 빈도가 높은 인터뷰의 주제별 질문에 맞게 핵심 표현들을 단계적으로 나누어서 답변하는 연습을 해보세요. '응용 표현들'을 활용해서 나에게 맞는 표현들로 나만의 스토리를 만들어 보세요.

Q **Какое у вас жильё? Что есть около дома? Какая в вашем доме мебель? Опишите подробно.**

당신이 사는 곳은 어떤가요? 집 근처에는 무엇이 있나요? 당신의 집에는 어떤 가구들이 있나요? 상세히 묘사해 주세요.

사는 곳	Сейчас я живу в квартире. Квартира была построена 25 лет назад. Поэтому это не новая квартира.
집 주변 묘사	Перед моим домом находится остановка и метро, поэтому очень удобно. Но ещё больше мне нравится, что рядом с домом есть парк, поэтому я могу гулять там.
집 묘사	Квартира большая, и есть 4 комнаты. В ней есть гостиная, кухня и 3 спальни. Самая большая комната – моя, вторая – гардеробная, третья – комната для животных. Кухня немного маленькая, но места достаточно, чтобы готовить.
집에 있는 가구	В моей комнате есть кровать, стол для косметики, тумбочка и ещё есть маленький туалет. На тумбочке стоит лампа, поэтому удобно читать книги. Я купил(а) большую кровать, поэтому могу спать с комфортом.
집에 대한 나의 생각	По контракту я могу жить в этой квартире только 2 года, но я хочу жить дольше, потому что она мне нравится. Я люблю эту квартиру, потому что рядом с ней есть не только остановка, но и парк.

저는 지금 아파트에 살고 있습니다. 아파트는 25년 전에 지어졌습니다. 그래서 새 건물은 아닙니다. 집 앞에는 버스 정류장과 지하철역이 있어서 아주 편리합니다. 가장 마음에 드는 것은 집 옆에 공원이 있어서 산책을 할 수 있다는 것입니다. 아파트는 크고, 방이 4개입니다. 거실과 부엌이 있고 3개의 침실이 있습니다. 가장 큰 방은 내 방이고, 두 번째 방은 옷 방, 세 번째 방은 동물을 위한 방입니다. 부엌은 다소 작지만 요리하기에는 충분합니다. 내 방에는 침대와 화장대, 협탁 그리고 조그마한 화장실이 있습니다. 협탁에는 램프가 있어서 책을 읽기 편합니다. 침대는 큰 것으로 사서 편하게 잘 수 있습니다. 계약에 따라 저는 이 집에서 2년밖에 살 수 없지만, 집이 매우 마음에 들어서 더 살고 싶습니다. 아파트 옆에는 버스 정류장뿐만 아니라 공원도 있기 때문에 저는 이 아파트를 좋아합니다.

새 단어
- гостиная 거실
- кухня 부엌
- спальня 침실
- гардеробная комната 옷 방
- кровать 침대
- косметика 화장품
- тумбочка 협탁

나만의 스토리를 만들어 보세요.

Сейча́с я живу́ в кварти́ре. Кварти́ра была́ постро́ена 25 лет наза́д. Поэ́тому э́то не но́вая кварти́ра. Пе́ред мои́м до́мом нахо́дится ① 집 근처 장소 и ① 집 근처 장소 , поэ́тому о́чень удо́бно. Но ещё бо́льше мне нра́вится, что ря́дом с до́мом есть ① 집 근처 장소 , поэ́тому я могу́ гуля́ть там. Кварти́ра больша́я, и есть 방 개수 ко́мнаты. В ней есть гости́ная, ку́хня и 방 개수 спа́льни. Са́мая больша́я ко́мната – ② 방 용도 , втора́я – ② 방 용도 , тре́тья – ② 방 용도 . Ку́хня немно́го ма́ленькая, но ме́ста доста́точно, что́бы гото́вить. В мое́й ко́мнате есть ③ 사물/가구 , ③ 사물/가구 , ③ 사물/가구 и ещё есть ма́ленький ③ 사물/가구 . На ту́мбочке стои́т ла́мпа, поэ́тому удо́бно чита́ть кни́ги. Я купи́л(а) большу́ю крова́ть, поэ́тому могу́ спать с комфо́ртом. По контра́кту я могу́ жить в э́той кварти́ре то́лько 2 го́да, но я хочу́ жить до́льше, потому́ что она́ мне нра́вится. Я люблю́ э́ту кварти́ру, потому́ что ④ 집을 좋아하는 이유 .

저는 지금 아파트에 살고 있습니다. 아파트는 25년 전에 지어졌습니다. 그래서 새 건물은 아닙니다. 집 앞에는 ① 과 ① 이 있어서 아주 편리합니다. 가장 마음에 드는 것은 집 옆에 ① 이 있어서 산책을 할 수 있다는 것입니다. 아파트는 크고, 방이 개입니다. 거실과 부엌이 있고 개의 침실이 있습니다. 가장 큰 방은 ② 이고, 두 번째 방은 ② , 세 번째 방은 ② 입니다. 부엌은 다소 작지만 요리하기에는 충분합니다. 내 방에는 ③ 와 ③ , ③ 그리고 조그마한 ③ 이 있습니다. 협탁에는 램프가 있어서 책을 읽기 편합니다. 침대는 큰 것으로 사서 편하게 잘 수 있습니다. 계약에 따라 저는 이 집에서 2년밖에 살 수 없지만, 집이 매우 마음에 들어서 더 살고 싶습니다. ④ 기 때문에 저는 이 아파트를 좋아합니다.

응용 표현들

나에게 맞는 표현을 찾아서 위의 빈칸에 대입시켜 보세요.

① 집 근처 장소	• 병원 больни́ца • 도서관 библиоте́ка • 놀이터 де́тская площа́дка • 슈퍼마켓 суперма́ркет
② 방 용도	• 손님 방 ко́мната для госте́й • 놀이방 игрова́я ко́мната • 창고 방 ко́мната для хране́ния ве́щей (кладо́вка)
③ 사물/가구	• 에어컨 кондиционе́р • 소파 дива́н • 러닝머신 бегова́я доро́жка • 청소기 пылесо́с • 장 шкаф
④ 집을 좋아하는 이유	• 대중교통 이용이 편리하다 удо́бно по́льзоваться обще́ственным тра́нспортом • 주변이 조용하다 в споко́йном райо́не • 이웃들이 친절하다 сосе́ди до́брые

＊〈부록〉 기초 단어를 활용해서 더 다양한 표현을 만들어 보세요.

러시아어의 문법과 구조 형태 및 유용한 어휘 등을 학습하고 답변에 응용해 보세요. 자연스러운 표현과 언어 구사 능력이 올라갑니다.

● 아파트 방 개수

러시아에서는 거실도 하나의 방으로 구분합니다. 그러므로 한국에서 방이 2개인 아파트라면, 러시아에서는 방 3개인 아파트로 표현을 해줘야 합니다. 아파트를 표현하는 방식은 형용사의 형태로 써줍니다.

방 한 개의 아파트 : однокóмнатная кварти́ра = 원룸

방 2개의 아파트 : друхкóмнатная кварти́ра = 한 개의 방과 거실

방 3개의 아파트 : трёхкóмнатная кварти́ра = 2개의 방과 거실

● 위치

위치를 표현할 때 в, на 외에 많은 전치사가 장소를 표현하며, 전치사마다 각기 다른 격을 요구합니다.

생격 요구 전치사		조격 요구 전치사		전치격 요구 전치사	
спрáва от	~로부터 오른쪽에	над	~ 위에	в	~ 안에
слéва от	~로부터 왼쪽에	под	~ 아래에	на	~ 위에
у	~ 옆에	за	~ 뒤에		
посереди́не	가운데에, 사이에	перéд	~ 앞에		
óколо	~ 가까이에	междý	~ 사이에		
напрóтив	~ 반대편에	ря́дом с	~ 옆에		
вокрýг	~ 근처에				

Где?   어디에 있나요?

➡ Карти́на виси́т над столóм.   그림은 책상 위에 걸려있습니다.

Вáза на столé.   꽃병이 책상 위에 있습니다.

Дивáн мéжду кондиционéром и лáмпой.   소파는 에어컨과 램프 사이에 있습니다.

Журнáл посереди́не столá.   잡지는 책상 가운데에 있습니다.

주제에 관한 다양하고 유용한 표현들입니다. 자신에게 맞는 문장을 체크하고 재미있는 스토리를 만들어 보세요. 돌발 질문에도 당황하지 않고 나만의 표현력은 물론, 논리력에도 자신감이 생깁니다.

□ 거실 구석에는 에어컨이 있습니다.

В углу́ сто́ит кодиционéр.

□ 벽마다 그림이 걸려있습니다.

По стенáм вися́т карти́ны.

□ 복도 오른쪽에는 제 방이 있습니다.

Моя́ кóмната спрáва по коридóру.

□ 손님 방에는 침대와 작은 협탁이 있습니다.

В кóмнате для гостéй есть кровáть и мáленькая тýмбочка.

□ 가장 큰 방은 부모님이 사용하십니다.

У мои́х роди́телей сáмая большáя кóмната.

□ 제 방에는 침대가 없기 때문에 저는 바닥에서 잡니다.

Я сплю на полý, потомý что в моéй кóмнате нет кровáти.

□ 큰 창 옆에 캣 타워가 있습니다.

У большóго окнá сто́ит дóмик-когтетóчка для кóшек.

□ 방에는 큰 거울이 있습니다.

В кóмнате есть большóе зéркало.

□ 거실 옆에는 발코니가 있고, 그곳에서 차를 마실 수 있습니다.

В гости́ной есть балкóн, там мóжно пить чай.

□ 얼마 전에 우리는 리모델링을 했습니다.

Недáвно мы дéлали ремóнт.

가족 구성원이 담당하는 집안일

출제 빈도가 높은 인터뷰의 주제별 질문에 맞게 핵심 표현들을 단계적으로 나누어서 답변하는 연습을 해보세요. '응용 표현들'을 활용해서 나에게 맞는 표현들로 나만의 스토리를 만들어 보세요.

Q Расскажи́те мне о разли́чных обя́занностях в ва́шем до́ме. Кто за что отвеча́ет? Как выполня́ет дела́?

당신의 집에서 각각의 책임들에 대해 이야기해 주세요. 누가 무엇을 맡고 있나요? 어떻게 일을 수행하나요?

부모님이 하시는 집안일	Обы́чно мы не разделя́ем дома́шние дела́. Ка́ждый день мы меня́емся обя́занностями. Но обы́чно ма́ма гото́вит и стира́ет оде́жду, а па́па убира́ет дом.
자신이 맡은 집안일	Когда́ я жила́ с роди́телями, я мы́ла посу́ду и собира́ла гря́зную оде́жду. Сейча́с я живу́ с му́жем. Я де́лаю дома́шние дела́, потому́ что он за́нят. В рабо́чие дни я и пылесо́шу, и разбира́ю ве́щи. Но когда́ я занята́, тогда́ я не могу́ э́того де́лать.
다른 구성원이 맡은 집안일	Сейча́с в выходны́е дни муж стира́ет оде́жду и выбра́сывает му́сор, потому́ что я рабо́таю по выходны́м.
집안일에 대한 생각	Я ду́маю, что на́до разделя́ть дома́шние дела́ ме́жду чле́нами семьи́.

보통 우리는 집안일을 나눠서 하지 않습니다. 매일 역할이 바뀝니다. 하지만 보통 엄마는 요리와 빨래를 하시고, 아빠는 집을 청소합니다. 부모님과 살 때, 저는 설거지를 하고 더러워진 옷을 모았습니다. 지금 저는 남편과 함께 살고 있습니다. 남편은 매우 바쁘기 때문에, 제가 집안일을 합니다. 평일에 저는 청소기를 돌리고 물건을 정리합니다. 하지만 바쁜 날은 못 할 때도 있습니다. 주말에는 제가 일하기 때문에 남편이 빨래를 하고, 쓰레기를 버립니다. 저는 집안일은 서로 나눠서 해야 한다고 생각합니다.

새 단어

- разделя́ть 나누다
- стира́ть 세탁하다
- убира́ть 치우다
- мыть 닦다
- гря́зный 더러운, 지저분한
- пылесо́сить 청소기를 돌리다
- разбира́ть 정리하다
- му́сор 쓰레기

나만의 스토리를 만들어 보세요.

Обы́чно мы не разделя́ем дома́шние дела́. Ка́ждый день мы меня́емся обя́занностями. Но обы́чно ① [집안일 종류] , а ① [집안일 종류] . Когда́ я жила́ с роди́телями, ① [집안일 종류] и [집안일 종류] . Сейча́с я живу́ с [동거인] . ① [집안일 종류] , потому́ что ② [집안일을 맡은 이유] . В рабо́чие дни ① [집안일 종류] . Но когда́ я занята́, тогда́ я не могу́ э́того де́лать. Сейча́с в выходны́е дни ① [집안일 종류] и ① [집안일 종류] , потому́ что ② [집안일을 맡은 이유] . Я ду́маю, что ③ [집안일에 대한 나의 생각] .

보통 우리는 집안일을 나눠서 하지 않습니다. 매일 역할이 바뀝니다. 하지만 보통 ① _____ 고, ① _____ . 부모님과 살 때, ① _____ 고 ① _____ . 지금 저는 ___과 함께 살고 있습니다. ② _____ 기 때문에, ① _____ . 평일에 ① _____ . 하지만 바쁜 날은 못 할 때도 있습니다. 주말에는 ② _____ 기 때문에 ① _____ 고, ① _____ . 저는 ③ _____ 고 생각합니다.

나에게 맞는 표현을 찾아서 위의 빈칸에 대입시켜 보세요.

① 집안일 종류	• 나는(그/그녀는) 화장실을 청소한다 я чи́щу (он(а́) чи́стит) туале́т • 나는(그/그녀는) 걸레질을 한다 я мо́ю (он(а́) мо́ет) пол тря́пкой • 나는(그/그녀는) 방을 쓸다 я подмета́ю (он(а́) подмета́ет) ко́мнату • 나는(그/그녀는) 옷을 다리미질한다 я гла́жу (он(а́) гла́дит) оде́жду • 나는(그/그녀는) 식탁을 치운다 я убира́ю (он(а́) убира́ет) со стола́ • 나는(그/그녀는) 가구의 먼지를 닦는다 я вытира́ю (он(а́) вытира́ет) пыль с ме́бели
② 집안일을 맡은 이유	• 나는 한가하다 я свобо́ден (свобо́дна) • 나는 꼼꼼히 방을 치운다 я тща́тельно убира́ю ко́мнату • 나는 여가 시간이 있다 у меня́ есть свобо́дное вре́мя
③ 집안일에 대한 나의 생각	• 집안일은 쉽지 않은 일이다 рабо́та по до́му – нелёгкий труд • 누군가 나를 대신해서 모든 집안일을 해주었으면 하고 바란다 наде́юсь на то, что кто-то сде́лает все дома́шние дела́ вме́сто меня́

* 《부록》 기초 단어를 활용해서 더 다양한 표현을 만들어 보세요.

러시아어의 문법과 구조 형태 및 유용한 어휘 등을 학습하고 답변에 응용해 보세요. 자연스러운 표현과 언어 구사 능력이 올라갑니다.

● 요일

'Когда́?'에 해당하는 답변은 「в+대격」으로 표현해 줍니다.

дни неде́ли	요일	когда́?	언제?
понеде́льник	월요일	в понеде́льник	월요일에
вто́рник	화요일	во вто́рник	화요일에
среда́	수요일	в сре́ду	수요일에
четве́рг	목요일	в четве́рг	목요일에
пя́тница	금요일	в пя́тницу	금요일에
суббо́та	토요일	в суббо́ту	토요일에
воскресе́нье	일요일	в воскресе́нье	일요일에

Како́й сего́дня день неде́ли?

➡ Сего́дня сре́да.

오늘은 무슨 요일인가요?

오늘은 수요일입니다.

Когда́ ты сде́лал дома́шнее зада́ние?

➡ Я сде́лал его́ в сре́ду.

너 과제 언제 했어?

나는 수요일에 다 했어.

● 반복되는 요일

반복되는 요일을 표현할 때는 전치사 по(~마다)를 사용해 줍니다. по 다음에는 여격이 옵니다.

> по + 요일(복수 여격)

Я хожу́ в бассе́йн по суббо́там.

저는 토요일마다 수영장에 갑니다.

На́ша семья́ е́здит на да́чу по выходны́м дня́м.

우리 가족은 주말마다 별장에 갑니다.

Ребёнок хо́дит к ба́бушке по пя́тницам.

아이는 금요일마다 할머니한테 갑니다.

주제에 관한 다양하고 유용한 표현들입니다. 자신에게 맞는 문장을 체크하고 재미있는 스토리를 만들어 보세요. 돌발 질문에도 당황하지 않고 나만의 표현력은 물론, 논리력에도 자신감이 생깁니다.

☐ 남편은 저에게 화장실을 청소하겠다고 약속했습니다.

Муж обеща́л мне, что он бу́дет чи́стить туале́т.

☐ 식사 후에 그(그녀)는 설거지를 하지만, 가끔은 바로 하지 않습니다.

По́сле еды́ он(а́) мо́ет посу́ду, но иногда́ не сра́зу.

☐ 그(그녀)는 깨끗한 것을 좋아합니다.

Он(а́) лю́бит чистоту́.

☐ 어렸을 때 저는 방 치우는 것을 귀찮아했습니다.

В де́тстве я лени́лся(лени́лась) убира́ть ко́мнату.

☐ 저는 낮에 빨래를 넙니다.

Днём я разве́шиваю бельё.

☐ 저는 상 차리는 것을 좋아합니다.

Я люблю́ накрыва́ть на стол.

☐ 아이는 집을 어지럽힙니다.

Ребёнок устра́ивает беспоря́док.

☐ 그(그녀)는 일주일에 한 번 온 집을 꼼꼼히 청소합니다.

Он(а́) тща́тельно убира́ет весь дом 1 раз в неде́лю.

☐ 저는 이불을 자주 세탁합니다.

Я ча́сто стира́ю одея́ло.

☐ 만약, 자신의 역할을 잘 수행하지 않는다면 집은 정리가 안 될 것입니다.

На́до хорошо́ выполня́ть свои́ обя́занности, ина́че дом не бу́дет в поря́дке.

집안일 관련 경험

출제 빈도가 높은 인터뷰의 주제별 질문에 맞게 핵심 표현들을 단계적으로 나누어서 답변하는 연습을 해보세요. '응용 표현들'을 활용해서 나에게 맞는 표현들로 나만의 스토리를 만들어 보세요.

Q **У вас есть незабыва́емый слу́чай, свя́занный с дома́шними дела́ми? Что с ва́ми случи́лось? Расскажи́те, пожа́луйста, подро́бно.**

집안일과 관련해서 잊을 수 없는 일이 있나요? 당신에게 무슨 일이 일어났나요?

자세하게 이야기해 주세요.

경험을 했던 시점	У меня́ есть незабыва́емый слу́чай, свя́занный с дома́шними дела́ми. Когда́ мне бы́ло 12 лет, роди́тели пое́хали в дере́вню.
집안일을 하지 않은 상황	Я пригласи́л(а) друзе́й домо́й. Мы гото́вили у́жин, е́ли и игра́ли в компью́терные и́гры. Ко́мната была́ гря́зная, я да́же разби́л(а) ва́зу. Я хоте́л(а) убра́ть ко́мнату по́сле того́, как мои́ друзья́ уе́дут домо́й.
집안일을 하지 않은 것에 대한 결과	Но ве́чером роди́тели верну́лись домо́й, когда́ я с друзья́ми смотре́л(а) фильм. Ма́ма уви́дела, что мы сде́лали, и о́чень рассерди́лась. Мои́ друзья́ бы́стро ушли́ домо́й, и по́сле э́того ма́ма руга́ла меня́.
집안일에 대한 나의 생각	По́сле э́того дня я ду́мал(а), что на́до убира́ть ко́мнату во́время.

저는 집안일과 관련해서 잊을 수 없는 일이 있습니다. 제가 12살 때 부모님이 시골에 가셨습니다. 저는 친구들을 집으로 초대했습니다. 우리는 저녁을 준비하고 먹고 컴퓨터 게임을 했습니다. 방은 더러웠고 심지어 저는 꽃병을 깨뜨렸습니다. 저는 친구들이 집으로 떠난 후에 방을 치우고 싶었습니다. 하지만 저녁에 부모님이 저와 친구들이 영화를 보고 있을 때 돌아오셨습니다. 엄마는 우리가 한 것을 보시고 매우 화가 나셨습니다. 제 친구들은 빠르게 집으로 갔고 그 이후에 엄마가 저를 혼냈습니다. 그날 이후로 저는 제때에 방을 치워야겠다고 생각했습니다.

새 단어

- □ незабыва́емый 잊을 수 없는
- □ слу́чай 사건, 일
- □ серди́ться 화가 나다, 화를 내다
- □ руга́ть 꾸짖다, 혼내다
- □ во́время 제때에

나만의 스토리를 만들어 보세요.

У меня́ есть незабыва́емый слу́чай, свя́занный с дома́шними дела́ми. Когда́ мне бы́ло 12 лет, ① [부모님의 부재 이유] . Я пригласи́л(а) друзе́й домо́й. Мы гото́вили у́жин, е́ли и игра́ли в компью́терные и́гры. Ко́мната была́ гря́зная, я да́же ② [실수한 집안일] . Я хоте́л(а) убра́ть ко́мнату по́сле того́, как мои́ друзья́ уе́дут домо́й. Но ве́чером роди́тели верну́лись домо́й, когда́ я с друзья́ми смотре́л(а) фильм. Ма́ма уви́дела, что мы сде́лали, и о́чень рассерди́лась. Мои́ друзья́ бы́стро ушли́ домо́й, и по́сле э́того ма́ма руга́ла меня́. По́сле э́того дня я ду́мал(а), что на́до ③ [실수를 통해 배운 점] .

저는 집안일과 관련해서 잊을 수 없는 일이 있습니다. 제가 12살 때 ① _____ . 저는 친구들을 집으로 초대했습니다. 우리는 저녁을 준비하고 먹고 컴퓨터 게임을 했습니다. 방은 더러웠고 심지어 ② _____ . 저는 친구들이 집으로 떠난 후에 방을 치우고 싶었습니다. 하지만 저녁에 부모님이 저와 친구들이 영화를 보고 있을 때 돌아오셨습니다. 엄마는 우리가 한 것을 보시고 매우 화가 나셨습니다. 제 친구들은 빠르게 집으로 갔고 그 이후에 엄마가 저를 혼냈습니다. 그날 이후로 저는 ③ _____ 고 생각했습니다.

나에게 맞는 표현을 찾아서 위의 빈칸에 대입시켜 보세요.

① 부모님의 부재 이유	• 부모님이 바쁘셨다 роди́тели бы́ли за́няты • 부모님이 할머니댁에 가셨다 роди́тели пое́хали к ба́бушке • 왜 부모님이 집에 안 계셨었는지 기억나지 않는다 не по́мню, почему́ до́ма не́ было роди́телей	
② 실수한 집안일	• 나는 음식을 태웠다 у меня́ подгоре́ла еда́ • 나는 실수로 엄마가 좋아하는 물건을 버렸다 я по оши́бке вы́бросил(а) ве́щи, кото́рые ма́ма лю́бит	
③ 실수를 통해 배운 점	• 물건을 닦을 때는 조심스럽게 해야 한다 на́до аккура́тно протира́ть ве́щи тря́пкой • 중요한 물건은 제자리에 잘 두어야 한다 на́до класть ве́щи на ме́сто	

※ 〈부록〉 기초 단어를 활용해서 더 다양한 표현을 만들어 보세요.

러시아어의 문법과 구조 형태 및 유용한 어휘 등을 학습하고 답변에 응용해 보세요. 자연스러운 표현과 언어 구사 능력이 올라갑니다.

● 귀찮음

'귀찮다, 싫증 나다, 질리다'의 의미로 надоéсть 동사를 사용합니다. 의미상의 주어는 여격으로 표현해 주며, 보통 뒤에 동사원형이 위치합니다.

> 여격 + надоéсть + 동사원형

Мне надоéло.	저는 질렸습니다.
Мне надоéло читáть эту кни́гу.	저는 이 책을 읽는 것이 싫증 났습니다.
Ми́ше надоéло есть это блю́до.	저는 이 음식을 먹는 것이 질렸습니다.

● 발견하다

무언가를 우연히 발견 또는 알아차렸다는 표현으로 замéтить 동사를 씁니다. знать 동사와 헷갈릴 수 있으므로 주의하세요.

Я узнáла, что он написáл мне письмó.　저는 그가 저한테 편지를 썼다는 것을 알았습니다.

➡ Я замéтила, что он написáл мне письмó.
저는 그가 저한테 편지를 썼다는 것을 눈치챘습니다.

Я знал мои́ оши́бки.	저는 저의 실수를 알고 있었습니다.
➡ Я замéтил мои́ оши́бки.	저는 저의 실수를 발견했습니다.

● 물건 놓기

무언가를 세워 둘 때는 стáвить/постáвить 동사를 쓰고, 무언가를 눕혀 놓을 때는 класть/положи́ть 동사를 사용합니다. 접시와 같이 아랫부분에 받침 부분과 같은 다리가 조금이라도 있으면 стáвить/постáвить 동사를 사용합니다.

Мы постáвили кни́гу на стол.	우리는 책을 책상에 세워 두었다.
Мы положи́ли кни́гу на стол.	우리는 책을 책상에 눕혀 놓았다.

Пáпа стáвит тарéлки, а мáма кладёт ви́лки.
아빠는 접시를 놓고, 엄마는 포크를 놓고 있습니다.

주제에 관한 다양하고 유용한 표현들입니다. 자신에게 맞는 문장을 체크하고 재미있는 스토리를 만들어 보세요. 돌발 질문에도 당황하지 않고 나만의 표현력은 물론, 논리력에도 자신감이 생깁니다.

☐ 저는 집에서 공놀이를 했습니다.

Я игра́л(а) с мячо́м до́ма.

☐ 저는 공으로 텔레비전을 깨트렸습니다.

Я разби́л(а) мячо́м телеви́зор.

☐ 저는 냄비를 태워버렸습니다.

Я сжёг(сожгла́) кастрю́лю.

☐ 방을 치워야 한다는 것을 완전히 잊었습니다.

Я совсе́м забы́л(а) убра́ть ко́мнату.

☐ 저는 설거지를 안 했습니다.

Я не помы́л(а) посу́ду.

☐ 저는 언제 부모님이 돌아오시는지 몰랐습니다.

Я не зна́л(а), когда́ роди́тели верну́тся.

☐ 제가 빨래를 삶았더니, 옷이 작아졌습니다.

Я кипяти́л(а) бельё и оно́ се́ло.

☐ 저는 접시를 깨트렸습니다.

Я разби́л(а) таре́лку.

☐ 저는 다리미질을 하다가 옷을 태워버렸습니다.

Я сжёг(сожгла́) оде́жду, когда́ гла́дил(а) её.

☐ 저는 실수한 것을 감추고 싶었습니다.

Я хоте́ла скрыть мои́ оши́бки.

이웃 소개

출제 빈도가 높은 인터뷰의 주제별 질문에 맞게 핵심 표현들을 단계적으로 나누어서 답변하는 연습을 해보세요. '응용 표현들'을 활용해서 나에게 맞는 표현들로 나만의 스토리를 만들어 보세요.

Q **Какие соседи живут в вашем доме? Какие они? У вас есть незабываемые случаи, связанные с ними? Расскажите подробно.**

주변에 어떤 이웃이 살고 있나요? 그들은 어떤가요? 그들과 잊지 못할 일이 있었나요?
자세하게 이야기해 주세요.

이웃이 사는 곳	Мои соседи меня бесят. Они живут на верхнем этаже. Я ни разу не видел(а) их. Но, кажется, там живут дети.
이웃의 특징	Они очень шумные. Дети бегают вечером, поэтому мне сложно уснуть. Но я не говорил(а) с соседями об этом.
이웃과의 사건	Недавно был один случай. В тот день соседи снова шумели. Уже было поздно, но они как будто не хотели прекращать бегать. В то время я пил(а) пиво и я не мог(могла) больше терпеть. Обычно я терплю, но в тот день я отреагировал(а) по-другому. Я ударил(а) в потолок, когда дети бегали. Тогда они стали тихими, и родители детей пришли извиниться передо мной.
이웃과 현재 관계	Но, к сожалению, до сих пор они шумят. Поэтому я хочу переехать куда-нибудь.

제 이웃은 저를 화나게 합니다. 이웃은 위층에 살고 있습니다. 저는 그들을 한 번도 본 적이 없습니다. 하지만 아마도 위층에는 아이들이 사는 것 같습니다. 그들은 아주 시끄럽습니다. 아이들이 저녁마다 뛰어다녀서 저는 잠을 잘 수가 없습니다. 하지만, 저는 그것에 대해 이웃들과 얘기하지 않았습니다. 얼마 전에 사건이 하나 있었습니다. 그날 이웃집이 또다시 시끄럽게 했습니다. 이미 늦은 시간이었지만 그들은 뛰어다니는 것을 멈출 생각이 없어 보였습니다. 그 시간에 저는 맥주를 마시고 있었고, 저는 더 이상 참을 수 없었습니다. 보통 저는 참는 편이지만 그날은 평소와 다르게 반응했습니다. 저는 윗집 아이들이 뛰어다닐 때 천장을 세게 쳤습니다. 그때 아이들이 조용해졌고, 아이들의 부모가 저에게 사과하러 왔습니다. 하지만, 유감스럽게도 그들은 지금까지도 시끄럽습니다. 그래서 저는 다른 곳으로 이사를 가고 싶습니다.

새단어

- **бесить** 격노시키다, 분노케하다
- **шуметь** 소음을 일으키다
- **поздно** 늦게
- **прекращать** 그만두다, 중지하다
- **отреагировать на что** 반응하다
- **извиниться перед кем** 사과하다
- **к сожалению** 유감스럽게도

나만의 스토리를 만들어 보세요.

Мой сосе́ди меня́ бе́сят. Они́ живу́т на ве́рхнем этаже́. Я ни ра́зу не ви́дел(а) их. Но, ка́жется, там живу́т де́ти. Они́ о́чень ① [이웃 특징] . Де́ти бе́гают ве́чером, поэ́тому мне сло́жно усну́ть. Но я не говори́л(а) с сосе́дями об э́том. Неда́вно был оди́н слу́чай. В тот день сосе́ди сно́ва шуме́ли. Уже́ бы́ло по́здно, но они́ как бу́дто не хоте́ли прекраща́ть бе́гать. В то вре́мя я пи́л(а) пи́во и я не мог(могла́) бо́льше терпе́ть. Обы́чно я терплю́, но в тот день я отреаги́ровал(а) по-друго́му. Я удари́л(а) в потоло́к, когда́ де́ти бе́гали. Тогда́ они́ ста́ли ти́хими, и ② [이웃의 사과 행동]   . Но, к сожале́нию, до сих пор они́ шумя́т. Поэ́тому ③ [이웃과의 관계]
            .

제 이웃은 저를 화나게 합니다. 이웃은 위층에 살고 있습니다. 저는 그들을 한 번도 본 적이 없습니다. 하지만 아마도 위층에는 아이들이 사는 것 같습니다. 그들은 아주 ① _____. 아이들이 저녁마다 뛰어다녀서 저는 잠을 잘 수가 없습니다. 하지만, 저는 그것에 대해 이웃과 얘기하지 않았습니다. 얼마 전에 사건이 하나 있었습니다. 그 날 이웃집이 또다시 시끄럽게 했습니다. 이미 늦은 시간이었지만 그들은 뛰어다니는 것을 멈출 생각이 없어 보였습니다. 그 시간에 저는 맥주를 마시고 있었고, 저는 더 이상 참을 수 없었습니다. 보통 저는 참는 편이지만 그날은 평소와 다르게 반응했습니다. 저는 윗집 아이들이 뛰어다닐 때 천장을 세게 쳤습니다. 그때 아이들이 조용해졌고, ② _____. 하지만, 유감스럽게도 그들은 지금까지도 시끄럽습니다. 그래서 ③ _____.

나에게 맞는 표현을 찾아서 위의 빈칸에 대입시켜 보세요.

① 이웃 특징	• 무례한 неве́жливые • 난폭한 гру́бые • 이기적인 эгоисти́чные
② 이웃의 사과 행동	• 나의 이웃은 내 집 문 앞까지 깨끗하게 치웠다 　мой сосе́д подмёл да́же пе́ред мое́й две́рью • 이웃은 사과의 의미로 꽃을 선물했다 　сосе́д подари́л мне цветы́ в знак извине́ния
③ 이웃과의 관계	회복된 경우 : • 우리는 이웃과 사이좋게 지낸다 мы с сосе́дями дру́жно обща́емся • 지금은 이웃과 우리의 관계가 회복되었다 　сейча́с на́ши отноше́ния с сосе́дями восстанови́лись 악화된 경우 : • 우리는 그를 경찰에 신고했다 мы сообщи́ли о нём в поли́цию • 우리의 관계는 좋지 않다 у нас нехоро́шие отноше́ния

※ 〈부록〉 기초 단어를 활용해서 더 다양한 표현을 만들어 보세요.

러시아어의 문법과 구조 형태 및 유용한 어휘 등을 학습하고 답변에 응용해 보세요. 자연스러운 표현과 언어 구사 능력이 올라갑니다.

● ~처럼 보이다

как은 '어떻게, 얼마나'의 뜻을 가진 부사지만, 비교를 위한 표현으로 「как+명사, 절」구조로 쓰일 때는 '~처럼'이라는 접속사 역할을 합니다. 그러나 조사인 бýдто(같이)와 함께 쓰이면, 'как бýдто(마치 ~처럼, ~와도 같이)'라는 접속사로 뒤에 이어지는 문장이 오게 됩니다.

Бéлый как снег.
눈처럼 하얗다.

Супермодéль как кýкла.
인형 같은 슈퍼 모델.

Он продóлжил рабóтать, как бýдто ничегó не произошлó.
그는 마치 아무 일도 없었던 것처럼 일을 계속했습니다.

Марúя молчúт, как бýдто ничегó не знáет.
마리야는 마치 아무것도 모르는 것처럼 조용했습니다.

● ~이 되다 (상태)

быть 동사 외에 어떠한 상태, 기분 또는 어떠한 직업을 가지게 될 때 стать 동사를 씁니다. стать는 조격을 요구하며, 경우에 따라서 부사를 요구하기도 합니다. 부사와 함께 쓸 때는 의미상 주어를 여격으로 표현해 줍니다. стать는 시작의 의미도 내포하고 있기 때문에 어떠한 변화가 있음을 시사하기도 합니다.

Я стал перевóдчиком.
저는 통역가가 되었습니다.

Он стал писáтелем.
그는 작가가 되었습니다.

Онá стáла ленúвой.
그녀는 게을러졌습니다.

Мне стáло хóлодно.
저는 추워졌습니다.

Больнóму стáло лýчше.
환자는 좋아졌습니다.

주제에 관한 다양하고 유용한 표현들입니다. 자신에게 맞는 문장을 체크하고 재미있는 스토리를 만들어 보세요. 돌발 질문에도 당황하지 않고 나만의 표현력은 물론, 논리력에도 자신감이 생깁니다.

☐ 저는 이웃과 엘리베이터에서 자주 봅니다.

Я ча́сто ви́жу сосе́да в ли́фте.

☐ 저는 이사 왔을 때 이웃을 처음 봤습니다.

Я пе́рвый раз уви́дел(а) сосе́да, когда́ я перее́хал(а).

☐ 우리 이웃은 저희에게 큰 관심을 보입니다.

Наш сосе́д проявля́ет к нам си́льный интере́с.

☐ 저는 이웃에 대해 아는 것이 거의 없습니다.

Я почти́ ничего́ не зна́ю о сосе́де.

☐ 이웃은 쓰레기를 아무 곳에나 버립니다.

Сосе́д выбра́сывает му́сор куда́ уго́дно.

☐ 저는 놀이터에서 이웃집 아이를 자주 봅니다.

Я ча́сто ви́жу дете́й сосе́да на де́тской площа́дке.

☐ 이웃들끼리 친합니다.

Сосе́ди обща́ются дру́жно.

☐ 이웃들은 모두 같은 유치원에 아이를 보냅니다.

Де́ти сосе́дей хо́дят в оди́н и тот же де́тский сад.

☐ 저는 이웃과 친구가 되었습니다.

Мы с сосе́дом подружи́лись.

☐ 이웃은 술에 취하면 우리 집 문을 두드립니다.

Сосе́д стучи́т в на́шу дверь, когда́ он пья́нный.

• 학습 순서

주제별 고득점 꿀팁 ▶ 주제별 질문 유형 한눈에 파악하기 ▶ 3단 콤보 답변

모범 답변 ▶ 문법 익히기 ▶ 유용한 표현사전 10

↳ 3단 콤보 답변을 응용한
모범 답변을 제시해 줍니다.

출제 빈도가 높은 주제별 질문에 대한 콤보 형식의 답변들로 구성했습니다. 질문의 핵심을
파악하고, 답변에 대한 핵심 구조를 중심으로 응용 어휘를 활용해서 나에게 맞는 콤보 형식
의 답변을 만들어 보세요.

콤보 응용 편

Часть

4

여가 활동

학습목표 출제경향 Background Survey에서 일반적으로 많이 선택하는 항목을 중심으로 이뤄져 있습니다. 여러 에피소드로 구성되어 있으며, 평소에 접하기 힘들었던 실생활 용어들을 학습할 수 있습니다. 여가 활동은 자신이 관심 있는 항목으로 선택하는 것이 가장 좋습니다. 기본적인 활동과 이슈 그리고 좋아하는 이유 또는 싫어하는 이유를 중심으로 학습하는 것이 좋으며, 항목과 연관시켜서 롤 플레이 및 연관성 있는 질문이 출제될 가능성이 있으므로 좀 더 포괄적으로 준비하는 것이 좋습니다.

주제별 고득점 꿀팁

Урок 1 영화 보기	★ 영화를 자주 보러 가는 장소와 그 장소를 좋아하는 이유 말하기 ★ 좋아하는 영화 장르 → 기억에 남는 영화 말하기
Урок 2 공연/연극 보기	★ 공연/연극 보는 것을 좋아하는 이유 말하기 ★ 공연/연극을 보기 전 하는 일들에 대하여 말하기
Урок 3 공원 가기	★ 자주 가는 공원 → 공원에 함께 가는 사람에 관해 말하기 ★ 공원에서 사람들이 주로 하는 일 → 내가 공원에서 자주 하는 일에 관해 말하기
Урок 4 캠핑하기	★ 캠핑 가는 것을 좋아하는 이유 말하기 ★ 자주 가는 캠핑장과 동행인 → 캠핑에 필요한 물건 → 캠핑 시, 주의 사항 말하기
Урок 5 스포츠 관람하기	★ 스포츠를 주로 관람하는 장소 → 에피소드 말하기 ★ 좋아하는 스포츠 → 좋아하는 스포츠 선수에 관해 말하기

✻ Background Survey에서 해당 항목을 선택했을 경우, 자주 출제되는 콤보 형식의 질문 유형입니다.
빈출도 높은 질문 유형들을 익혀두고, 질문의 의도를 빠르게 파악할 수 있도록 학습해 보세요.

Урок 1 영화 보기	• Вы указа́ли, что вы хо́дите в кино́ в свобо́дное вре́мя. В како́й кинотеа́тр вы обы́чно хо́дите? Опиши́те, пожа́луйста. Каки́е фи́льмы вам нра́вятся и почему́? Когда́ вы ходи́ли в кинотеа́тр в после́дний раз? Расскажи́те о са́мом запомина́ющемся фи́льме. – 여가시간에 영화를 보러 간다고 했습니다. 보통 어떤 영화관에 가나요? 묘사해 주세요. 어떤 영화들이 마음에 들고 이유는 무엇인가요? 언제 마지막으로 영화관에 갔었나요? 가장 기억에 남는 영화를 이야기해 주세요.
Урок 2 공연/연극 보기	• На каки́е конце́рты/спекта́кли вы лю́бите ходи́ть и почему́? Как ча́сто вы хо́дите на конце́рты/спекта́кли? С кем вы хо́дите на конце́рты/спекта́кли? Что обы́чно вы де́лаете пе́ред конце́ртами/спекта́клями? – 어떤 공연/연극을 보러 가는 것을 좋아하고 이유는 무엇인가요? 얼마나 자주 공연/연극에 갑니까? 누구와 공연/연극을 보러 가나요? 공연/연극을 보기 전 보통 당신은 무엇을 하나요?
Урок 3 공원 가기	• Как ча́сто вы хо́дите в парк? С кем вы хо́дите? Что вы там де́лаете? Опиши́те парк, пожа́луйста, в кото́рый вы ча́сто хо́дите. Како́й он? Расскажи́те мне о воспомина́ниях, кото́рые свя́заны у вас с па́рком. Когда́ э́то бы́ло? Пожа́луйста, расскажи́те как мо́жно бо́льше. – 얼마나 자주 공원에 갑니까? 누구랑 가나요? 그곳에서 무엇을 합니까? 당신이 자주 가는 공원을 묘사해 주세요. 어떻게 보이나요? 공원에서 있었던 기억나는 것에 대해 나한테 이야기해 주세요. 언제 있었나요? 가능한 많이 이야기해 주세요.
Урок 4 캠핑하기	• В како́е вре́мя го́да вы лю́бите отдыха́ть в ке́мпинге и почему́? Каки́е ве́щи вы берёте с собо́й? Расскажи́те, пожа́луйста, о незабыва́емом о́пыте во вре́мя тако́го о́тдыха. Куда́ вы е́здили? Что произошло́? – 어떤 계절에 캠핑 가서 휴식하기를 좋아하고 이유는 무엇인가요? 캠핑을 갈 때 어떤 물건을 챙기나요? 캠핑 중 잊을 수 없던 경험에 대해 말해 주세요. 당신은 어디로 갔다 왔나요? 무슨일이 있었나요?
Урок 5 스포츠 관람하기	• Како́й спорт вы лю́бите? Когда́ и где вы смо́трите и́гры/соревнова́ния по нему́? Бы́ли ли у вас каки́е-ли́бо пробле́мы и́ли тру́дности при просмо́тре спорти́вных игр? Каку́ю кома́нду и́ли спортсме́на вы лю́бите и расскажи́те, почему́. – 당신은 어떤 스포츠를 좋아하나요? 언제 그리고 어디에서 경기를 관람하나요? 스포츠 경기 관람 중 어떤 문제나 어려움이 있었나요? 어떤 팀 또는 운동선수를 좋아하는지 이유를 이야기해 주세요.

영화 보기

OPIc 시험에서는 콤보 형식으로 출제되는 경우가 많습니다. 주제별 답변에 대한 핵심 구조를 중심으로 응용 어휘를 활용한 콤보 형식의 답변을 연습해 보세요. 모범 답변을 활용해 나만의 스토리텔링도 만들어 보세요.

Q Вы указáли, что вы хóдите в кинó в свобóдное врéмя. В какóй кинотеáтр вы обы́чно хóдите? Опиши́те, пожáлуйста. Каки́е фи́льмы вам нрáвятся и почемý? Когдá вы ходи́ли в кинотеáтр в послéдний раз? Расскажи́те о сáмом запоминáющемся фи́льме.

여가시간에 영화를 보러 간다고 했습니다. 보통 어떤 영화관에 가나요? 묘사해 주세요. 어떤 영화들이 마음에 들고 이유는 무엇인가요? 언제 마지막으로 영화관에 갔었나요? 가장 기억에 남는 영화를 이야기해 주세요.

 3단 콤보 답변

주제별 답변에 대한 핵심 구조를 중심으로 응용 어휘를 활용해서 콤보 형식의 답변을 익혀 보세요.

① 영화 보는 장소 및 영화 보기

> **핵심 구조** 영화를 보러 가는 횟수, 동행인, 영화관 묘사, 좋아하는 이유, 영화 보기 전/후 행동

① Я хожý в кинотеáтр оди́н и́ли 2 рáза в мéсяц.
저는 한 달에 한 번 또는 2번 영화관에 갑니다.

② Обы́чно я хожý с пáрнем, иногдá хожý с роди́телями.
보통은 남자친구와 보러 가고, 가끔 부모님과 보러 갑니다.

③ Кинотеáтр нахóдится недалекó от дóма, и ещё он большóй и ую́тный.
영화관은 집에서 멀지 않은 곳에 있고, 크고 쾌적합니다.

④ Там óчень вкýсный попкóрн.
그곳에는 매우 맛있는 팝콘이 있습니다.

⑤ Я захожý в кафé и пью кóфе пéред фи́льмом, а пóсле фи́льма ýжинаю.
저는 영화 보기 전에 카페에 들러 커피를 마시고, 영화를 본 후에는 저녁을 먹습니다.

응용 어휘			
② с подрýгой 여자친구와	с мýжем 남편과	с женóй 부인과	с детьми́ 아이들과
③ рáдом с ~옆에	далекó от ~에서 멀리		
мáленький 작은	стáрый 오래된	извéстный 유명한	
④ хорóший сéрвис 좋은 서비스	комфóртное крéсло 편안한 자리		
⑤ ем что-нибýдь 무언가를 먹다	хожý в туалéт 화장실을 가다		
покупáю попкóрн и кóлу 팝콘과 콜라를 사다	обéдаю 점심을 먹다		

② 좋아하는 영화(장르)

핵심 구조 좋아하는 영화(장르), 이유

① **Я люблю́** фанта́стику, дра́мы, три́ллеры.

저는 판타지, 드라마, 스릴러를 좋아합니다.

② Фанта́стика **о́чень** интере́сная.

판타지 영화는 매우 흥미롭습니다.

③ В фи́льме я могу́ уви́деть то, о чём мечта́л(а).

영화에서는 제가 꿈꾸던 것을 볼 수 있습니다.

④ Са́мый незабыва́емый фильм – э́то «Армагеддо́н».

가장 잊을 수 없는 영화는 '아마겟돈'입니다.

⑤ **Мне понра́вились** их ро́ли в фи́льме.

영화에서 그들의 배역이 마음에 들었습니다.

응용어휘	
①,②,④	вое́нные фи́льмы 전쟁　детекти́вы 추리　докумета́льные фи́льмы 다큐멘터리 коме́дии 코미디　мультфи́льмы 애니메이션　фи́льмы у́жасов 호러, 공포
②	смешно́й 웃긴, 웃기다　печа́льный 슬픈, 슬프다　весёлый 즐거운, 즐겁다 стра́шный 무서운, 무섭다　романти́ческий 낭만적인, 낭만적이다
④	са́мый люби́мый 가장 좋아하는　запомина́ющийся 기억에 남는
⑤	содержа́ние 내용　персона́ж 등장인물　му́зыка 음악　сцена́рий 시놉시스

③ 최근 본 영화

핵심 구조 최근 본 영화, 주인공, 내용, 기억에 남는 장면

① Не́сколько дней наза́д я смотре́л(а) фильм «Шо́у Тру́мана» в кинотеа́тре.

며칠 전에 저는 영화 '트루먼 쇼'를 영화관에서 보았습니다.

② Геро́й о́чень весёлый челове́к.

주인공은 매우 밝은 사람입니다.

③ Фильм о том, что лю́ди наблюда́ют за жи́знью геро́я в эфи́ре.

영화는 사람들이 생방송으로 주인공의 삶을 관찰하는 것에 대한 것입니다.

④ Я люблю́ после́днюю сце́ну.

저는 마지막 장면을 가장 좋아합니다.

⑤ Она́ произвела́ на меня́ впечатле́ние.

저는 감동을 받았습니다.

응용어휘	
①	неде́лю наза́д 일주일 전에　ме́сяц наза́д 한 달 전에　неда́вно 최근에, 얼마 전에
④	нача́льную сце́ну 첫 장면을　сце́ну проща́ния 이별 장면을 сце́ну воссоедине́ния 재회 장면을　экшн-сце́ну 액션 장면을
⑤	Я извлёк(кла́) уро́к из э́того фи́льма. 저는 이 영화에서 교훈을 얻었습니다.

☐ **1단계** 영화 보는 장소 및 영화 보기 ① + ③ + ⑤ 🎧 04-3

Я люблю́ смотре́ть фи́льмы, поэ́тому я хожу́ в кинотеа́тр оди́н и́ли 2 ра́за в ме́сяц. Я ча́сто хожу́ в кинотеа́тр, кото́рый называ́ется CGV. Он нахо́дится недалеко́ от до́ма, и ещё он большо́й и ую́тный. Поэ́тому я люблю́ э́тот кинотеа́тр. Осо́бенно мне нра́вятся широ́кие кре́сла. Обы́чно я ча́сто хожу́ в кинотеа́тр днём, поэ́тому я захожу́ в кафе́ и пью ко́фе пе́ред фи́льмом, а по́сле фи́льма у́жинаю. Е́сли съем что-нибу́дь пе́ред фи́льмом, мне захо́чется спать, поэ́тому я ем по́сле.

저는 영화 보는 것을 좋아해서 한 달에 한 번 또는 2번 영화관에 갑니다. 저는 CGV라는 영화관에 자주 갑니다. 영화관은 집에서 멀지 않은 곳에 있고, 크고 쾌적합니다. 그래서 저는 이 영화관을 좋아합니다. 특히 넓은 의자가 마음에 듭니다. 저는 보통 영화관을 낮에 가기 때문에 저는 영화 보기 전에 카페에 들려 커피를 마시고, 영화를 본 후에는 저녁을 먹습니다. 만약 영화를 보기 전에 무엇인가 먹는다면 졸려서 저는 이후에 먹습니다.

☐ **2단계** 좋아하는 영화(장르) ① + ② + ③ + ④ 🎧 04-4

Я люблю́ фанта́стику, дра́мы, три́ллеры. Осо́бенно, я люблю́ фанта́стику, потому́ что фанта́стика о́чень интере́сная и в фи́льме я могу́ уви́деть то, о чём мечта́л(а). Са́мый незабыва́емый фильм – э́то «Армагеддо́н». Я неда́вно пересмотре́л(а) его́. Я о́чень люблю́ э́тот фильм, потому́ что в де́тстве благодаря́ ему́ я мог(ла́) уви́деть ко́смос.

저는 판타지, 드라마, 스릴러를 좋아합니다. 특히, 판타지를 좋아하는데 왜냐하면, 판타지 영화는 매우 흥미롭고 영화에서 제가 꿈꾸던 것에 대해 볼 수 있기 때문입니다. 가장 잊을 수 없는 영화는 '아마겟돈'입니다. 저는 최근에 이 영화를 다시 보았습니다. 어렸을 적 저는 이 영화 덕분에 우주를 볼 수 있었기 때문에 저는 이 영화를 매우 좋아합니다.

3단계 최근 본 영화 ① + ③ + ④ + ⑤ 　　　　　　🎧 04-5

Не́сколько дней наза́д я смотре́л(а) фильм «Шо́у Тру́мана» в кинотеа́тре. Этот фильм о том, что лю́ди наблюда́ют за жи́знью геро́я в эфи́ре. Все окружа́ющие его́ лю́ди явля́ются актёрами э́той переда́чи. Но геро́й не знал, что все лю́ди смо́трят его́ жизнь по телеви́зору. Он хоте́л пое́хать за грани́цу, но ка́ждый раз кто-то ему́ меша́л. Но в после́дней сце́не он узна́л пра́вду и, в конце́ концо́в, он вы́шел в мир. Я люблю́ после́днюю сце́ну, потому́ что она́ произвела́ на меня́ впечатле́ние.

며칠 전에 저는 영화 '트루먼 쇼'를 영화관에서 보았습니다. 이 영화는 사람들이 생방송으로 주인공의 삶을 관찰하는 것에 대한 것입니다. 그의 주변 사람들은 모두 이 텔레비전 방송의 연기자입니다. 하지만, 주인공은 모든 사람들이 그의 인생을 텔레비전으로 보고 있다는 것을 알지 못합니다. 그는 외국으로 나가고 싶어하지만, 매번 누군가 방해를 합니다. 하지만 마지막 장면에서 그는 진실을 알게 되고, 마지막에 그는 세상으로 나오게 됩니다. 저는 마지막 장면을 좋아하는데, 왜냐하면 그곳에서 저는 감동을 받았기 때문입니다.

나만의 스토리를 만들어 보세요! 🐝

러시아어의 문법과 구조 형태 및 유용한 어휘 등을 학습하고 답변에 응용해 보세요. 자연스러운 표현과 언어 구사 능력이 올라갑니다.

● 횟수 말하기

раз는 '번, 횟수'를 뜻하는 단어입니다. год와 마찬가지로 숫자에 따라 형태가 변합니다. 보통 횟수를 물어볼 때에는 'Ско́лько раз?'라고 물어보며 기간은 대격으로 표현합니다.

Ско́лько раз в день ты ешь?　　　　하루에 너는 몇 번 먹어?

Я ем 3 ра́за в день.　　　　나는 하루에 3번 먹어.

раз의 단수 생격은 ра́за, 복수 생격은 раз이므로 숫자 1 다음에는 раз, 2~4까지는 ра́за, 5~20 그리고 10의 단위는 раз로 표현합니다.

● 명사의 생격 어미

격	의문사	수	남성			중성			여성		
주격 И.п.	Кто? Что?	단	-#	-й	-ь	-о	-е	-мя	-а	-я	-ь
		복	-ы	-и		-а	-я	-мена	-ы	-и	
생격 Р.п.	Кого? Чего?	단	-а	-я		-а	-я	-мени	-ы	-и	
		복	-ов	ев	-ей	-#	-ей	-мён	-#	-#, -ь	-ей

● 관계대명사 кото́рый

кото́рый는 관계대명사로 '성, 수, 격' 어미변화가 형용사와 같습니다. кото́рый, кото́рая, кото́рое, кото́рые는 주격 형태입니다. 앞 문장과 뒤 문장을 연결해 주는 역할을 하며, 2개의 문장을 한 문장으로 만들어 줍니다. 이때, 2개의 문장에는 공통된 단어가 있어야 합니다. 앞 문장에서는 선행 단어의 성과 수를, 뒤 문장에서는 격을 맞춰줘야 합니다.

Э́то дом. В э́том до́ме я жила́ 2 го́да.　　이것은 집입니다. 저는 이 집에서 2년 거주했습니다.

➡ **Э́то дом, в кото́ром я жила́ 2 го́да.**　　저는 이 집에서 2년 거주했습니다.

위 문장에서 공통된 단어는 дом입니다. 그렇기 때문에 앞 문장에서 дом의 성과 수에 맞추고, 뒤 문장에서 필요한 격에 맞춘다면, кото́рый는 '남성, 단수, 전치격 형태'로 와야 합니다.

Я зна́ю де́вушку. Мой друг лю́бит э́ту де́вушку.

저는 여자를 압니다. 제 친구는 그 여자를 좋아합니다.

➡ **Я зна́ю де́вушку, кото́рую лю́бит мой друг.**

저는 제 친구가 좋아하는 여자를 압니다.

주제에 관한 다양하고 유용한 표현들입니다. 자신에게 맞는 문장을 체크하고 재미있는 스토리를 만들어 보세요. 돌발 질문에도 당황하지 않고 나만의 표현력은 물론, 논리력에도 자신감이 생깁니다.

☐ 그는 이 영화에서 연기를 아주 잘했습니다.

Он о́чень хорошо́ игра́л в э́том фи́льме.

☐ 저는 이 영화가 아주 좋다고 생각하기 때문에 모두에게 추천하고 싶습니다.

Я ду́маю, что э́тот фильм о́чень хоро́ший, поэ́тому хочу́ рекомендова́ть его́ всем.

☐ 저는 영화를 볼 때 무언가 먹는 것을 좋아하지 않습니다.

Я не люблю́ есть что-то, когда́ смотрю́ фильм.

☐ 저는 영화를 보기 전에 인터넷으로 미리 표를 삽니다.

Я зара́нее покупа́ю биле́т по интерне́ту пе́ред фи́льмом.

☐ 저는 항상 친구와 만나기로 약속을 합니다.

Я всегда́ догова́риваюсь о встре́че с друзья́ми.

☐ 저는 그의 모든 영화를 다 보았습니다.

Я посмотре́л(а) все его́ фи́льмы.

☐ 우리는 그를 유명한 영화에서 자주 볼 수 있습니다.

Мы мо́жем ча́сто ви́деть его́ в изве́стных фи́льмах.

☐ 이 영화는 실화를 바탕으로 하였습니다.

Э́тот фильм осно́ван на реа́льных собы́тиях.

☐ 친구들이 저한테 이 영화를 추천해 주었습니다.

Друзья́ порекомендова́ли мне посмотре́ть э́тот фильм.

☐ 이 영화는 많은 상을 수상했습니다.

Э́тот фильм получи́л мно́го пре́мий.

공연/연극 보기

OPIc 시험에서는 콤보 형식으로 출제되는 경우가 많습니다. 주제별 답변에 대한 핵심 구조를 중심으로 응용 어휘를 활용한 콤보 형식의 답변을 연습해 보세요. 모범 답변도 활용해 나만의 스토리텔링도 만들어 보세요.

Q **На каки́е конце́рты/спекта́кли вы лю́бите ходи́ть и почему́? Как ча́сто вы хо́дите на конце́рты/спекта́кли? С кем вы хо́дите на конце́рты/спекта́кли? Что обы́чно вы де́лаете пе́ред конце́ртами/спекта́клями?**

어떤 공연/연극을 보러 가는 것을 좋아하고 이유는 무엇인가요? 얼마나 자주 공연/연극에 갑니까?

누구와 공연/연극을 보러 가나요? 공연/연극을 보기 전 보통 당신은 무엇을 하나요?

 3단 콤보 답변

주제별 답변에 대한 핵심 구조를 중심으로 응용 어휘를 활용해서 콤보 형식의 답변을 익혀 보세요.

① 좋아하는 공연/연극과 이유

핵심 구조 최근 본 공연/연극, 감상하는 곳, 횟수, 가는 이유

① **Мне нра́вятся музыка́нты, кото́рые игра́ют** джаз.

저는 재즈 연주하는 뮤지션들을 좋아합니다.

② **Конце́рт обы́чно мо́жно послу́шать** в ба́ре.

공연은 보통 바에서 들을 수 있습니다.

③ Иногда́ **я выхожу́ на у́лицу, что́бы послу́шать му́зыку.**

가끔씩 저는 음악을 듣기 위해 거리로 나갑니다.

④ **Я хожу́ на конце́рт, что́бы** поддержа́ть моего́ люби́мого арти́ста.

저는 제가 좋아하는 아티스트를 응원하기 위해 공연에 갑니다.

⑤ **Я ли́чно могу́ уви́деть музыка́нтов свои́ми глаза́ми.**

제 눈으로 직접 뮤지션들을 볼 수 있습니다.

응용어휘

① на гита́ре 기타를   на пиани́но 피아노를   на скри́пке 바이올린을
класси́ческую му́зыку 클래식 음악을

② в це́нтре иску́сств 예술 회관/전당(센터)에서   в ма́леньком теа́тре 소극장에서
на Олимпи́йском стадио́не 올림픽 경기장에서

③ раз в неде́лю 일주일에 한 번   раз в ме́сяц 한 달에 한 번   ча́сто 자주

④ снять стресс 스트레스를 해소하다   про́сто развле́чься 그냥 즐기다
вы́звать но́вые ощуще́ния в ску́чной жи́зни 지루한 인생에서 새로운 감정들을 불러일으키다

① **У меня́ и мое́й лу́чшей подру́ги Мин Ха** одина́ковый музыка́льный вкус.
저와 저의 가장 친한 친구 민하는 같은 음악 취향을 가지고 있습니다.

② **Мы познако́мились в шко́ле.**
우리는 학교에서 알게 됐습니다.

③ **Однáжды я** броди́л(а) с подру́гой в го́роде.
어느 날 저는 친구와 도시에서 길을 잃었습니다.

④ **Мы реши́ли посиде́ть и посмотре́ть э́тот конце́рт.**
우리는 앉아서 이 공연을 보기로 결정했습니다.

⑤ **Я влюби́лся(влюби́лась) в джаз.**
저는 재즈와 사랑에 빠졌습니다.

응용어휘

① ра́зные музыка́льные вку́сы 다른 음악 취향
ра́зный взгля́д на му́зыку 음악에 대한 다른 견해
③ нашёл(нашла́) хоро́шего арти́ста 좋은 아티스트를 찾다
ви́дел(а) рекла́му конце́рта изве́стного арти́ста 유명한 아티스트의 콘서트 광고를 보다
получи́л(а) биле́т на конце́рт от дру́га 친구로부터 공연 표를 받다

---

③ 공연/연극을 보기 전/후

① **Пе́ред конце́ртом я** покупа́ю биле́ты онла́йн.
공연 전에 저는 온라인 티켓을 삽니다.

② **Пото́м он(а) отдаёт мне де́ньги за свой биле́т.**
다음에 그(그녀)는 자신의 티켓값을 저에게 줍니다.

③ **Я** покупа́ю сувени́ры в магази́не у стадио́на.
저는 공연장 옆 가게에서 기념품을 삽니다.

④ **Мы дели́мся свои́ми чу́вствами и впечатле́ниями.**
우리는 자신의 느낌과 소감에 대해서 공유합니다.

⑤ **По́сле спекта́кля я прошу́ актёров** сфотографи́роваться со мной.
공연 이후에 저는 연기자분들에게 같이 사진을 찍어 달라고 부탁합니다.

응용어휘

① слу́шаю все пе́сни э́того арти́ста 그 아티스트의 모든 노래를 듣다
ищу́ информа́цию об э́том арти́сте 그 아티스트에 대한 정보들을 찾다
③ жду, пока́ контролёры прове́рят биле́ты 스태프들이 표 확인하는 것을 기다리다
жду в о́череди 줄 서서 기다리다
⑤ авто́граф 사인

콤보 형식의 답변을 활용해서 주제별 모범 답변을 제시합니다.

☐ **1단계** 좋아하는 공연/연극과 이유 ① + ② + ⑤ 🎧 04-7

Я ду́маю, что хожу́ на конце́рты три-четы́ре ра́за в год. Мне нра́вятся музыка́нты, кото́рые игра́ют джаз, и их конце́рты всегда́ весёлые и помога́ют мне снять стресс. Конце́рт обы́чно мо́жно послу́шать в ба́ре. Е́сли приезжа́ет всеми́рно изве́стный певе́ц, я обяза́тельно иду́ на конце́рт. Потому́ что я ли́чно могу́ уви́деть музыка́нтов свои́ми глаза́ми.

저는 일 년에 3~4번 공연에 가는 것 같습니다. 저는 재즈 연주하는 뮤지션들을 좋아하고, 그들의 공연은 항상 즐겁고 스트레스를 해소하는 데 도움이 됩니다. 공연은 보통 바에서 들을 수 있습니다. 만약 세계적으로 유명한 가수가 방문하면 저는 무조건 공연장에 갑니다. 왜냐하면 제 눈으로 직접 뮤지션들을 볼 수 있기 때문입니다.

☐ **2단계** 동행자 소개 ① + ② + ③ + ④ 🎧 04-8

Смотре́ть конце́рты я обы́чно хожу́ с друзья́ми. У меня́ и мое́й лу́чшей подру́ги Мин Ха одина́ковый музыка́льный вкус, поэ́тому мы ча́сто хо́дим вме́сте. Мне о́чень нра́вится ходи́ть на конце́рты с ней. Мы познако́мились в шко́ле и ста́ли подру́гами. Одна́жды я броди́л(а) с подру́гой в го́роде. Пото́м мы случа́йно зашли́ в оди́н бар. Мы не зна́ли, что э́то за ме́сто. А э́то оказа́лся джаз-бар, где был конце́рт джа́зовой му́зыки. Мы ста́ли ду́мать, что де́лать и реши́ли посиде́ть и посмотре́ть э́тот конце́рт. Мы отли́чно провели́ вре́мя!

저는 보통 친구들과 공연을 보러 갑니다. 저와 저의 가장 친한 친구 민하는 같은 음악 취향을 가지고 있기 때문에 우리는 자주 함께 갑니다. 저는 그녀와 콘서트에 가는 것이 좋습니다. 우리는 학교에서 알게 되었고 친구가 되었습니다. 어느 날 저는 친구와 도시에서 길을 잃었습니다. 그러다 우리는 우연히 한 바에 들어갔습니다. 우리는 어떤 곳이었는지 몰랐습니다. 그곳은 재즈 음악 공연이 열리는 재즈 바였습니다. 우리는 어떻게 해야 하나 생각하다가, 앉아서 이 공연을 보기로 결정했습니다. 우리는 아주 좋은 시간을 보냈습니다.

Пе́ред конце́ртом я покупа́ю биле́ты онла́йн, а она́ отдаёт мне де́ньги за свой биле́т. Мы живём в одно́м райо́не, поэ́тому вме́сте идём в конце́ртный зал. А пото́м, по́сле конце́рта, мы обы́чно идём вы́пить что-нибу́дь и дели́мся свои́ми чу́вствами и впечатле́ниями о конце́рте.

공연 전에 저는 온라인 티켓을 사고, 그녀는 자신의 티켓값을 저에게 줍니다. 우리는 한동네에서 살기 때문에 함께 공연장에 갑니다. 그리고 나서, 콘서트 후에 우리는 무언가를 마시러 가고 자신의 느낌과 공연에 대한 소감에 대해서 공유합니다.

나만의 스토리를 만들어 보세요! 🐝

러시아어의 문법과 구조 형태 및 유용한 어휘 등을 학습하고 답변에 응용해 보세요. 자연스러운 표현과 언어 구사 능력이 올라갑니다.

● 취향

'이것은 나의 취향입니다'라고 이야기할 때 단어 вкус를 씁니다. вкус는 '식욕, 입맛'이라는 뜻을 가지고 있습니다. 'Это бы́ло по моему́ вку́су.'라고 한다면 '이것은 나의 취향입니다.(이것은 나의 입맛입니다.)'라는 표현입니다. 이외에도 취향에 관한 표현은 다양합니다.

Что + быть + по вку́су	무엇이 마음에 들다	➡ 취향에 맞다
Кому́ + нра́виться + что	무엇이(что) 누구에게(кому́) 마음에 들다	➡ 무엇을 좋아합니다
Кого́ + привлека́ть + что	무엇이(что) 누구를(кого́) 매혹시키다	➡ 무엇이 마음에 듭니다

● 사랑에 빠지다

누군가를 '사랑하게 되다, 사랑에 빠지다'라는 표현으로는 влюби́ться 동사를 씁니다. 이때 바로 목적어가 나오지 않고 전치사 в를 써주어야 합니다.

> влюби́ться + в + 대격

Я влюби́лась в мо́ре.　　　　저는 바다에 매료되었습니다.

Анто́н влюби́лся в краса́вицу.　　안톤은 미녀에게 반했다.

● 나누다

> дели́ть на 대격 : ~으로 나누다

дели́ть는 '나누다, 공유하다, 분할하다'의 뜻으로, '무엇을(что) 누구와(с кем) 몇 개로(на 대격) 나누다'의 형식으로 표현할 수 있습니다.

Де́ти раздели́ли торт на 3 ча́сти.
아이들은 케이크를 3등분으로 나누었다.

Преподава́тель раздели́л студе́нтов на гру́ппы.
선생님은 학생들을 그룹으로 나누었다.

주제에 관한 다양하고 유용한 표현들입니다. 자신에게 맞는 문장을 체크하고 재미있는 스토리를 만들어 보세요. 돌발 질문에도 당황하지 않고 나만의 표현력은 물론, 논리력에도 자신감이 생깁니다.

☐ 학교에서 선생님이 자주 음악과 관련된 숙제를 내주셨습니다.

В шко́ле учи́тель ча́сто дава́л дома́шние зада́ния, свя́занные с му́зыкой.

☐ 공연 이후에는 리포트를 써야만 했습니다.

По́сле конце́рта на́до бы́ло писа́ть рефера́т.

☐ 저는 정말로 클래식 음악 공연에 가고 싶지 않았습니다.

Мне так не хоте́лось идти́ на конце́рт класси́ческой му́зыки.

☐ 지금까지도 저는 그의 음악을 들으며 콘서트에도 다닙니다.

До сих пор я слу́шаю его́ пе́сни и хожу́ на конце́рты.

☐ 저는 콘서트에 늦어서 못 갔습니다.

Я не мог(ла́) попа́сть на конце́рт из-за того́, что опозда́л(а).

☐ 모든 표들이 매진되었기 때문에 저는 표를 살 수 없었습니다.

Я не мог(ла́) купи́ть биле́т, потому́ что все биле́ты бы́ли распро́даны.

☐ 제 자리가 무대에서 너무 멀었기 때문에 잘 보이지 않았습니다.

Бы́ло пло́хо ви́дно, потому́ что моё ме́сто бы́ло далеко́ от сце́ны.

☐ 가수가 공연을 1시간 전에 취소했습니다.

Певе́ц отмени́л конце́рт час наза́д.

☐ 콘서트는 아침 5시까지 이어졌습니다.

Конце́рт продолжа́лся до 5 часо́в утра́.

☐ 저는 연극이 더 마음에 듭니다.

Мне бо́льше нра́вятся спекта́кли.

공원 가기

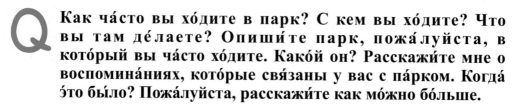

OPIc 시험에서는 콤보 형식으로 출제되는 경우가 많습니다. 주제별 답변에 대한 핵심 구조를 중심으로 응용 어휘를 활용한 콤보 형식의 답변을 연습해 보세요. 모범 답변을 활용해 나만의 스토리텔링도 만들어 보세요.

Q Как ча́сто вы хо́дите в парк? С кем вы хо́дите? Что вы там де́лаете? Опиши́те парк, пожа́луйста, в кото́рый вы ча́сто хо́дите. Како́й он? Расскажи́те мне о воспомина́ниях, кото́рые свя́заны у вас с па́рком. Когда́ э́то бы́ло? Пожа́луйста, расскажи́те как мо́жно бо́льше.

얼마나 자주 공원에 갑니까? 누구랑 가나요? 그곳에서 무엇을 합니까? 당신이 자주 가는 공원을 묘사해 주세요. 어떻게 보이나요? 공원에서 있었던 기억나는 것에 대해 나한테 이야기해 주세요. 언제 있었나요? 가능한 많이 이야기해 주세요.

 3단 콤보 답변

주제별 답변에 대한 핵심 구조를 중심으로 응용 어휘를 활용해서 콤보 형식의 답변을 익혀 보세요.

① 공원 산책하기

핵심 구조 공원 가는 횟수, 동행자, 하는 일

① Я ча́сто гуля́ю с соба́кой.
저는 자주 강아지와 산책합니다.

② Мы осо́бенно лю́бим гуля́ть там о́сенью.
우리는 가을에 그곳에서 산책하는 것을 특히 좋아합니다.

③ Ле́том в па́рке быва́ют конце́рты.
여름마다 공원에서 콘서트가 있습니다.

④ Я игра́ю в бадминто́н с друзья́ми в па́рке и́ли ката́юсь на велосипе́де.
저는 공원에서 친구들하고 배드민턴을 치거나 자전거를 탑니다.

⑤ Обы́чно я чита́ю кни́ги на скаме́йке.
저는 보통 벤치에서 책을 읽습니다.

응용 어휘			
② у́тром 아침에	днём 낮에	ве́чером 저녁에	но́чью 새벽에
весно́й 봄에	ле́том 여름에	зимо́й 겨울에	
④ бе́гаю по па́рку 공원을 따라 뛰다		смотрю́ на большу́ю реку́ 큰 강을 보다	
сплю 자다	устра́иваю пикни́к 피크닉 하다	зака́зываю доста́вку еды́ 음식을 주문하다	
ката́юсь на ро́ликах 롤러스케이트를 타다		понаблюда́ть за пти́цами 새를 구경하다	

❷ 공원 묘사

① Парк нахóдится прямо пéред моим дóмом.

공원은 우리 집 바로 앞에 위치해 있습니다.

② В пáрке есть площáдка для детéй.

공원에는 놀이터가 있습니다.

③ Вы мóжете увидеть людéй, котóрые гуляют с детьми.

아이들과 산책하는 사람들을 볼 수 있습니다.

④ В пáрке есть мáленький зоопáрк, где мóжно покормить живóтных.

공원에는 동물에게 사료를 줄 수 있는 작은 동물원도 있습니다.

⑤ Рядом с пáрком есть небольшóй ручéй, где мóжно увидеть птиц.

공원 옆에는 새를 볼 수 있는 크지 않은 냇가가 있습니다.

응용 어휘			
② фонтáн 분수	óзеро 호수	цветы 꽃	площáдка для баскетбóла 농구 코트
спортивная площáдка 운동시설 공간			
③ вéсело проводят врéмя 즐거운 시간을 보내다		занимáются спóртом 운동을 하다	
пришли на пикник 피크닉을 오다		катáются на лóдках 배를 타다	
⑤ танцýющие фонтáны 분수쇼를		фестивáль фейервéрков 불꽃놀이 축제를	

❸ 기억에 남는 일

① Это невозмóжно забыть.

이것을 잊는다는 것은 불가능합니다.

② В тот день былá плохáя погóда.

그날은 날씨가 나빴습니다.

③ Мы пошли в торгóвый центр(ТЦ), чтóбы переждáть дождь.

저는 비가 그치기를 바라면서 쇼핑몰로 갔습니다.

④ Мы хорошó провели врéмя.

우리는 좋은 시간을 보냈습니다.

⑤ Пóсле этого дня, я всегдá проверяю прогнóз погóды.

이날 이후로, 저는 일기예보를 항상 확인합니다.

응용 어휘			
② прекрáсная 아주 좋은	сóлнечная 해가 뜬(화창한)	мрáчная 어두운	
óблачная 구름 낀	сырáя 습한		

☐ **1단계** 공원 산책하기 ① + ② + ④ 🎧 04-11

Мне нра́вится гуля́ть в па́рке. Я ча́сто гуля́ю с соба́кой. Моя́ соба́ка о́чень люби́ть бе́гать по па́рку, поэ́тому мне на́до ходи́ть туда́ с ней ка́ждый день. Иногда́ я гуля́ю и с друзья́ми. Мы осо́бенно лю́бим гуля́ть там о́сенью. О́сенью пого́да прекра́сная. Я игра́ю в бадминто́н с друзья́ми в па́рке и́ли ката́юсь на велосипе́де. Не́которые лю́ди чита́ют в па́рке кни́ги, а не́которые хо́дят на свида́ние. Я та́кже ви́жу мно́го люде́й, кото́рые бе́гают. Неда́вно я то́же на́чал(а́) бе́гать в па́рке, что́бы похуде́ть.

저는 공원에서 산책하는 것을 좋아합니다. 저는 자주 강아지와 산책합니다. 제 강아지는 공원에서 뛰어다니는 것을 아주 좋아해서 저는 매일 공원에 가야 합니다. 가끔씩 저는 친구들하고도 산책합니다. 우리는 가을에 그곳에서 산책하는 것을 특히 좋아합니다. 가을에는 날씨가 아주 좋습니다. 저는 공원에서 친구들하고 배드민턴을 치거나 자전거를 탑니다. 몇몇 사람들은 공원에서 책을 읽고, 몇몇은 데이트를 합니다. 저는 공원에서 조깅하는 많은 사람도 봅니다. 최근에 저 역시 살을 빼기 위해 공원에서 뛰기 시작했습니다.

☐ **2단계** 공원 묘사 ① + ③ + ⑤ 🎧 04-12

Парк нахо́дится пря́мо пе́ред мои́м до́мом. Он не широ́кий ти́хий и споко́йный. Посреди́ па́рка есть доро́жка, поэ́тому идти́ легко́, а вокру́г мно́го травы́ и дере́вьев. В па́рке мно́го велосипеди́стов, и вы мо́жете уви́деть люде́й, кото́рые гуля́ют с детьми́. Та́кже ря́дом с па́рком есть небольшо́й руче́й, где мо́жно уви́деть птиц.

공원은 우리 집 바로 앞에 위치해 있습니다. 공원은 넓진 않고 조용하고 평온합니다. 공원 중간에는 길이 있어서 걷기 쉽고 주변에는 많은 풀과 나무들이 있습니다. 공원에는 자전거 타는 사람들이 많이 있고, 아이들과 산책하는 사람들을 볼 수 있습니다. 또한 공원 옆에는 새를 볼 수 있는 크지 않은 냇가가 있습니다.

В про́шлом ме́сяце я пошёл(пошла́) в друго́й парк. Мы с мое́й семье́й пошли́ в тот, кото́рый был далеко́ от до́ма, но в тот день была́ плоха́я пого́да. Мы гуля́ли по па́рку, наде́ясь, что дождя́ не бу́дет. Одна́ко, прошло́ немно́го вре́мени с нача́ла прогу́лки, и пошёл дождь. Мы пошли́ в торго́вый центр (ТЦ), что́бы пережда́ть дождь. Я встре́тил(а) дру́га моего́ отца́ там. Мой па́па предста́вил нас. Мы хорошо́ провели́ вре́мя, поу́жинали вме́сте ве́чером. Я поду́мал(а) снача́ла, что э́то был плохо́й день, но ве́чер был хоро́шим. По́сле э́того дня, я всегда́ проверя́ю прогно́з пого́ды.

저는 지난달에 다른 공원으로 갔습니다. 저와 가족은 집에서 멀지 않은 공원으로 갔지만, 그날은 날씨가 나빴습니다. 우리는 비가 오지 않기를 바라면서 공원을 따라 산책했습니다. 하지만 산책을 시작하고 나서 얼마의 시간이 지나자 비가 왔습니다. 우리는 비가 그치기를 바라면서 쇼핑몰로 갔습니다. 그런데 그곳에서 아빠의 친구를 만났습니다. 아빠는 우리를 소개했습니다. 우리는 좋은 시간을 보내고, 저녁에 같이 식사를 했습니다. 처음에는 나쁜 하루 같았지만, 마지막은 좋았었다고 생각했습니다. 이날 이후로, 저는 일기예보를 항상 확인합니다.

나만의 스토리를 만들어 보세요! 🐝

러시아어의 문법과 구조 형태 및 유용한 어휘 등을 학습하고 답변에 응용해 보세요. 자연스러운 표현과 언어 구사 능력이 올라갑니다.

● 부정 표현

어떠한 대상이 존재하지 않을 때는 존재하지 않는 대상을 생격으로 표현해 주어야 합니다.
이때, 현재시제에서는 нет, 과거시제는 нé было, 미래시제는 не бýдет을 사용합니다.

> **생격 + нет / нé было / не бýдет**
> : (누구)가 (무엇)이 없다/없었다/없을 것이다

Сейча́с меня́ нет до́ма.	지금 저는 집에 없습니다.
У меня́ нет сестры́.	저는 자매가 없습니다.
Анто́на нé было на вечери́нке вчера́ ве́чером.	안톤은 어제저녁 파티에 없었습니다.
Ната́ши не бýдет на заня́тии за́втра.	나타샤는 내일 수업에 없을 것입니다.

● быть 동사 활용 (2)

быть는 '~이다, ~이 존재하다'의 뜻을 가진 동사입니다. 어떠한 상태나 직업에 대해 말할 때 뒤에 조격이 위치합니다.

> **быть + 조격**

Я был студе́нтом.	저는 학생이었습니다.
Ма́ма была́ учи́тельницей.	엄마는 여교사였습니다.

● ката́ться : ~을 타다

자전거, 롤러스케이트, 말 등 무언가의 위에서 타는 행위는 「ката́ться+на+전치격」 구조로 표현합니다.

Я люблю́ ката́ться на велосипе́де.	저는 자전거 타는 것을 좋아합니다.
Я хочу́ ката́ться на ло́шади.	저는 말을 타고 싶습니다.

주제에 관한 다양하고 유용한 표현들입니다. 자신에게 맞는 문장을 체크하고 재미있는 스토리를 만들어 보세요. 돌발 질문에도 당황하지 않고 나만의 표현력은 물론, 논리력에도 자신감이 생깁니다.

☐ 제가 강아지와 산책할 때, 강아지와 산책하는 사람들을 자주 봅니다.

Когда́ я гуля́ю с соба́кой, ча́сто ви́жу други́х люде́й, кото́рые та́кже гуля́ют с соба́ками.

☐ 풀밭 근처에는 달리기를 위한 길이 있습니다.

Вокру́г травяно́го по́ля есть доро́жка для бе́га.

☐ 그들은 공원에서 영화를 찍었습니다.

Они́ снима́ли фильм в па́рке.

☐ 주말에 저는 친구와 공원에 가고, 보통 우리는 거의 1시간쯤 배드민턴을 칩니다.

Когда́ в выходны́е дни я иду́ в парк с дру́гом, мы обы́чно игра́ем в бадминто́н о́коло ча́са.

☐ 제가 항상 배드민턴에서 이기고, 친구는 집니다.

Я всегда́ выи́грываю в бадминто́н, а мой друг прои́грывает.

☐ 저는 보통 가족들과 공원에 피크닉을 하러 갑니다.

Я обы́чно хожу́ в парк на пикни́к с семьёй на выходны́х.

☐ 집 옆에 있는 공원은 크진 않지만, 가을이 오면 아주 아름다워집니다.

Парк у до́ма небольшо́й, но, когда́ прихо́дит о́сень, он стано́вится краси́вым.

☐ 이곳에는 항상 조깅을 하는 사람, 인라인을 타거나 자전거를 타는 사람들이 많습니다.

Здесь всегда́ мно́го люде́й, кото́рые бе́гают, ката́ются на ро́ликах и́ли велосипе́дах.

☐ 저와 제 친구는 자리에 남아서 수다를 떨었습니다.

Мы с подру́гой останови́лись на ме́сте и поболта́ли.

☐ 우리는 예쁜 장소에서 사진 찍는 것을 좋아합니다.

Мы лю́бим фотографи́роваться в краси́вом ме́сте.

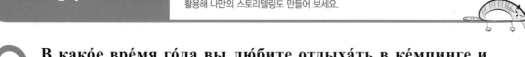

OPIc 시험에서는 콤보 형식으로 출제되는 경우가 많습니다. 주제별 답변에 대한 핵심 구조를 중심으로 응용 어휘를 활용한 콤보 형식의 답변을 연습해 보세요. 모범 답변을 활용해 나만의 스토리텔링도 만들어 보세요.

캠핑하기

🎧 04-14

Q В како́е вре́мя го́да вы лю́бите отдыха́ть в ке́мпинге и почему́? Каки́е ве́щи вы берёте с собо́й? Расскажи́те, пожа́луйста, о незабыва́емом о́пыте во вре́мя тако́го о́тдыха. Куда́ вы е́здили? Что произошло́?

어떤 계절에 캠핑 가서 휴식하기를 좋아하고 이유는 무엇인가요? 캠핑을 갈 때 어떤 물건을 챙기나요? 캠핑 중 잊을 수 없던 경험에 대해 말해 주세요. 당신은 어디로 갔다 왔나요? 무슨일이 있었나요?

 3단 콤보 답변

주제별 답변에 대한 핵심 구조를 중심으로 응용 어휘를 활용해서 콤보 형식의 답변을 익혀 보세요.

① 좋아하는 계절

핵심 구조 선호하는 계절, 이유

① Ле́то – са́мое лу́чшее вре́мя го́да для ке́мпинга.
여름은 캠핑을 하기 위한 가장 좋은 계절입니다.

② У меня́ мно́го хоро́ших воспомина́ний о ле́тнем ке́мпинге.
저는 여름 캠핑에 대한 좋은 기억들이 많습니다.

③ Ле́том мо́жно проводи́ть вре́мя на го́рной реке́.
여름에는 계곡에서 시간을 보낼 수 있습니다.

④ Зимо́й я могу́ ката́ться на конька́х на льду́.
겨울에는 빙판에서 스케이트를 탈 수 있습니다.

⑤ Одна́ко, ле́том я не е́зжу в места́ с больши́м коли́чеством люде́й.
하지만, 저는 여름에 사람이 많은 장소에는 가지 않습니다.

응용어휘			
①	весна́ 봄	о́сень 가을	зима́ 겨울
③,④	у ручья́ 시냇물 옆에서	на берегу́ 강기슭에서	в гора́х 산에서
④	лови́ть ры́бу 고기를 잡다	ката́ться на аттракцио́нах 놀이 기구를 타다	
	ката́ться на са́нках 썰매를 타다	разложи́ть костёр 캠프파이어 하다	
	купа́ться 물놀이하다		

2 캠핑 가기

① Я обы́чно е́зжу в пала́точный ла́герь ле́том с семьёй.
저는 보통 여름에 가족들과 함께 야영을 하러 갑니다.

② Пе́ред тем, как пое́хать в ла́герь, я упако́вываю в су́мку пала́тку, кастрю́ли и проду́кты.
야영 전에 저는 텐트와 냄비 그리고 식료품을 가방에 챙깁니다.

③ Па́па лю́бит рыба́чить и берёт у́дочку.
아빠는 낚시를 좋아하셔서 낚싯대를 가져갑니다.

④ Что́бы пригото́вить еду́, мы приво́зим переносну́ю плиту́ и манга́л.
음식을 요리하기 위해서 우리는 가스버너와 화로를 가져갑니다.

⑤ Ма́ма гото́вит заку́ски, что́бы есть в маши́не по доро́ге.
엄마는 도로 위 차 안에서 먹기 위한 간식을 준비합니다.

②,③,④ спа́льный мешо́к 침낭　складно́й стол 접이식 식탁　столо́вые прибо́ры 식기류
сковоро́дку 프라이팬　напи́тки 음료수　мя́со 고기　фру́кты 과일　чи́псы 과자

3 기억에 남는 일

① Са́мое запомина́ющееся собы́тие произошло́, когда́ я был(а́) в ла́гере у ручья́ ле́том.
가장 잊을 수 없는 사건은 여름에 시냇물 근처에서 제가 야영할 때 일어났습니다.

② Вокру́г на́шей пала́тки был лес.
우리 텐트 주변에는 숲이 있었습니다.

③ В тот моме́нт я испуга́лся(испуга́лась), и позва́л(а́) своего́ отца́.
그 순간 저는 놀랐고 아버지를 불렀습니다.

④ Мы с друзья́ми заблуди́лись в лесу́.
저와 친구들은 숲에서 길을 잃었습니다.

⑤ Я не могу́ забы́ть э́тот слу́чай, потому́ что мы ве́село провели́ вре́мя.
우리는 아주 즐거운 시간을 보냈기 때문에 저는 이 사건을 잊을 수 없습니다.

③ беспоко́ился(беспоко́илась) 걱정했다　　　наслади́лся(наслади́лась) 즐거웠다
боя́лся(боя́лась) 무서웠다
⑤ интере́сно 재밌다　прия́тно 기분 좋다　прекра́сно 너무 좋다　прико́льно 멋지다
ужа́сно 끔찍하다　пло́хо 좋지 않다

☐ **1단계** 좋아하는 계절 ② + ③ + ⑤   🎧 04-15

У меня́ мно́го хоро́ших воспомина́ний о ле́тнем ке́мпинге. Мне ка́жется, лу́чшее вре́мя го́да для ке́мпинга – нача́ло ле́та. Потому́ что в нача́ле ле́та пого́да тёплая и мно́го цвето́в. Ле́том мо́жно проводи́ть вре́мя на го́рной реке́. И ещё в Коре́е ле́тние кани́кулы са́мые дли́нные, поэ́тому я люблю́ ле́то. Мне нра́вится отдыха́ть на приро́де. Одна́ко, ле́том я не е́зжу в места́ с больши́м коли́чеством люде́й. Так как, когда́ люде́й мно́го, я не чу́вствую поко́й на приро́де.

저는 여름 캠핑에 대한 좋은 기억들이 많습니다. 제 생각으로, 캠핑을 위한 가장 좋은 계절은 초여름인 것 같습니다. 왜냐하면, 초여름에는 날씨가 따뜻하고 꽃이 많습니다. 여름에는 계곡에서 시간을 보낼 수 있습니다. 그리고 한국에서는 여름방학이 가장 길어서 저는 여름을 좋아합니다. 저는 자연에서 쉬는 것을 좋아합니다. 하지만, 저는 여름에 사람이 많은 장소에는 가지 않습니다. 사람들이 많으면 저는 자연 속에서 편안함을 느낄 수가 없기 때문입니다.

☐ **2단계** 캠핑 가기 ① + ② + ③ + ④   🎧 04-16

Я обы́чно е́зжу в пала́точный ла́герь ле́том с семьёй. Пе́ред тем, как пое́хать в ла́герь, я упако́вываю в су́мку пала́тку, кастрю́ли и проду́кты. Я стара́юсь е́хать налегке́. Па́па лю́бит рыба́чить и берёт у́дочку. А я ду́маю, что обяза́тельно из до́ма на́до брать во́ду, так как она́ до́рого сто́ит. И, что́бы пригото́вить еду́, мы привози́м переносну́ю плиту́ и манга́л, а та́кже берём ло́жки и па́лочки для еды́.

저는 보통 여름에 가족들과 함께 야영을 하러 갑니다. 야영 전에 저는 텐트와 냄비 그리고 식료품을 가방에 챙깁니다. 저는 가볍게 가려고 노력합니다. 아빠는 낚시를 좋아하셔서 낚싯대를 가져갑니다. 그리고 길에서는 물값이 비싸기 때문에 저는 집에서 물을 꼭 가져가야 한다고 생각합니다. 그리고 음식을 요리하기 위해서 우리는 가스버너와 화로를 가져가고 음식을 먹기 위해 수저도 가져갑니다.

3단계 기억에 남는 일 ① + ② + ③   🎧 04-17

Са́мое запомина́ющееся собы́тие произошло́, когда́ я был(а́) в ла́гере у ручья́ ле́том. В то вре́мя бы́ло о́чень жа́рко, а вокру́г на́шей пала́тки был лес. Мне хоте́лось попи́ть ко́лу, но вдруг налете́ли пчёлы. В тот моме́нт я испуга́лся(испуга́лась) и позва́л(а́) своего́ отца́. Он уби́л всех пчёл ка́мнем. Я то́чно не по́мню, что я де́лал(а) в то вре́мя в ла́гере, но я то́чно по́мню, как мой оте́ц спас меня́ от пчёл.

가장 잊을 수 없는 사건은 여름에 시냇물 근처에서 제가 야영할 때 일어났습니다. 그때는 아주 더웠고, 우리 텐트 주변에는 숲이 있었습니다. 저는 콜라를 마시고 싶었는데, 갑자기 벌들이 모이기 시작했습니다. 그 순간 저는 놀랐고 아버지를 불렀습니다. 그는 모든 벌을 돌멩이로 죽였습니다. 저는 그때 제가 야영지에서 무엇을 했는지 정확히 기억나지 않지만, 저는 아버지가 저를 어떻게 벌에게서 구했는지 정확하게 기억합니다.

나만의 스토리를 만들어 보세요! 🐝

러시아어의 문법과 구조 형태 및 유용한 어휘 등을 학습하고 답변에 응용해 보세요. 자연스러운 표현과 언어 구사 능력이 올라갑니다.

● 불특정 수사 활용

'мно́го(많은), ма́ло(적은) нема́ло(적지 않은) не́сколько(몇몇의, 약간의)' 등과 같은 불특정 수사 다음에는 셀 수 없는 명사 뒤에 단수 생격을, 셀 수 있는 명사 뒤에 복수 생격을 씁니다.

У меня́ мно́го вре́мени.　　　　　　　저는 시간이 많습니다.

У Ната́ши мно́го фи́льмов.　　　　　나타샤에게는 영화가 많습니다.

주의! 사람을 표현하는 челове́к과 лю́ди은 각각 필요한 수사가 있습니다.

не́сколько, ско́лько, сто́лько, 1, 2, 3 … + челове́к

ма́ло, мно́го, нема́ло, немно́го + люде́й

● так как

так как은 문장 안에서 종속절을 이어주는 역할을 하거나 주절 앞에 위치합니다. 종속절을 이끌 때는 потому́ что(왜냐하면)로, 주절을 이끌 때는 поэ́тому(그래서)로 해석합니다.

Так как у него́ нет маши́ны, он е́здит на авто́бусе.

그는 자동차가 없어서 버스를 타고 다닙니다.

Он е́здит на авто́бусе, так как у него́ нет маши́ны.

그는 자동차가 없기 때문에 버스를 타고 다닙니다.

● 형용사 단어미를 활용하여 상태 표현하기

형용사에는 장어미형과 단어미형이 있으며, 일반적인 형용사의 형태는 장어미형입니다.

	장어미형	단어미형
역할	형용사, 술어	술어
어미	남성 : -ый, -ий, -ой　　　여성 : -ая, -яя 중성 : -ое, ее　　　복수 : -ые, -ие (хоро́ший, хоро́шая, хоро́шее, хоро́шие)	남성 : -#　　　여성 : -а 중성 : -о　　　복수 : -ы (хоро́ш, хороша́, хорошо́, хороши́)
일치	명사의 성, 수, 격 일치	명사의 성, 수 일치
뜻	일반적, 포괄적 사실	제한된 상태

주의! большо́й(큰)는 형용사 단어미형이 없으므로 вели́кий(거대한)로 대체하여 표현합니다.

Эти брю́ки дли́нные.　　　이 바지는 깁니다.　　→ 기본적으로 길게 나온 바지

Эти брю́ки длинны́.　　　이 바지는 깁니다.　　→ 본인에게만 긴 바지

주제에 관한 다양하고 유용한 표현들입니다. 자신에게 맞는 문장을 체크하고 재미있는 스토리를 만들어 보세요. 돌발 질문에도 당황하지 않고 나만의 표현력은 물론, 논리력에도 자신감이 생깁니다.

☐ 아빠는 낚시를 하시고, 저와 제 여동생은 아빠를 지켜봅니다.

Па́па ло́вит ры́бу, а мы с мое́й мла́дшей сестро́й смо́трим на него́.

☐ 야영을 가면, 이제는 음식을 시켜서 먹습니다.

Сейча́с я зака́зываю доста́вку е́ды, когда́ я быва́ю в ла́гере.

☐ 저는 배드민턴을 치고, 공을 가지고 놀고 롤러스케이트를 탑니다.

Я игра́ю в бадминто́н, в мяч и ката́юсь на ро́ликах.

☐ 전에 저는 한 번도 야영을 가본 적이 없습니다.

Ра́ньше я ни ра́зу не е́здила в пала́точный ла́герь.

☐ 제 친구는 시외로 놀러 가자고 저한테 제안했습니다.

Мой друг предложи́л мне пое́хать за́ город.

☐ 우리는 하루 종일 셀카를 찍었습니다.

Весь день мы фотографи́ровались.

☐ 우리는 낚시를 하고 이 생선을 이용하여 탕을 요리했습니다.

Мы лови́ли ры́бу и пото́м гото́вили из неё суп.

☐ 우리는 비밀을 털어놓기 위한 시간을 가졌습니다.

У нас бы́ло вре́мя, что́бы рассказа́ть друг дру́гу секре́ты.

☐ 저는 텐트 치는 것이 얼마나 어려운지 알지 못했습니다.

Я не знал, как э́то тру́дно – собра́ть пала́тку.

☐ 만약에 저한테 시간이 또 생긴다면 한 번 더 야영을 가고 싶습니다.

Е́сли у меня́ ещё бу́дет вре́мя, я хочу́ ещё раз пое́хать в пала́точный ла́герь.

Урок 5

🎧 04-18

스포츠 관람하기

> OPIc 시험에서는 콤보 형식으로 출제되는 경우가 많습니다. 주제별 답변에 대한 핵심 구조를 중심으로 응용 어휘를 활용한 콤보 형식의 답변을 연습해 보세요. 모범 답변을 활용해 나만의 스토리텔링도 만들어 보세요.

Q Какóй спорт вы лю́бите? Когдá и где вы смóтрите и́гры/соревновáния по нему́? Бы́ли ли у вас каки́е-ли́бо проблéмы и́ли тру́дности при просмóтре спорти́вных игр? Каку́ю комáнду и́ли спортсмéна вы лю́бите и расскажи́те, почему́.

당신은 어떤 스포츠를 좋아하나요? 언제 그리고 어디에서 경기를 관람하나요? 스포츠 경기 관람 중 어떤 문제나 어려움이 있었나요? 어떤 팀 또는 운동선수를 좋아하는지 이유를 이야기해 주세요.

3단 콤보 답변

주제별 답변에 대한 핵심 구조를 중심으로 응용 어휘를 활용해서 콤보 형식의 답변을 익혀 보세요.

① 즐겨보는 스포츠

> **핵심 구조** 좋아하는 스포츠, 주로 관람하는 장소

① Мне нрáвится смотрéть все ви́ды спóрта.

저는 모든 스포츠 종류를 좋아합니다.

② Я люблю́ игрáть сам(á), но не люблю́ смотрéть спорти́вные и́гры.

저는 직접 경기하는 것은 좋아하지만, 스포츠 경기를 보는 것은 좋아하지 않습니다.

③ Дóма мóжно с комфóртом смотрéть и́гры по телеви́зору и что-нибу́дь есть.

집에서는 TV로 경기를 편안하게 볼 수 있고, 무엇이든지 먹을 수 있습니다.

④ Обы́чно я смотрю́ спорти́вные и́гры на стадиóне.

저는 보통 스포츠 경기를 경기장에서 봅니다.

⑤ На стадиóне лю́ди болéют за свои́ комáнды.

경기장에서 사람들은 자신의 팀을 응원합니다.

응용어휘			
① футбóл 축구	баскетбóл 농구	болейбóл 배구	бейсбóл 야구
③ пить пи́во 맥주를 마시다		уютно лежáть на дивáне 편하게 소파에 눕다	
⑤ поют пéсню болéльщиков 응원가를 부르다		наслаждáются 즐기다	

② 좋아하는 선수 묘사

핵심 구조 좋아하는 선수 소개, 특징, 좋아하는 이유

① **Он са́мый изве́стный** нападáющий.

그는 가장 유명한 공격수입니다.

② **Кома́нда игра́ет о́чень хорошо́.**

팀은 경기를 아주 잘합니다.

③ **Она́ владе́ет мно́гими профессиона́льными** на́выками.

그녀는 많은 전문적인 기술들을 마스터하고 있습니다.

④ **Он занима́л пе́рвое ме́сто** в бе́ге.

그는 달리기에서 1위를 하였습니다.

⑤ **Она́ мно́го раз получа́ла** награ́ды.

그녀는 여러 번 상을 받았습니다.

응용어휘	① врата́рь 골키퍼　защи́тник 수비수　полузащи́тник 미드필드 ④ на Олимпиа́де 올림픽에서　на чемпиона́те ми́ра по футбо́лу 월드컵에서 　в азиа́тсках и́грах 아시안 경기에서 ⑤ приз 상, 포상　ку́бок 우승컵

③ 관람 중 겪은 일

핵심 구조 에피소드, 사건 해결 방법

① **У меня́ не́ было возмо́жности посмотре́ть игру́ до́ма из-за** того́, что по телеви́зору пока́зывали сро́чные но́вости.

텔레비전에서 보도한 뉴스 속보 때문에 집에서 경기를 보는 것이 불가능했던 적이 있습니다.

② **Я нигде́ не мог(ла́) посмотре́ть игру́.**

저는 그 어디에서도 경기를 볼 수 없었습니다.

③ **Вдруг оди́н челове́к** вы́бежал на по́ле.

갑자기 한 명이 경기장으로 뛰어 들어갔습니다.

④ **Его́ схвати́ли охра́нники.**

스태프들은 그를 잡아끌었습니다.

⑤ **Сейча́с я смотрю́ игру́** по интерне́ту.

지금은 인터넷으로 경기를 봅니다.

응용어휘	① шу́ма 소음　отключе́ния электри́чества 정전 ③ бросил му́сор 쓰레기를 던지다 ⑤ на планше́те 태블릿으로　на телефо́не 휴대전화로　в юту́бе 유튜브에서

☐ **1단계** 즐겨보는 스포츠 ① + ③ + ⑤ 🎧 04-19

Мне нра́вится смотре́ть все ви́ды спо́рта. Мне всё равно́, где смотре́ть игру́, но я предпочита́ю э́то де́лать до́ма. До́ма мо́жно с комфо́ртом смотре́ть и́гры по телеви́зору и что-нибу́дь есть. Иногда́ я смотрю́ и́гры на стадио́не. На стадио́не лю́ди боле́ют за свои́ кома́нды, и э́то ве́село, да́же е́сли мне пло́хо ви́дно. По́сле ма́тча на стадио́не я иду́ в бар и пью пи́во с друзья́ми.

저는 모든 스포츠 종류를 좋아합니다. 저는 어디에서 경기를 보든지 상관없는 편이지만, 집에서 보는 것을 더 선호합니다. 집에서는 TV로 경기를 편안하게 볼 수 있고, 무엇이든지 먹을 수 있습니다. 가끔 저는 경기장에서 경기를 봅니다. 경기장에서 사람들은 자신의 팀을 응원하고, 비록 잘 보이지 않더라도 즐겁습니다. 경기장에서 매치가 끝난 후 저는 바에 가서 친구들과 술을 마십니다.

☐ **2단계** 좋아하는 선수 묘사 ② + ① + ③ 🎧 04-20

Из футбо́льных кома́нд мне бо́льше всего́ нра́вится клуб «Барсело́на». В «Барсело́не» мно́го изве́стных игроко́в, и кома́нда игра́ет о́чень хорошо́. Среди́ футболи́стов мне бо́льше всего́ нра́вится Ме́сси. Он са́мый изве́стный напада́ющий. Он игро́к, кото́рый владе́ет мно́гими профессиона́льными на́выками, несмотря́ на свой небольшо́й рост. И бе́гает так бы́стро, что други́м игрока́м тру́дно его́ догна́ть.

무엇보다도 축구팀 중에서 저는 바르셀로나 클럽을 좋아합니다. 바르셀로나에는 유명한 플레이어가 많고 팀은 경기를 아주 잘합니다. 축구 선수들 중에서는 메시를 누구보다 좋아합니다. 그는 가장 유명한 공격수입니다. 비록 그는 큰 키는 아니지만, 많은 전문적인 기술들을 마스터하고 있는 선수입니다. 그리고 다른 선수들이 그를 좇는 것이 힘들 정도로 달리기가 빠릅니다.

Однáжды у меня́ нé было возмóжности посмотрéть игру́ дóма из-за тогó, что по телеви́зору покáзывали срóчные нóвости. Эти нóвости бы́ли óчень важны́, поэ́тому я нигдé не мог(лá) посмотрéть игру́. Я пóмню, э́то бы́ло óчень неприя́тно, потому́ что э́то был сезóн чемпионáта ми́ра. Поэ́тому сейчáс я смотрю́ игру́ по интернéту.

어느 날 저는 텔레비전에서 보도한 뉴스 속보 때문에 집에서 경기를 보는 것이 불가능했던 적이 있습니다. 그것은 아주 중요한 뉴스였기 때문에 저는 그 어디에서도 경기를 볼 수 없었습니다. 세계 챔피언 시즌이었기 때문에, 저는 매우 언짢았던 것으로 기억합니다. 그래서 지금은 인터넷으로 경기를 봅니다.

나만의 스토리를 만들어 보세요! 🐝

러시아어의 문법과 구조 형태 및 유용한 어휘 등을 학습하고 답변에 응용해 보세요. 자연스러운 표현과 언어 구사 능력이 올라갑니다.

● 수단

'~으로 본다/알았다/통화한다' 등 어떤 수단을 통해서 정보를 알았거나 또는 도움이 필요할 때는 각각 다른 전치사를 사용하여 표현해 줍니다. 어떤 사람으로부터 받았다면 「от+생격」, 신문이나 잡지 등 읽을 것으로부터 정보를 얻었다면 「из+생격」, 어떤 매체 또는 기계 등을 사용해서 정보를 얻거나 보게 된다면 「по+여격」을 사용합니다.

Антóн услы́шал об э́том от роди́телей.　　　안톤은 부모님으로부터 이것에 대해 들었다.

Натáша сказáла фрáзы из кни́ги.　　　나타샤는 책의 문장을 말했다. (책에서 발췌한)

Я чáсто разговáривала с подрýгой по телефóну.
저는 자주 여자친구와 핸드폰으로 대화했습니다.

● 미정의 뜻을 나타내는 조사

-нибýдь는 '~든지'라는 뜻으로 정확하게 규정지을 수 없는 상황에서 쓰는 조사입니다.
-нибýдь 앞에는 의문사들이 오며, 반드시 하이픈(-) 표기를 해야 합니다.

Кто-нибýдь, отвéтьте, пожáлуйста.　　　아무나(누구든지) 대답해 주세요.

Ты мóжешь купи́ть мне что-нибýдь?　　　아무거나(무엇이든지) 먹을 것 좀 사다 줄 수 있어?

Хочý поéхать кудá-нибýдь.　　　어디든(어디로든지) 가고 싶다.

● 원인 말하기

от, из-за 모두 생격을 요구하는 전치사입니다. от는 자신이 조절할 수 없는 어떠한 감정 때문에 일어난 일에 사용하며, из-за는 무엇인가로 인해 나쁜 결과를 얻었을 때 사용합니다.

Я улыбáлась от рáдости.　　　저는 기뻐서 웃었습니다.

Я плáкала от бóли.　　　저는 아파서 울었습니다.

Я не моглá поéхать в óтпуск из-за рабóты.
나는 일 때문에 휴가를 가지 못했다.

Сегóдня Антóна нé было на лéкции из-за простýды.
안톤은 감기 때문에 오늘 강의에 없었다.

주제에 관한 다양하고 유용한 표현들입니다. 자신에게 맞는 문장을 체크하고 재미있는 스토리를 만들어 보세요. 돌발 질문에도 당황하지 않고 나만의 표현력은 물론, 논리력에도 자신감이 생깁니다.

☐ 지금 우리는 오늘의 경기에 대해서 이야기합니다.

Сейча́с мы говори́м о сего́дняшней игре́.

☐ 저는 스포츠 행사 관람 중 문제 있었던 적이 전혀 없었습니다.

У меня́ никогда́ не́ было пробле́м с просмо́тром спорти́вных мероприя́тий.

☐ 우리가 경기장에서 경기를 볼 때 우리 눈에는 별일 없어 보였습니다.

Когда́ мы смотре́ли и́гры не стадио́не на на́ших глаза́х не происходи́ло.

☐ 가끔씩 팬들의 깃발이 경기를 보는 데 방해가 됩니다.

Иногда́ фла́ги фана́тов меша́ют смотре́ть игру́.

☐ 제 남자친구는 모든 경기의 규칙에 대해서 저한테 설명해 주었습니다.

Мой па́рень объясни́л мне все пра́вила игры́.

☐ 비록 저는 경기 보는 것을 좋아하지 않지만, 어쨌든 경기장에는 갑니다.

Хотя́ я не люблю́ смотре́ть и́гры, но всё равно́ хожу́ на стадио́н.

☐ 다른 사람들과 내 팀을 응원하는 것은 매우 재미있었습니다.

Боле́ть за мою́ кома́нду с други́ми людьми́ бы́ло о́чень интере́сно.

☐ 저는 망원경으로 경기를 봅니다.

Я смотрю́ и́гры в бино́кль.

☐ 저는 친구들하고 팀을 응원했습니다.

Я боле́л(а) за кома́нду с мои́ми друзья́ми.

☐ 경기는 몇 분 정도 중단되었습니다.

Игра́ была́ пре́рвана на не́сколько мину́т.

취미와 관심사

학습목표 출제경향 자신이 가지고 있는 취미에 대한 용어들을 알면, 조금 더 말하기가 쉬워집니다. 주의할 점이나 잊지 못할 추억들에 대한 내용들로 돌발 질문의 답변도 미리 준비합니다. 자신의 관심 분야에 대한 특정 용어를 몰라도 단어를 풀어서 설명할 수 있으면 좋은 답변이 될 수 있습니다.

주제별 고득점 꿀팁 ✦

Урок 1 음악 감상하기	✤ 음악을 듣는 장소와 그 이유, 음악을 듣는 방법 말하기 ✤ 좋아하는 가수와 그 이유 말하기 ✤ 좋아하는 가수를 묘사하는 경우 : 인물 묘사에서 배운 패턴과 어휘 활용하기
Урок 2 요리하기	✤ 좋아하는 음식, 조리법 말하기 ✤ 처음 요리한 경험, 기억에 남는 요리 관련 경험 말하기
Урок 3 악기 연주하기	✤ 주로 연주하는 악기, 악기 연주를 하는 장소 말하기 ✤ 처음 연주를 하게 된 계기, 연주할 때의 힘든 점 말하기
Урок 4 노래 부르기	✤ 노래 부르는 장소, 그 장소를 좋아하는 이유 말하기 ✤ 노래를 부르기 시작한 계기, 에피소드 말하기
Урок 5 애완동물 기르기	✤ 기르는 애완동물의 소개, 특징, 에피소드 말하기 ✤ 애완동물을 기르게 된 계기, 기를 때 주의할 점 말하기

✳ Background Survey에서 해당 항목을 선택했을 경우, 자주 출제되는 콤보 형식의 질문 유형입니다. 빈출도 높은 질문 유형들을 익혀두고, 질문의 의도를 빠르게 파악할 수 있도록 학습해 보세요.

Урок 1 음악 감상하기	• Вы указа́ли в анке́те, что лю́бите слу́шать му́зыку. Когда́ вы лю́бите слу́шать му́зыку и почему́? На чём слу́шаете му́зыку? Кого́ из певцо́в вы лю́бите и почему́? По како́й причи́не вы на́чали люби́ть слу́шать му́зыку? – 설문조사에서 당신은 음악 듣는 것을 좋아한다고 했습니다. 언제 음악 듣는 것을 좋아하고 이유는 무엇인가요? 무엇으로 음악을 듣나요? 가수들 중에 누구를 좋아하고 이유는 무엇인가요? 어떠한 이유로 음악을 듣기 시작했나요?
Урок 2 요리하기	• Вы указа́ли в анке́те, что лю́бите гото́вить. Каку́ю еду́ вы лю́бите гото́вить и почему́? Опиши́те, как гото́вить ва́ше люби́мое блю́до. Я бы хоте́л(а) узна́ть об осо́бенном у́жине, кото́рым вы угоща́ли госте́й. Расскажи́те, пожа́луйста, об э́том у́жине подро́бно. – 당신은 설문조사에서 요리를 좋아한다고 했습니다. 어떤 음식을 요리하는 것을 좋아하고 이유는 무엇인가요? 당신이 좋아하는 음식을 어떻게 만드는지 묘사해 주세요. 당신이 손님들을 초대했던 특별한 저녁 식사에 대해서 알고 싶습니다. 그 저녁 식사에 대해서 자세하게 이야기해 주세요.
Урок 3 악기 연주하기	• На како́м инструме́нте вы игра́ете? Где вы игра́ете? Когда́ вы впервы́е на́чали учи́ться игра́ть на инструме́нтах? На что сле́дует обрати́ть внима́ние при игре́ на инструме́нте? – 당신은 어떤 악기를 연주하나요? 어디에서 연주하나요? 언제 처음 악기를 배웠나요? 악기를 연주할 때 주의해야 할 점이 있나요?
Урок 4 노래 부르기	• Когда́ и где вы обы́чно поёте? Когда́ вы впервы́е полюби́ли петь? Как вы э́тим заинтересова́лись? У вас есть интере́сные воспомина́ния, свя́занные с пе́нием? Что случи́лось? Пожа́луйста, расскажи́те подро́бно. – 보통 언제 어디에서 노래를 부르나요? 언제 처음 노래 부르는 것을 좋아하게 되었나요? 어떻게 관심을 가지게 되었나요? 노래를 부르는 동안 흥미로운 기억이 있나요? 무슨 일이 있었나요? 상세하게 이야기해 주세요.
Урок 5 애완동물 기르기	• Расскажи́те мне о ва́шем дома́шнем живо́тном. Како́й он поро́ды? Како́й у него́(неё) хара́ктер? Расскажи́те о ва́шей пе́рвой встре́че. Что я до́лжен(должна́) знать о содержа́нии пито́мца? – 당신의 애완동물에 대해서 말해 주세요. 어떤 동물인가요? 성격은 어떤가요? 첫 번째 만남에 대해 이야기해 주세요. 애완동물을 키우면서 주의해야 할 사항이 있나요?

음악 감상하기

OPIc 시험에서는 콤보 형식으로 출제되는 경우가 많습니다. 주제별 답변에 대한 핵심 구조를 중심으로 응용 어휘를 활용한 콤보 형식의 답변을 연습해 보세요. 모범 답변을 활용해 나만의 스토리텔링도 만들어 보세요.

Q **Вы указа́ли в анке́те, что лю́бите слу́шать му́зыку. Когда́ вы лю́бите слу́шать му́зыку и почему́? На чём слу́шаете му́зыку? Кого́ из певцо́в вы лю́бите и почему́? По како́й причи́не вы на́чали люби́ть слу́шать му́зыку?**

설문조사에서 당신은 음악 듣는 것을 좋아한다고 했습니다. 언제 음악 듣는 것을 좋아하고 이유는 무엇인가요? 무엇으로 음악을 듣나요? 가수들 중에 누구를 좋아하고 이유는 무엇인가요? 어떠한 이유로 음악을 듣기 시작했나요?

 3단 콤보 답변

주제별 답변에 대한 핵심 구조를 중심으로 응용 어휘를 활용해서 콤보 형식의 답변을 익혀 보세요.

1 음악 듣기

핵심 구조 음악을 듣는 장소 및 상황, 이유, 듣는 방법

① **Я люблю́ слу́шать му́зыку,** когда́ я за рулём.
저는 운전할 때 음악 듣는 것을 좋아합니다.

② **Потому́ что** мне о́чень ску́чно, когда́ я оди́н(одна́) в маши́не.
왜냐하면 차에서 혼자 있을 때는 매우 심심하기 때문입니다.

③ **Сейча́с я могу́ испо́льзовать мно́го устро́йств для того́, чтобы слу́шать му́зыку.**
현재 저는 음악 감상을 위한 많은 장비를 사용할 수 있습니다.

④ **Слу́шать пе́сни** на моби́льном телефо́не.
모바일 폰으로 노래를 듣는 것은 매우 편합니다.

⑤ **Мне не ну́жно носи́ть с собо́й други́е устро́йства.**
저는 다른 장비들을 가지고 다닐 필요가 없습니다.

응용 어휘

① когда́ занима́юсь 공부할 때　когда́ гото́влю 요리할 때　когда́ сплю 잠잘 때
когда́ гото́влюсь к экза́мену 시험 준비할 때　когда́ трениру́юсь 운동할 때
② хочу́ развле́чься 기분전환을 하고 싶다　хочу́ сконцентри́роваться 집중하고 싶다
не хочу́ ни о чём ду́мать 아무것도 생각하고 싶지 않다
④ че́рез коло́нки 스피커로　на ноутбу́ке 노트북으로　на МП3-пле́ере MP3 플레이어로

② 좋아하는 가수 소개

핵심 구조 좋아하는 가수와 이유

① С не́которых пор мне нра́вится оди́н испа́нский певе́ц.
얼마 전부터 저는 스페인 가수가 마음에 들었습니다.

② У него́ о́чень хоро́ший го́лос.
그는 아주 좋은 목소리를 가졌습니다.

③ Я случа́йно услы́шал(а) пе́сню э́того певца́.
저는 우연히 이 가수의 노래를 들었습니다.

④ Его́ пе́сня произвела́ на меня́ хоро́шее впечатле́ние.
그의 노래는 좋은 인상을 주었습니다.

⑤ Я слу́шаю э́ту пе́сню ка́ждый раз, когда́ устаю́.
저는 피곤할 때마다 이 노래를 듣습니다.

① с де́тства 어렸을 때부터   с да́вних пор 오래전부터
② симпати́чное лицо́ 매력적인 얼굴   не́жный го́лос 부드러운 목소리
    высо́кий рост 큰 키   краси́вое лицо́ 예쁜 얼굴   хоро́ший хара́ктер 좋은 성격
    гениа́льность в му́зыке 음악에 대한 천재성
⑤ у меня́ нет настрое́ния (나는) 기분이 좋지 않다   сижу́ за компью́тером 컴퓨터를 하다
    я весёлый(весёлая) (나는) 기쁘다

③ 음악 듣기를 좋아하게 된 계기

핵심 구조 처음 음악을 듣게 된 계기와 이유

① Я на́чал(а́) слу́шать му́зыку, когда́ я был(а́) шко́льником(шко́льницей).
저는 제가 학생이었을 때 음악을 듣기 시작했습니다.

② Я случа́йно попа́л(а) на конце́рт одного́ певца́, его́ пе́сня мне о́чень понра́вилась.
우연히 한 가수의 콘서트에 가게 되었는데, 저는 그의 노래가 너무 마음에 들었습니다.

③ По пути́ в шко́лу бы́ло о́чень шу́мно из-за маши́н.
학교 가는 길은 차 때문에 매우 시끄러웠습니다.

④ Му́зыка помога́ет мне снять стресс.
음악 덕분에 저는 스트레스를 해소할 수 있습니다.

① когда́ мой друг порекомендова́л мне 친구가 추천해 주었을 때
    когда́ хоте́л избега́ть ворча́ния роди́телей 부모님의 잔소리로부터 도망치고 싶었을 때
    когда́ э́та му́зыка была́ популя́рной 이 음악이 유행이었을 때

☐ **1단계** 음악 듣기 ① + ② + ④   🎧 05-3

Я люблю́ слу́шать му́зыку, когда́ я за рулём. Потому́ что мне о́чень ску́чно, когда́ я оди́н(одна́) в маши́не. Ещё я слу́шаю её пе́ред сном. Мне ка́жется, что класси́ческая му́зыка помога́ет засну́ть. Устро́йства для того́, чтобы слу́шать му́зыку, о́чень ра́зные. Поэ́тому ка́ждый раз я испо́льзую ра́зные устро́йства. Осо́бенно удо́бно слу́шать пе́сни на моби́льном телефо́не.

저는 운전할 때 음악 듣는 것을 좋아합니다. 왜냐하면 차에서 혼자 있을 때는 매우 심심하기 때문입니다. 또한 저는 잠자기 전에 음악을 듣습니다. 제 생각엔 클래식 음악이 잠이 들 수 있도록 도와주는 것 같습니다. 음악을 듣기 위한 장비들은 다양합니다. 그래서 저는 매번 다른 장비를 사용합니다. 특히, 모바일 폰으로 노래를 듣는 것은 매우 편합니다.

☐ **2단계** 좋아하는 가수 소개 ① + ③ + ⑤   🎧 05-4

С не́которых пор мне нра́вится оди́н испа́нский певе́ц. К сожале́нию, его́ и́мя бы́ло сли́шком сло́жно запо́мнить, поэ́тому я не могу́ вам сказа́ть его́ и́мя. Я случа́йно услы́шал(а) пе́сню э́того певца́. В то вре́мя у меня́ бы́ло тяжёлое вре́мя, но когда́ я услы́шал(а) её, я почу́вствовал(а) себя́ лу́чше. Поэ́тому я слу́шаю э́ту пе́сню ка́ждый раз, когда́ устаю́, тогда́ настрое́ние поднима́ется.

얼마 전부터 저는 스페인 가수가 마음에 들었습니다. 아쉽지만, 그의 이름을 외우기 너무 어려워서 저는 그가 누구인지 말해줄 수가 없습니다. 저는 우연히 이 가수의 노래를 들었습니다. 그때는 저한테 힘든 시기였는데, 노래를 들었을 때 기분이 나아졌습니다. 그래서 저는 피곤할 때마다 이 노래를 듣는데 그러면 기분이 나아집니다.

☐ **3단계** 음악 듣기를 좋아하게 된 계기 ① + ④　　　　　🎧 05-5

Я на́чал(а́) слу́шать му́зыку, когда́ я был(а́) шко́льником(шко́льницей). Я слу́шал(а) му́зыку по доро́ге в шко́лу. Я ходи́л(а) в шко́лу оди́н(одна́), поэ́тому мне бы́ло ску́чно. По пути́ в шко́лу бы́ло о́чень шу́мно из-за маши́н. Но когда́ я слу́шал(а) му́зыку, я не слы́ша(ла) шум вокру́г, поэ́тому чу́вствовал(а) себя́ хорошо́.

저는 제가 학생이었을 때 음악을 듣기 시작했습니다. 저는 학교 가는 길에 음악을 들었습니다. 저는 학교에 혼자 통학을 해서 심심했습니다. 학교 가는 길은 차 때문에 매우 시끄러웠습니다. 하지만 음악을 들을 때는 주변 소리가 들리지 않아서 기분이 좋았습니다.

나만의 스토리를 만들어 보세요! 🐝

러시아어의 문법과 구조 형태 및 유용한 어휘 등을 학습하고 답변에 응용해 보세요. 자연스러운 표현과 언어 구사 능력이 올라갑니다.

● ~부터

> **전치사 c + 생격 : ~부터 (시간)**

어떤 행위에 대한 발생 시간을 표현할 때 쓰이는 표현입니다.

Я рабо́таю в э́той фи́рме с про́шлого го́да.

저는 작년부터 이 회사에서 일합니다.

С де́тства Анто́н не лю́бит есть о́вощи.

어렸을 때부터 안톤은 채소를 좋아하지 않았습니다.

● ~를 방해하다

> **меша́ть (방해하다) + 여격**

한국어는 '방해하다'라는 동사 다음에 목적어가 필요합니다. 그러나 러시아어에서는 목적어가 아닌, 간접목적어 역할을 하는 여격이 필요합니다. 한국어와 혼동하지 않도록 주의하세요.

Их разгово́р меша́ет мне рабо́тать.　　그들의 대화는 일하는 데 방해가 됩니다.

Я меша́ю вам?　　제가 당신을 방해하나요?

● 무인칭문

무인칭문은 주어가 없는 문장을 말합니다. 무인칭문에서는 주격 대신 주체(의미상의 주어)가 여격으로 표시됩니다. 보통 서술부사와 함께 사용되며, 무인칭문을 요구하는 동사와도 사용됩니다. 무인칭문을 요구하는 동사의 경우, 동사의 인칭변화는 3인칭 단수 оно́형으로 씁니다.

Мне хо́лодно.　　저는 춥습니다.

Мне не спи́тся.　　저는 잠이 오지 않습니다.

> **비교** Я не сплю. 저는 잠을 자지 않습니다. → 본인 의지로 인해 자지 않는 것

Ве́чером на у́лице ти́хо.　　지녁에는 길거리가 조용합니다.

Вчера́ бы́ло о́чень жа́рко.　　어제는 아주 더웠습니다.

주제에 관한 다양하고 유용한 표현들입니다. 자신에게 맞는 문장을 체크하고 재미있는 스토리를 만들어 보세요. 돌발 질문에도 당황하지 않고 나만의 표현력은 물론, 논리력에도 자신감이 생깁니다.

☐ 음악은 시간 때우는 데 도움을 줍니다.

Му́зыка помога́ет уби́ть вре́мя.

☐ 음악은 사람들의 느낌과 내적 상태를 반영합니다.

Му́зыка отража́ет чу́вства и вну́треннее состоя́ние люде́й.

☐ 음악은 기분을 좋게합니다.

Му́зыка поднима́ет настрое́ние.

☐ 저는 긴장을 풀기 위해 음악을 듣습니다.

Я слу́шаю му́зыку, что́бы рассла́биться.

☐ 저는 음악 찾는 것이 귀찮아서, 현재 유명한 것을 듣습니다.

Мне лень иска́ть му́зыку, поэ́тому слу́шаю то, что популя́рно на да́нный моме́нт.

☐ 저는 그의 노래 가사가 마음에 듭니다.

Мне нра́вятся слова́ его́ пе́сни.

☐ 저는 노래 가사에 주의를 기울이지 않습니다. 저는 음악 연주 듣는 것을 더 좋아합니다.

Я не обраща́ю внима́ние на слова́ пе́сен. Я бо́льше люблю́ слу́шать инструмента́льную му́зыку.

☐ 제 생각에는, 음악은 무언가 회상하는 데 도움을 주는 것 같습니다.

Я ду́маю, что му́зыка помога́ет вспо́мнить о чём-нибу́дь.

☐ 음악을 들으면서 저는 더 쉽게 잘 수 있습니다.

Я могу́ ле́гче спать, слу́шая му́зыку.

☐ 사람은 음악 없이 살 수 없습니다.

Челове́к не мо́жет жить без му́зыки.

요리하기

OPIc 시험에서는 콤보 형식으로 출제되는 경우가 많습니다. 주제별 답변에 대한 핵심 구조를 중심으로 응용 어휘를 활용한 콤보 형식의 답변을 연습해 보세요. 모범 답변을 활용해 나만의 스토리텔링도 만들어 보세요.

Q **Вы указáли в анкéте, что лю́бите готóвить. Каку́ю еду́ вы лю́бите готóвить и почему́? Опиши́те, как готóвить вáше люби́мое блю́до. Я бы хотéл(а) узнáть об осóбенном у́жине, котóрым вы угощáли гостéй. Расскажи́те, пожáлуйста, об э́том у́жине подрóбно.**

당신은 설문조사에서 요리를 좋아한다고 했습니다. 어떤 음식을 요리하는 것을 좋아하고 이유는 무엇인가요? 당신이 좋아하는 음식을 어떻게 만드는지 묘사해 주세요. 당신이 손님들을 초대했던 특별한 저녁 식사에 대해서 알고 싶습니다. 그 저녁 식사에 대해서 자세하게 이야기해 주세요.

 3단 콤보 답변

주제별 답변에 대한 핵심 구조를 중심으로 응용 어휘를 활용해서 콤보 형식의 답변을 익혀 보세요.

1 좋아하는 음식 소개

핵심 구조 좋아하는 음식 소개, 이유, 조리법

① **Осóбенно я люблю́** макарóны.
특히, 저는 파스타를 좋아합니다.

② **Мне нрáвится их** тексту́ра.
저는 그것들의 식감이 마음에 듭니다.

③ **Пригото́вить э́то блю́до о́чень легкó.**
이 요리를 만드는 것은 매우 쉽습니다.

④ **Ингредиéнты:** молокó, сли́вки, сыр, зелёный лук, кетчу́п, сóевый сóус и кочхуджáн.
재료 : 우유, 생크림, 치즈, 파, 케첩, 간장 그리고 고추장

⑤ **Затéм нáдо** добави́ть молокó, сли́вки и óвощи.
다음 우유, 생크림 그리고 채소를 추가해야 합니다.

응용어휘				
①	кита́йскую ку́хню 중국요리를	жáреное 튀긴 것을	стейк 스테이크를	гáмбургер 햄버거를
④⑤	говя́дина 소고기	свини́на 돼지고기	ку́рица 닭고기	лук 양파 чеснóк 마늘
	капу́ста 양배추	грибы́ 버섯	рис 쌀	пéрец 후추
	кита́йская капу́ста 배추			
⑤	жáрить 볶다, 튀기다	вари́ть 끓이다	нареза́ть 썰다	
	почи́стить 깨끗이 하다	размешáть 섞다	посоли́ть 소금 치다	туши́ть 삶다

② 처음 요리한 경험

핵심 구조 처음 요리를 하게 된 계기, 어려운 점, 맛

① Я в пе́рвый раз гото́вил(а), когда́ мои́ роди́тели бы́ли на рабо́те.

제가 처음으로 요리를 한 것은 부모님이 모두 직장에 계실 때였습니다.

② Я не зна́л(а), как ме́лко наре́зать кимчи́, и что при приготовле́нии ну́жно бы́ло ма́сло.

저는 김치를 얼마나 작게 썰어야 하는지, 요리할 때, 기름이 필요한지도 몰랐습니다.

③ Мне тру́дно перевора́чивать ры́бу.

생선을 뒤집는 것은 어렵습니다.

④ Тру́дно соли́ть по вку́су.

간을 맞추기가 어렵습니다.

⑤ В результа́те всё получи́лось о́чень невку́сным.

결과적으로 아주 맛이 없었습니다.

응용 어휘
① пригласи́л друзе́й в го́сти 손님으로 친구들을 초대했다
хоте́л угости́ть ма́му, пригото́вив всё свои́ми рука́ми на её день рожде́ния
엄마의 생일에 내 손으로 대접하고 싶었다
⑤ бы́ло ужа́сным 끔찍했다   удало́сь 성공적이었다

③ 손님을 초대한 경험

핵심 구조 손님을 초대하게 된 계기, 손님들 반응

① Я жил(а́) оди́н(одна́) шесть лет и люби́л(а) приглаша́ть друзе́й в го́сти.

저는 6년 동안 혼자 살았고, 친구들을 초대하는 것을 좋아했습니다.

② Я перее́хал(а) в но́вую кварти́ру.

저는 새로운 아파트로 이사했습니다.

③ Са́мый запомина́ющийся у́жин был на день рожде́ния.

가장 잊을 수 없는 저녁 식사는 생일날이었습니다.

④ Я заказа́л(а) доста́вку еды́ на дом.

저는 배달 음식을 시켰습니다.

⑤ Друзья́ сде́лали мне комплиме́нт и сказа́ли, что всё бы́ло о́чень вку́сно.

친구들이 칭찬을 해주었고, 매우 맛있었다고 이야기해 주었습니다.

응용 어휘
① колле́г 회사 동료   семью́ 가족   чле́нов клу́ба 모임 사람들
③ на вечери́нке 파티에   моём новосе́лье 집들이

☐ **1단계** 좋아하는 음식 소개 ① + ② + ④ + ⑤ 🎧 05-7

Мне нра́вятся все блю́да, но осо́бенно я люблю́ макаро́ны. Потому́ что мне нра́вится их тексту́ра. И пригото́вить э́то блю́до о́чень легко́. Ра́ньше бы́ло сло́жно гото́вить макаро́ны, но сейча́с мы мо́жем купи́ть все любы́е со́усы для макаро́н в магази́не. Е́сли я хочу́ сде́лать идеа́льную па́сту, я иногда́ де́лаю со́усы сама́. Ингредие́нты: молоко́, сли́вки, сыр, зелёный лук, кетчу́п, со́евый со́ус и кочхуджа́н. Грибы́ и о́вощи обжа́рьте в кетчу́пе и кочхуджа́нге. Зате́м на́до доба́вить молоко́, сли́вки и о́вощи, пото́м туши́ть э́то для получе́ния вку́сного со́уса.

저는 모든 요리를 좋아하지만 특히, 저는 파스타를 좋아합니다. 왜냐하면, 저는 그것들의 식감이 마음에 듭니다. 그리고 이 요리를 만드는 것은 매우 쉽습니다. 전에는 파스타를 만드는 것이 복잡했지만, 지금은 파스타를 위한 모든 종류의 소스를 가게에서 살 수 있습니다. 만약 제가 이상적인 스파게티를 만들고자 한다면, 저는 가끔 소스를 직접 만듭니다. 재료 : 우유, 생크림, 치즈, 파, 케첩, 간장 그리고 고추장. 버섯과 채소를 케첩과 고추장에 볶으세요. 다음 우유, 생크림 그리고 채소를 추가하고 맛있는 소스를 얻기 위해 삶아야 합니다.

☐ **2단계** 처음 요리한 경험 ① + ② + ⑤ 🎧 05-8

Я в пе́рвый раз гото́вил(а), когда́ мои́ роди́тели бы́ли на рабо́те, поэ́тому реши́л(а) пригото́вить у́жин для мои́х мла́дшего бра́та и мла́дшей сестры́. Я реши́л(а) пригото́вить жа́реный рис с кимчи́. Но я не зна́л(а), как ме́лко наре́зать кимчи́, и что при приготовле́нии ну́жно бы́ло ма́сло. В результа́те всё получи́лось о́чень невку́сным. В то вре́мя мне бы́ло о́чень жаль себя́, и я хоте́л(а) пла́кать.

제가 처음으로 요리를 한 것은 부모님이 모두 직장에 계실 때여서 저는 남동생과 여동생을 위해 저녁을 요리해 주기로 했습니다. 저는 김치볶음밥을 요리하기로 결정했습니다. 하지만 저는 김치를 얼마나 작게 썰어야 하는지, 요리할 때, 기름이 필요한지도 몰랐습니다. 결과적으로 아주 맛이 없었습니다. 그때 저는 너무 속상했고, 울고 싶었습니다.

☐ **3단계** 손님을 초대한 경험 ① + ③　　　　　　　　🎧 05-9

Тепе́рь я гото́влю лу́чше. Я жил(а́) оди́н(одна́) шесть лет и люби́л(а) приглаша́ть друзе́й в го́сти. Са́мый запомина́ющийся у́жин был на день рожде́ния. Я пригласи́л(а) мно́го друзе́й, поэ́тому мне ну́жно бы́ло мно́го еды́. Я пригото́вил(а) су́ши, суп с говя́диной и варёное мя́со. Я гото́вил(а) це́лый день, и э́то бы́ло сли́шком тяжело́. Но друзья́ съе́ли всё подчи́стую, поэ́тому я был(а́) ра́д(а). Так что я смог(ла́) немно́го поня́ть чу́вства шеф-поваро́в.

지금 저는 요리를 더 잘합니다. 저는 6년 동안 혼자 살았고, 친구들을 초대하는 것을 좋아했습니다. 가장 잊을 수 없는 저녁 식사는 생일날이었습니다. 저는 많은 친구들을 초대했기 때문에 음식이 많이 필요 했습니다. 저는 초밥, 소고기 국, 보쌈을 준비했습니다. 저는 하루 종일 요리했고, 매우 힘들었습니다. 하지만 친구들이 맛있게 먹어줘서(싹싹 비워줘서) 저는 기분이 좋았습니다. 그렇게 저는 주방장의 느낌을 조금 이해할 수 있었습니다.

나만의 스토리를 만들어 보세요! 🐝

러시아어의 문법과 구조 형태 및 유용한 어휘 등을 학습하고 답변에 응용해 보세요. 자연스러운 표현과 언어 구사 능력이 올라갑니다.

● 명령어 만들기

'부탁, 청유, 요청' 등을 나타낼 때는 명령어를 사용합니다. 명령형은 '존대어 형태'와 '비존대어 형태'가 있지만, 기본적인 명령형을 만드는 법은 같으며 존칭어일 경우 '-те'를 붙여주기만 하면 됩니다.

[동사를 명령형으로 바꾸기]

① 동사를 복수 3인칭(они) 형태로 바꾼다.

② 동사 어미를 제거하고 명령형 접미사 й(те)를 붙인다.

   (이때, 동사의 어간이 모음일 경우에는 й, 자음일 경우에는 и를 붙여준다.)

читáть – читáют – читáй   смотрéть – смóтрят – смотрú

Скажúте, пожáлуйста, где университéт? 어디에 대학교가 있는지 말씀해 주시겠어요?

Ребя́та! Посмотрúте!   얘들아! 봐!

● 비교급 만들기

(1) 보통 비교급은 형용사 장어미 앞에 бóлее, мéнее를 붙여서 표현하며, '합성 비교급'이라고 합니다. 형용사는 명사의 '성, 수, 격'에 따라 변하지만 бóлее, мéнее는 변하지 않습니다.

Это бóлее интерéсный расскáз.   이것은 더 재미있는 이야기입니다.

Я читáла бóлее интерéсную кнúгу.   저는 더 재미있는 책을 읽었습니다.

(2) 형용사에서 비교급으로 만드는 '단일 비교급'이 있습니다. 단일 비교급은 형용사의 어미를 떼고 비교급 접미사 'ee'를 붙여줍니다. 이때, 형용사의 비교급은 술어로 사용돼야 합니다.

Этот фильм интерéснее.   이 영화는 더 재미있다.

Эта сýмка красúвее.   이 가방은 더 예쁘다.

[불규칙 단어미형]

большóй – бóльше   мáленький – мéньше   хорóший – лýчше

주제에 관한 다양하고 유용한 표현들입니다. 자신에게 맞는 문장을 체크하고 재미있는 스토리를 만들어 보세요. 돌발 질문에도 당황하지 않고 나만의 표현력은 물론, 논리력에도 자신감이 생깁니다.

☐ 사실 이것은 아주 쉬운 요리지만, 처음 만들 때는 (저한테) 어려웠습니다.

На са́мом де́ле, э́то блю́до гото́вить легко́, но мне бы́ло о́чень тру́дно гото́вить его́ в пе́рвый раз.

☐ 양파는 반원으로 자르고 기름에 볶습니다.

Лук наре́зать полуко́льцами и обжа́рить на ма́сле.

☐ 그들은 마치 음식이 맛있는 것처럼 다 먹었습니다.

Они́ всё съе́ли и сде́лали вид, как бу́дто всё бы́ло вку́сно.

☐ 저는 인터넷에서 찾은 레시피로 한식과 일식을 만들었습니다.

Я де́лал(а) коре́йскую и япо́нскую еду́ по реце́птам, кото́рые нашла́ в интерне́те.

☐ 저는 엄마 생신날에 상을 차렸습니다.

Я накры́л(а) стол на день рожде́ния ма́мы.

☐ 아무도 내 음식을 먹고 싶어 하지 않았습니다.

Никто́ не хоте́л есть моё блю́до.

☐ 저는 항상 요리법을 인터넷에서 찾습니다.

Я всегда́ ищу́ реце́пт в интерне́те.

☐ 저는 엄마한테 어떻게 요리하는지 물어봤습니다.

Я спроси́л(а) ма́му, как гото́вить.

☐ 저는 엄마가 만든 것처럼 요리하고 싶었지만, 그러지 못했습니다.

Я хоте́л(а)приготóвить так же, как ма́ма, но не получи́лось.

☐ 다른 사람들이 제 음식을 즐길 때, 저는 행복합니다.

Я сча́стлив(а), когда́ други́е наслажда́ются мое́й едо́й.

악기 연주하기

> OPIc 시험에서는 콤보 형식으로 출제되는 경우가 많습니다. 주제별 답변에 대한 핵심 구조를 중심으로 응용 어휘를 활용한 콤보 형식의 답변을 연습해 보세요. 모범 답변을 활용해 나만의 스토리텔링도 만들어 보세요.

Q **На каком инструме́нте вы игра́ете? Где вы игра́ете? Когда́ вы впервы́е на́чали учи́ться игра́ть на инструме́нтах? На что сле́дует обрати́ть внима́ние при игре́ на инструме́нте?**

당신은 어떤 악기를 연주하나요? 어디에서 연주하나요? 언제 처음 악기를 배웠나요? 악기를 연주할 때 주의해야 할 점이 있나요?

 3단 콤보 답변

주제별 답변에 대한 핵심 구조를 중심으로 응용 어휘를 활용해서 콤보 형식의 답변을 익혀 보세요.

① 악기 소개하기

핵심 구조 연주하는 악기 종류, 연주 법, 연주 장소

① **Я уме́ю игра́ть на** пиани́но.

저는 피아노를 연주할 수 있습니다.

② **Что́бы игра́ть на** пиани́но, **про́сто** нажима́йте кла́виши.

피아노를 연주하기 위해서는 그냥 건반을 누르세요.

③ **Я обы́чно игра́л(а) в музыка́льной шко́ле.**

저는 보통 음악 학원에서 연주했습니다.

④ **Но сейча́с** пиани́но **сли́шком ста́рое.**

하지만 지금 피아노는 아주 낡았습니다.

⑤ **Я хочу́ продолжа́ть игра́ть на** пиани́но, **но у меня́ в кварти́ре его́ нет.**

저는 계속해서 피아노를 연주하고 싶지만, 우리 집에는 피아노가 없습니다.

응용 어휘	
①,②,④,⑤	гита́ре 기타 трубе́ 트럼펫 бараба́нах 드럼 скри́пке 바이올린 фле́йте 플루트
②	кре́пко держи́те гриф 바이올린 목을 강하게 잡으세요
	держи́те па́лочку ме́жду больши́м и указа́тельным па́льцем
	엄지와 검지로 막대기를 잡으세요

② 악기 연주하기

처음 악기를 배운 곳, 배우게 된 계기

① **Ма́ма пошла́ в шко́лу пиани́но, потому́ что** хоте́ла научи́ться игра́ть на нём.

엄마는 피아노가 배우고 싶었기 때문에 피아노 학원을 갔습니다.

② **Ма́ма брала́ меня́ с собо́й в шко́лу пиани́но.**

엄마는 저를 데리고 피아노 학원을 다니셨습니다.

③ **Я ходи́л(а) в музыка́льную шко́лу по приме́ру** дру́га.

저는 친구를 따라 음악 학원을 다녔습니다.

④ **С пяти́ до двена́дцати лет я учи́лся(учи́лась) игра́ть на пиани́но.**

5살부터 12살까지 저는 피아노 연주하는 것을 배웠습니다.

⑤ **Одна́жды** мне надое́ло игра́ть на пиани́но.

어느 날 피아노 치는 것이 지겨웠습니다.

① э́то была́ мечта́ с де́тства 어렸을 때부터 꿈이었다   э́то бы́ло популя́рно 유행이었다
э́то хоро́ший спо́соб отли́чно провести́ вре́мя 시간을 보내기 좋았다
⑤ шко́ла была́ закры́та 학원이 문을 닫았다   шко́ла перее́хала 학원이 이사를 갔다
я перее́хал(а) 내가 이사를 갔다

③ 연주할 때 주의사항

연주할 때 중요한 것

① **Игра́ на музыка́льных инструме́нтах – э́то о́чень хоро́шее хо́бби.**

악기 연주는 좋은 취미입니다.

② **Всегда́ ну́жно поднима́ть ру́ку.**

항상 손을 들고 있어야만 합니다.

③ **На́до знать,** как контроли́ровать си́лу.

힘을 어떻게 조절하는지 알고 있어야만 합니다.

④ **И вам ну́жно уме́ть** чита́ть но́ты.

악보를 읽을 줄 알아야 합니다.

⑤ **Кро́ме того́, на́до мно́го практикова́ться.**

그 외에도 많이 연습해야 합니다.

③ что име́л в виду́ а́втор 작가가 무엇을 의도했는지
④ контроли́ровать свои́ па́льцы 자신의 손가락을 컨트롤하다

□ **1단계** 악기 소개하기 ① + ③ + ④ + ⑤　　　　　　🎧 05-11

Я уме́ю игра́ть на пиани́но. Я обы́чно игра́л(а) в музыка́льной шко́ле. В де́тстве я бро́сил(а) его́, но всегда́ хоте́лось сно́ва учи́ться. Поэ́тому неда́вно я на́чал(а́) ходи́ть в музыка́льную шко́лу. У ма́мы есть пиани́но. Но сейча́с пиани́но сли́шком ста́рое. Я хочу́ продолжа́ть игра́ть на пиани́но, но у меня́ в кварти́ре его́ нет. Поэ́тому я собира́юсь купи́ть электро́нное пиани́но.

저는 피아노를 연주할 수 있습니다. 저는 보통 음악 학원에서 연주했습니다. 어렸을 때, 피아노를 배우다가 그만두었지만, 항상 다시 배우고 싶었습니다. 그래서 얼마 전부터 다시 음악 학원을 다니기 시작했습니다. 엄마 집에는 피아노가 있습니다. 하지만, 지금 피아노는 아주 낡았습니다. 저는 계속해서 피아노를 연주하고 싶지만, 우리 집에는 피아노가 없습니다. 그래서 저는 전자 피아노를 살 예정입니다.

□ **2단계** 악기 연주하기 ① + ② + ④ + ⑤　　　　　　🎧 05-12

В де́тстве я ходи́л(а) в музыка́льную шко́лу вме́сте с ма́мой. Ма́ма пошла́ в шко́лу пиани́но, потому́ что хоте́ла научи́ться игра́ть на нём. Но тогда́ я был(а́) совсе́м ребёнком, поэ́тому ма́ма брала́ меня́ с собо́й в шко́лу пиани́о. С тех пор я на́чал(а́) игра́ть с ма́мой на пиани́но. Тогда́ мне бы́ло пять лет. С пяти́ до двена́дцати лет я учи́лся(учи́лась) игра́ть на пиани́но. Я по́мню, я тогда́ хорошо́ игра́л(а). Одна́жды мне надое́ло игра́ть на пиани́но, поэ́тому я бро́сил(а).

어렸을 적 저는 엄마와 함께 음악 학원에 다녔습니다. 엄마는 피아노가 배우고 싶었기 때문에 피아노 학원을 갔습니다. 하지만 그때 저는 아주 어렸기에, 엄마는 저를 데리고 피아노 학원을 다니셨습니다. 그때부터 저는 엄마와 함께 피아노 연주를 배우기 시작했습니다. 그때 저는 5살이었습니다. 5살부터 12살까지 저는 피아노 연주하는 것을 배웠습니다. 저는 제가 잘 연주했던 것으로 기억합니다. 어느 날 저는 피아노 치는 것이 지겨웠습니다. 그래서 저는 피아노 치는 것을 그만두었습니다.

3단계 연주할 때 주의사항 ① + ② + ④ + ⑤ 🎧 05-13

Игра́ на музыка́льных инструме́нтах – э́то о́чень хоро́шее хо́бби. При обуче́нии игре́ на пиани́но всегда́ ну́жно поднима́ть руку́. Рука́ не должна́ опуска́ться под пиани́но. Та́кже ну́жно уме́ть чита́ть но́ты и на́до мно́го практикова́ться. Кро́ме э́того, са́мое гла́вное – люби́ть игра́ть.

악기 연주는 좋은 취미입니다. 피아노 연주 연습할 때 항상 손을 들고 있어야만 합니다. 손이 피아노 아래로 떨어져서는 안 됩니다. 또한 악보를 읽을 줄 알아야 하고 많이 연습해야 합니다. 이외에 가장 중요한 것은 연주하는 것을 좋아하는 것입니다.

나만의 스토리를 만들어 보세요! 🐝

러시아어의 문법과 구조 형태 및 유용한 어휘 등을 학습하고 답변에 응용해 보세요. 자연스러운 표현과 언어 구사 능력이 올라갑니다.

● 연주하다

> игра́ть + на + 전치격 : 악기를 연주하다

영어의 play와 같은 의미를 가진 игра́ть는 뒤에 나오는 격에 따라 의미가 달라집니다. игра́ть는 「в + 대격」이 나올 경우에는 '운동경기를 하다'라는 의미가 되며, 「на + 전치격」으로 사용되면 '악기를 연주하다'라는 의미를 나타냅니다.

Я люблю́ игра́ть в футбо́л.	저는 축구하는 것을 좋아합니다.
Я люблю́ игра́ть на скри́пке.	저는 바이올린 연주하는 것을 좋아합니다.
Анто́н хорошо́ игра́ет в баскетбо́л.	안톤은 농구를 잘합니다.
Ма́ша не уме́ет игра́ть на бараба́нах.	마샤는 드럼을 연주할 줄 모릅니다.

● ~할 줄 알다 : 능력 표현

> уме́ть + 동사원형 : ~할 줄 알다

уме́ть는 '~할 줄 알다'라는 뜻을 가진 동사입니다. уме́ть 뒤에는 동사원형이 옵니다. уме́ть는 어떠한 능력을 말할 때 사용하기 때문에 мочь(가능하다) 동사와는 의미가 다릅니다.

Я уме́ю пла́вать.	저는 수영을 할 줄 압니다.
Анто́н уме́ет игра́ть на гита́ре.	안톤은 기타를 연주할 줄 압니다.
Вы уме́ете говори́ть по-ру́сски?	당신은 러시아어를 말할 줄 아나요?

주제에 관한 다양하고 유용한 표현들입니다. 자신에게 맞는 문장을 체크하고 재미있는 스토리를 만들어 보세요. 돌발 질문에도 당황하지 않고 나만의 표현력은 물론, 논리력에도 자신감이 생깁니다.

☐ 저는 리코더를 초등학교 때 배웠습니다.

Я научи́лся(научи́лась) игра́ть на блокфле́йте в нача́льной шко́ле.

☐ 모든 한국의 학생들은 리코더 연주하는 법을 압니다.

Все студе́нты в Коре́е зна́ют, как игра́ть на блокфле́йте.

☐ 보통 한국의 학생들은 피아노를 많이 배웁니다.

Обы́чно коре́йские ученики́ мно́го у́чатся игра́ть на пиани́но.

☐ 많은 엄마들이 자신의 아이들을 음악 학원에 보냅니다.

Мно́гие ма́мы отправля́ют свои́х дете́й в музыка́льную шко́лу.

☐ 많은 초등학생들이 방과 후에 음악 학원을 갑니다.

Мно́гие шко́льники посеща́ют музыка́льную шко́лу после основны́х заня́тий в шко́ле.

☐ 저는 피아노 외에도, 바이올린 그리고 플루트가 현재 인기라고 들었습니다.

Я слы́шал(а), что кро́ме фортепиа́но сейча́с та́кже популя́рны скри́пки и фле́йты.

☐ 어렸을 때는 왜 연주하는 것을 배워야 하는지 이해하지 못했습니다.

В де́тстве я не понима́л(а), почему́ на́до учи́ться игра́ть.

☐ 저도 악기를 잘 연주했으면 하고 바랍니다.

Я хочу́ хорошо́ игра́ть на музыка́льных инструме́нтах.

☐ 현재 한국인들은 어떻게 시간을 잘 보낼지에 대해 더 많은 관심을 가지게 되었습니다.

В после́днее вре́мя коре́йцы ста́ли бо́льше интересова́ться тем, как хорошо́ провести́ вре́мя.

☐ 어른들 역시 악기를 배우고 싶어 합니다.

Взро́слые то́же хотя́т учи́ться игра́ть на музыка́льных инструме́нтах.

노래 부르기

OPIc 시험에서는 콤보 형식으로 출제되는 경우가 많습니다. 주제별 답변에 대한 핵심 구조를 중심으로 응용 어휘를 활용한 콤보 형식의 답변을 연습해 보세요. 모범 답변을 활용해 나만의 스토리텔링도 만들어 보세요.

Q **Когда́ и где вы обы́чно поёте? Когда́ вы впервы́е полюби́ли петь? Как вы э́тим заинтересова́лись? У вас есть интере́сные воспомина́ния, свя́занные с пе́нием? Что случи́лось? Пожа́луйста, расскажи́те подро́бно.**

보통 언제 어디에서 노래를 부르나요? 언제 처음 노래 부르는 것을 좋아하게 되었나요? 어떻게 관심을 가지게 되었나요? 노래를 부르는 동안 흥미로운 기억이 있나요? 무슨 일이 있었나요? 상세하게 이야기해 주세요.

 3단 콤보 답변

주제별 답변에 대한 핵심 구조를 중심으로 응용 어휘를 활용해서 콤보 형식의 답변을 익혀 보세요.

① 노래 부르는 장소

핵심 구조 노래를 즐겨 부르는 장소, 시간

① Осо́бенно я люблю́ петь в ду́ше.
특히 저는 샤워할 때 노래하는 것을 좋아합니다.

② Я пою́ пе́сни в ва́нной как настоя́щий певе́ц.
저는 샤워실에서 진짜 가수인 것처럼 노래합니다.

③ Я всегда́ пою́, когда́ де́лаю что-нибу́дь.
저는 무언가를 할 때 항상 노래를 합니다.

④ Обы́чно я пою́ коре́йские пе́сни.
저는 주로 한국 노래를 부릅니다.

⑤ Лю́ди всегда́ тре́буют, что́бы я спел.
항상 사람들이 저한테 노래를 요청합니다.

응용 어휘
① за рулём 운전할 때   при убо́рке ко́мнаты 방 청소할 때   когда́ учу́сь 공부할 때
④ рэп 랩   поп-му́зыку 팝 음악   япо́нские пе́сни 일본 노래   кита́йские пе́сни 중국 노래

❷ 처음 노래 부르게 된 계기

① Я ча́сто ходи́л(а) в карао́ке с мои́ми друзья́ми по́сле учёбы.
저는 방과 후에 친구들과 노래방을 자주 다녔습니다.

② Я спе́л(а), и мои́ друзья́ похвали́ли меня́ за хоро́шее пе́ние.
저는 노래를 불러보았고 제 친구들은 제가 노래를 잘한다고 칭찬했습니다.

③ Я лу́чше по́ю, когда́ чу́вствую себя́ отли́чно.
저는 컨디션 좋을 때 노래를 더 잘 부릅니다.

④ Учи́тель рекомендова́л мне петь.
선생님이 저에게 노래 부르는 것을 추천하였습니다.

⑤ Вся семья́ лю́бит ходи́ть в карао́ке по́сле у́жина.
가족들 모두 저녁 식사 후에 노래방에 가는 것을 좋아합니다.

③ настрое́ние хоро́шее 기분이 좋다   чу́вствую себя́ одино́ко 외로움을 느끼다
мне ску́чно 지루하다
④ посове́товал 조언했다   потре́бовал 요청했다   попроси́л 부탁했다

❸ 노래하기와 관련된 경험

① Нача́льник карао́ке дал нам ещё вре́мя.
노래방 주인이 우리에게 시간을 더 주었습니다.

② Мы пе́ли в карао́ке 3 часа́.
우리는 3시간 동안 노래방에서 노래를 불렀습니다.

③ Оди́н незнако́мый мужчи́на пришёл в на́шу ко́мнату.
일면식 없는 한 남자가 우리 방으로 들어왔습니다.

④ Он дал мне визи́тку. Он спроси́л меня́, хочу́ ли я быть певцо́м(певи́цей).
그는 저에게 명함을 주었습니다. 그는 제가 가수가 되고 싶은지 물어봤습니다.

⑤ Е́сли бы я пошёл(пошла́) на прослу́шивание, я был(а́) бы сейча́с изве́стным(изве́стной) певцо́м(певи́цей).
만약 제가 오디션에 갔었다면, 저는 지금 유명한 가수가 되었을지도 모릅니다.

① напи́тки и заку́ски 음료와 간식   вы́годное усло́вие 좋은 환경
шанс 기회

콤보 형식의 답변을 활용해서 주제별 모범 답변을 제시합니다.

☐ **1단계** 노래 부르는 장소 ① + ④ + ③ 🎧 05-15

Я обы́чно пою́ до́ма. Я пою́ ка́ждый день. Осо́бенно я люблю́ петь в ду́ше. Обы́чно я пою́ коре́йские пе́сни. Я счита́ю, что я пою́ в ва́нной лу́чше. Я всегда́ пою́, когда́ де́лаю что-нибу́дь, наприме́р, я люблю́ петь, когда́ игра́ю на компью́тере. И всегда́ пою́ с удово́льствием, когда́ игра́ет пе́сня, кото́рая мне нра́вится.

저는 보통 집에서 노래합니다. 저는 매일 노래합니다. 특히 저는 샤워할 때 노래하는 것을 좋아합니다. 저는 주로 한국 노래를 부릅니다. 저는 욕실에서 더 잘 부르는 것 같습니다. 저는 무언가를 할 때 항상 노래를 부르는데 예를 들면 컴퓨터 게임할 때 노래하는 것을 좋아합니다. 그리고 제가 좋아하는 노래가 나올 때 항상 즐겁게 노래를 부릅니다.

☐ **2단계** 처음 노래 부르게 된 계기 ① + ② 🎧 05-16

Я на́чал(а́) петь в сре́дней шко́ле. Снача́ла я не люби́л(а) петь. Тем не ме́нее, я ча́сто ходи́л(а) в карао́ке с мои́ми друзья́ми по́сле учёбы. В то вре́мя я ненави́дел(а) пе́ние, но сле́довал(а) за свои́ми друзья́ми. Одна́жды я спел(а), и мои́ друзья́ похвали́ли меня́ за хоро́шее пе́ние. Похвала́ была́ для меня́ о́чень прия́тна. С того́ дня мне ста́ло ве́село петь, что я и люблю́ де́лать до сих пор. Я нашёл(нашла́) тала́нт, о кото́ром я да́же не знал(а).

저는 중학교 때 노래를 부르기 시작했습니다. 처음에 저는 노래 부르는 것을 좋아하지 않았습니다. 그럼에도 불구하고, 저는 방과 후에 친구들과 노래방을 자주 다녔습니다. 그때 저는 노래를 싫어했지만, 친구들을 따라다녔습니다. 어느 날 저는 노래를 불러보았고 제 친구들은 제가 노래를 잘한다고 칭찬했습니다. 칭찬을 받으니 기분이 아주 좋았습니다. 그때부터 저는 노래 부르는 것이 즐거워졌고 지금까지도 좋아합니다. 저는 제가 알지 못했던, 재능을 찾았습니다.

Когда́ я учи́лся(учи́лась) в ста́ршей шко́ле, я та́кже ходи́л(а) в карао́ке со свои́ми друзья́ми. Одна́жды я спе́л(а) пе́сню, и оди́н незнако́мый мужчи́на пришёл в на́шу ко́мнату. Он дал мне визи́тку. Он спроси́л меня́, хочу́ ли я быть певцо́м(певи́цей). Он сказа́л, что слы́шал, как я пою́. Тогда́ он предложи́л прийти́ на прослу́шивание. Э́то бы́ло о́чень интере́сно, но я не хоте́л(а) быть певцо́м(певи́цей). Поэ́тому я не пошёл(пошла́) к нему́. Друзья́ иногда́ говоря́т, е́сли бы я пошёл(пошла́) на прослу́шивание, я был(а) бы сейча́с изве́стным(изве́стной) певцо́м(певи́цей). Я люблю́ петь, но я не люблю́ де́лать э́то пе́ред людьми́.

제가 고등학교에 다닐 때, 저도 역시 친구들하고 노래방에 다녔습니다. 어느 날, 제가 노래를 다 불렀을 때, 일면식 없는 한 남자가 우리 방으로 들어왔습니다. 그는 저에게 명함을 주었습니다. 그는 제가 가수가 되고 싶은지 물어봤습니다. 그는 제가 노래 부르는 것을 들었다고 말했습니다. 그때 그는 오디션을 보러 올 것을 제안했습니다. 이것은 매우 흥미로웠지만, 저는 가수가 되고 싶지 않았습니다. 그래서 저는 그에게 가지 않았습니다. 친구들은 가끔씩 만약 제가 오디션을 보러 갔었다면, 저는 지금 유명한 가수가 되어 있었을 것이라고 말합니다. 하지만 저는 노래 부르는 것이 좋은 것이지, 사람들 앞에서 노래 부르는 것은 좋아하지 않습니다.

나만의 스토리를 만들어 보세요! 🐝

러시아어의 문법과 구조 형태 및 유용한 어휘 등을 학습하고 답변에 응용해 보세요. 자연스러운 표현과 언어 구사 능력이 올라갑니다.

● 가정법

> éсли бы + 과거에 일어났으면 한 일, 현재 이뤄졌을 상황 + бы

과거에 일어나지 않았지만 '만약 ~했다면'이라고 가정하여 말할 때 éсли бы를 사용합니다. бы는 가정을 나타냅니다. '과거에 일어났으면 한 일'과 '현재 이뤄졌을 상황' 사이에는 쉼표(,)로 구분해 줍니다.

Если бы у меня́ был тала́нт, я бы стал изве́стным певцо́м.

나한테 재능이 있었다면, 나는 유명한 가수가 되었을 텐데.

Если бы у меня́ бы́ло мно́го де́нег, я купи́л бы хоро́ший дом.

나한테 돈이 많았다면, 좋은 집을 샀을 텐데.

● 시간의 때

전치사 c와 до는 시간의 시작과 끝을 나타냅니다. 두 전치사 모두 생격을 요구하며 С тех пор, До сих пор의 단어 결합은 통째로 외우는 것이 좋습니다.

~때부터	c + 생격	С тех пор : 그때부터
~까지	до + 생격	До сих пор : 지금까지

С тех пор я мечта́ла стать учи́тельницей.

그때부터 나는 교사가 되기를 꿈꿨다.

До сих пор я изуча́ю ру́сский язы́к.

지금까지 나는 러시아어를 공부한다.

주제에 관한 다양하고 유용한 표현들입니다. 자신에게 맞는 문장을 체크하고 재미있는 스토리를 만들어 보세요. 돌발 질문에도 당황하지 않고 나만의 표현력은 물론, 논리력에도 자신감이 생깁니다.

☐ 저는 교회 합창단에서 노래를 불렀습니다.

Я пел(а) в хо́ре це́ркви.

☐ 저는 노래를 잘하지 못합니다.

Я не о́чень хорошо́ пою́.

☐ 하지만 친구들이 노래를 못해도 괜찮다고 했습니다.

Но мои́ друзья́ сказа́ли, что э́то ничего́, е́сли я пло́хо пою́.

☐ 합창단은 개인의 능력보다 전체적인 목소리가 중요합니다.

В хо́ре важне́е о́бщий го́лос, чем свой со́бственный.

☐ 합창단 노래 연습을 하는 것은 매우 즐겁습니다.

Очень ве́село занима́ться пе́нием в хо́ре.

☐ 저는 노래할 때 매우 집중합니다.

Я о́чень сосредото́чен(сосредото́чна), когда́ пою́.

☐ 지휘자는 누가 틀렸는지 바로 압니다.

Дирижёр сра́зу зна́ет, кто сде́лал оши́бку.

☐ 가끔씩 저는 노래를 부르는 척합니다.

Иногда́ я притворя́юсь, что пою́.

☐ 저는 노래를 잘 부르는 사람이 부럽습니다.

Я зави́дую лю́дям, кото́рые хорошо́ пою́т.

☐ 새로운 노래가 나올 때, 저는 따라 부르려고 노력합니다.

Когда́ выхо́дит но́вая пе́сня, я стара́юсь подпева́ть.

Урок 5

애완동물 기르기

OPIc 시험에서는 콤보 형식으로 출제되는 경우가 많습니다. 주제별 답변에 대한 핵심 구조를 중심으로 응용 어휘를 활용한 콤보 형식의 답변을 연습해 보세요. 모범 답변을 활용해 나만의 스토리텔링도 만들어 보세요.

🎧 05-18

Q **Расскажи́те мне о ва́шем дома́шнем живо́тном. Како́й он поро́ды? Како́й у него́(неё) хара́ктер? Расскажи́те о ва́шей пе́рвой встре́че. Что я до́лжен(должна́) знать о содержа́нии пито́мца?**

당신의 애완동물에 대해서 말해 주세요. 어떤 동물인가요? 성격은 어떤가요? 첫 번째 만남에 대해 이야기해 주세요. 애완동물을 키우면서 주의해야 할 사항이 있나요?

 3단 콤보 답변

주제별 답변에 대한 핵심 구조를 중심으로 응용 어휘를 활용해서 콤보 형식의 답변을 익혀 보세요.

1 애완동물 소개

핵심 구조 애완동물의 종류, 외형 특징 묘사

① У соба́ки гу́стая шерсть.

강아지는 풍성한 털을 가지고 있습니다.

② Соба́ка ма́ленькой поро́ды.

강아지는 작은 품종입니다.

③ Моя́ соба́ка – э́то чихуа́хуа.

제 강아지는 치와와입니다.

④ Моя́ соба́ка сли́шком лю́бит люде́й, но не лю́бит други́х соба́к.

제 강아지는 사람을 아주 좋아하지만, 다른 강아지는 좋아하지 않습니다.

⑤ Эта поро́да подхо́дит для содержа́ния в городско́й кварти́ре.

이 품종은 도시에서 키우기 적합합니다.

응용 어휘
① шелкови́стая 비단결의 курча́вая 곱슬의
② большо́й поро́ды 큰 품종 чёрного окра́са 검은색 ры́жего окра́са 갈색 бе́лая 흰색
③ пу́дель 푸들 мальте́зе 몰티즈 шпиц 포메라니안 йо́ркширский терье́р 요크셔테리어 перси́дская 페르시안 беспоро́дная 품종 없는

2 애완동물을 기르게 된 계기

핵심 구조 애완동물과의 첫 만남, 키우게 된 계기

① Я взял(а́) мою́ соба́ку у ба́бушки, кото́рая живёт в дере́вне.

저는 시골에 계신 할머니한테서 데리고 왔습니다.

② Мой друг (моя́ подру́га) дал(а́) мне ко́шку.

친구가 저에게 고양이를 주었습니다.

③ Друг сказа́л, что бо́льше не мо́жет держа́ть соба́ку.

친구는 강아지를 더 이상 기를 수 없다고 말했습니다.

④ Я нашёл(нашла́) соба́ку на у́лице.

저는 길에서 강아지를 찾았습니다.

⑤ Мне ста́ло её жа́лко, и я принёс(принесла́) её домо́й.

저는 강아지가 불쌍해져서 집으로 데려왔습니다.

⑥ Благодаря́ э́тому соба́ка ста́ла соверше́нно здоро́вой.

그 덕분에 강아지는 완전히 건강해졌습니다.

응용어휘
② ежа́ 고슴도치를   попуга́я 앵무새를   кро́лика 토끼를   морску́ю сви́нку 기니피그를
④ в пито́мнике 펫숍에서   в ста́ром до́ме 오래된 집에서   в интерне́те 인터넷에서
⑤ в веткли́нику 병원으로   к ветерина́ру 수의사 선생님한테

3 주의할 점

핵심 구조 애완동물을 키우면서 주의할 점

① Всегда́ вре́дно дава́ть соба́ке челове́ческую еду́ с со́лью.

소금이 들어간 사람의 음식을 강아지에게 주는 것은 항상 해롭습니다.

② Никогда́ не дава́йте соба́ке шокола́д.

절대로 강아지에게 초콜릿을 주지 마세요.

③ Что́бы подде́рживать здоро́вье соба́ки, ну́жно её регуля́рно выгу́ливать.

강아지 건강을 유지하기 위해서 정기적으로 산책을 해야 합니다.

④ Вы должны́ знать, что у живо́тных мно́го ше́рсти и они́ линя́ют.

당신은 동물들이 털이 많고, 빠진다는 것을 반드시 알아야만 합니다.

⑤ Держа́ть соба́ку тяжеле́е, чем вы ду́маете.

강아지는 당신이 생각한 것보다 훨씬 키우기 힘듭니다.

응용어휘
② чесно́к 마늘   виногра́д 포도   оре́хи 견과류   лук 양파
③ не́сколько раз в неде́лю вычёсывать 일주일에 몇 번씩 빗질을 합니다
  раз в три ме́сяца подстрига́ть шерсть 3달에 한 번씩 털을 잘라줍니다
⑤ Соба́ка мо́жет быть ещё бо́льше 훨씬 크기가 커질 수 있습니다

□ **1단계** 애완동물 소개 ① + ④ 🎧 05-19

У меня́ есть ко́шка и соба́ка. Соба́ка жила́ у нас в до́ме с са́мого моего́ де́тства. Её зову́т Ма́ру, а ко́шку зову́т Ки́ра. Поро́да соба́ки – чихуа́хуа. У неё дли́нная и густа́я шерсть. Она́ сли́шком лю́бит люде́й, но не лю́бит други́х соба́к. Ма́ру о́чень у́мная, ти́хая, споко́йная и ре́дко га́вкает. А ко́шка о́чень любопы́тная. Ей то́лько 4 ме́сяца, поэ́тому она́ хо́чет ви́деть всё вокру́г, но легко́ пуга́ется.

저는 고양이와 강아지가 있습니다. 저는 강아지를 어렸을 때부터 키웠습니다. 강아지의 이름은 마루이고 고양이의 이름은 키라입니다. 강아지의 종류는 치와와입니다. 그녀는 길고 풍성한 털을 가지고 있습니다. 그녀는 사람을 아주 좋아하지만, 다른 강아지는 좋아하지 않습니다. 마루는 매우 똑똑하고 조용하고 평온하며 가끔씩 짖습니다. 그리고 고양이는 호기심이 많습니다. 그녀는 4개월밖에 되지 않아서 주위의 모든 것들을 보고 싶어 하지만, 쉽게 놀랍니다.

□ **2단계** 애완동물을 기르게 된 계기 ④ + ⑤ + ⑥ 🎧 05-20

Я нашёл(нашла́) соба́ку на у́лице. Соба́ка была́ о́чень гря́зной и худо́й. Мне ста́ло её жа́лко, и я принёс(принесла́) её домо́й. На её те́ле бы́ло мно́го клеще́й. Ма́ма отвела́ соба́ку к ветерина́ру и вы́лечила её. Благодаря́ э́тому соба́ка ста́ла соверше́нно здоро́вой. Снача́ла она́ боя́лась нас, но тепе́рь она́ лю́бит на́шу семью́ бо́льше всего́.

저는 길에서 강아지를 찾았습니다. 강아지는 아주 더럽고 말랐습니다. 저는 강아지가 불쌍해져서 집으로 데려왔습니다. 그녀의 몸에는 많은 진드기들이 있었습니다. 엄마는 강아지를 수의사에게 데려갔고, 그녀를 완치시켰습니다. 그 덕분에 강아지는 완전히 건강해졌습니다. 처음에 그녀는 우리를 무서워했습니다. 하지만 지금은 그 무엇보다도 우리 가족을 사랑합니다.

Одна́жды мы бы́ли напу́ганы, когда́ соба́ка целико́м съе́ла ку́рицу. Кури́ные ко́сти о́чень опа́сны, к сча́стью, у неё не́ было пробле́м. Если кто-то хо́чет жить с соба́кой, обяза́тельно на́до знать, что ей вре́дно и что нельзя́ дава́ть ей. Наприме́р, всегда́ вре́дно дава́ть соба́ке челове́ческую еду́ с со́лью, лук и́ли виногра́д. Но мно́гие лю́ди не зна́ют э́того. Если у вас ко́шка и́ли соба́ка, вы должны́ знать, что у живо́тных мно́го ше́рсти и они́ линя́ют. Ещё вы должны́ вы́яснить, есть ли у вас аллерги́я на шерсть. Держа́ть соба́ку тяжеле́е, чем вы ду́маете.

어느 날 우리는 개가 닭고기를 통째로 먹어서 놀랐던 적이 있습니다. 닭 뼈는 매우 위험한데 다행히도 문제는 없었습니다. 누군가가 강아지와 살고 싶다면 반드시 무엇이 강아지에게 해롭고, 무엇을 주면 안 되는지 알아야 합니다. 예를 들면, 소금이 들어간 사람의 음식, 양파 또는 포도를 강아지에게 주는 것은 항상 해롭습니다. 하지만 많은 사람들은 이것을 모릅니다. 고양이 또는 개를 데리고 있다면 당신은 동물들이 털이 많고, 빠진다는 것을 반드시 알아야 합니다. 또한 당신이 털에 알레르기가 없다는 것을 확인해야 합니다. 강아지는 당신이 생각한 것보다 훨씬 키우기 힘듭니다.

나만의 스토리를 만들어 보세요! 🐝

러시아어의 문법과 구조 형태 및 유용한 어휘 등을 학습하고 답변에 응용해 보세요. 자연스러운 표현과 언어 구사 능력이 올라갑니다.

● 가엽게 여기다

누군가를 '가엽게 여기다, 불쌍하게 여기다'라고 표현할 때에는 жале́ть 동사를 씁니다. 이때, 문맥에 따라 '가엽게 여기다, 아끼다' 또는 '슬퍼하다, 아쉽게 생각하다'로 해석이 가능합니다.

Ребёнок пожале́л соба́ку.	아이는 강아지를 가엽게 여겼다.
Лю́ди жале́ют сиро́т.	사람들이 고아를 가엽게 여긴다.
Актёр жале́л о проше́дшей мо́лодости.	배우는 지나간 청춘을 아쉽게 생각한다.

Tip 보통, 대격을 요구하지만 아쉬워하거나 유감스럽게 생각할 때는 '생격' 또는 「o＋전치격」이 올 수 있습니다.

● ни ～ не 부정 구문

부정대명사 ни는 의문사 앞에 붙어 부정을 표현합니다. 항상 부정조사 не와 함께 쓰이며, ни는 변하지 않습니다.

① никто́ не   아무도 ～않다

② ничего́ не   아무것도 ～않다

③ никогда́ не   결코 ～한 적 없다

Никто́ не зна́ет.	아무도 모른다.
Я ничего́ не зна́ю.	나는 아무것도 모른다.
Я никогда́ не пью́ молоко́.	나는 절대로 우유를 마시지 않는다.

주제에 관한 다양하고 유용한 표현들입니다. 자신에게 맞는 문장을 체크하고 재미있는 스토리를 만들어 보세요. 돌발 질문에도 당황하지 않고 나만의 표현력은 물론, 논리력에도 자신감이 생깁니다.

☐ 저는 고양이와 강아지가 친해질 수 없다고 들었습니다.

Я слы́шал, что ко́шки и соба́ки не мо́гут подружи́ться.

☐ 하지만 제 고양이와 강아지는 사이가 좋습니다.

Но у мои́х соба́ки и ко́шки отли́чные отноше́ния.

☐ 고양이는 따뜻한 곳을 좋아합니다.

Ко́шка лю́бит тёплые места́.

☐ 저는 앵무새가 시끄러운 줄 몰랐습니다.

Я не зна́л(а), что попуга́и так шумя́т.

☐ 하루 종일 강아지는 방을 뛰어다닙니다.

Це́лый день соба́ка бе́гает по ко́мнате.

☐ 햄스터는 너무 작아서, 집에서 잃어버리면 찾기가 힘듭니다.

Хомя́к сли́шком ма́ленький, поэ́тому, е́сли я теря́ю его́ до́ма, его́ пото́м о́чень тру́дно найти́.

☐ 고양이는 높은 곳을 좋아합니다.

Ко́шки лю́бят высоту́.

☐ 동물을 키우려면 많은 돈이 필요합니다.

Нужны́ больши́е де́ньги, что́бы держа́ть живо́тных.

☐ 그들을 항상 나를 사랑해 줍니다.

Они́ всегда́ лю́бят меня́.

☐ 항상 책임감을 가져야 합니다. 그들은 우리의 장난감이 아닙니다.

Вы всегда́ должны́ быть отве́тственны. Они́ – не на́ши игру́шки.

Часть

6

운동

학습목표 출제경향

Background Survey에서는 자신이 원하는 항목을 고를 수 있기 때문에, 어느 정도 대비가 가능합니다. 운동의 경우, 운동을 하면서 겪었던 에피소드들을 미리 준비해 두는 것이 좋습니다. 운동과 관련해서 운동하는 법 또는 규칙에 대해서도 물어볼 수 있습니다. 돌발 질문으로도 자주 출제되는 항목이므로 운동과 관련한 다양한 표현들도 준비해 보세요.

주제별 고득점 꿀팁

Урок 1 수영하기	★ 수영을 하게 된 계기, 수영하는 주기, 좋아하는 이유 말하기 ★ 자주 가는 수영장 모습, 수영장이 마음에 드는 이유 말하기 ★ 수영할 때 조심할 점 말하기
Урок 2 자전거 타기	★ 자신의 자전거 묘사, 자전거를 가지게 된 계기 말하기 ★ 자전거를 타면서 생긴 문제, 문제의 해결, 에피소드 말하기 ★ 자전거를 타게 된 계기 말하기
Урок 3 걷기 및 조깅	★ 걷기와 조깅할 때 좋아하는 장소, 시간 말하기 ★ 걷기와 조깅할 때 주의사항 말하기 ☞ 걷기와 조깅은 어휘만 바꾸면 비슷한 답변 구조로 다양하게 활용할 수 있다는 점을 고려하여 Background Survey에서 선택할 때 2가지를 함께 선택하는 것이 좋습니다. ☞ 여가 활동의 '공원 가기'와 연관 지어서 답변을 준비하는 것도 좋습니다.
Урок 4 헬스 하기	★ 헬스장 구조, 내부 시설 묘사, 헬스장에서 할 수 있는 운동 종류, 에피소드 말하기
Урок 5 요가 하기	★ 요가를 시작하게 된 계기, 요가의 장점 말하기 ★ 기억에 남는 에피소드 말하기

주제별 질문 유형 한눈에 파악하기　　　　　🎧 06-1

Урок 1
수영하기

• Как ча́сто вы хо́дите в бассе́йн? Почему́ вы лю́бите пла́вать? Опиши́те бассе́йн, куда́ вы хо́дите. Как мо́жно научи́ться хорошо́ пла́вать? Объясни́те.

– 얼마나 자주 수영장에 가나요? 당신은 왜 수영하는 것을 좋아하나요? 당신이 가는 수영장에 대해서 묘사해 주세요. 어떻게 수영을 잘 할 수 있나요? 설명해 주세요.

Урок 2
자전거 타기

• Вы указа́ли в анке́те, что вам нра́вится ката́ться на велосипе́де. Мо́жете ли вы описа́ть свой велосипе́д как мо́жно подро́бнее? Поду́майте о вре́мени, когда́ у вас бы́ли тру́дности при езде́ на велосипе́де. Как вас впервы́е заинтересова́ло ката́ние на велосипе́де? Кто научи́л вас е́здить на нём?

– 당신은 설문조사에서 자전거 타는 것을 좋아한다고 했습니다. 가능한 당신의 자전거를 자세하게 묘사해 줄 수 있나요? 당신이 자전거를 탔을 때 어려웠던 날에 대해서 생각해 보세요. 처음에 당신은 어떻게 자전거에 관심을 가지게 되었나요? 누가 당신을 가르쳤나요?

Урок 3
걷기 및 조깅

• Вы указа́ли в анке́те, что лю́бите бе́гать. Когда́ и где вы обы́чно бе́гаете? Что вы должны́ учи́тывать, когда́ вы идёте на пробе́жку? Что обы́чно вы но́сите? Есть ли причи́ны носи́ть э́ту оде́жду?

– 당신은 설문조사에서 뛰는 것을 좋아한다고 했습니다. 언제 그리고 어디에서 보통 뛰나요? 조깅할 때, 무엇을 고려해야 하나요? 무엇을 보통 입나요? 그 옷을 입는 이유가 있나요?

Урок 4
헬스 하기

• Вы указа́ли, что хо́дите в спортза́л. Опиши́те тренажёрный зал, в кото́рый вы ча́сто хо́дите. Что вы там де́лаете? Расскажи́те мне об упражне́ниях, кото́рые вы де́лаете. У вас есть како́й-нибу́дь интере́сный эпизо́д, свя́занный с похо́дом в фи́тнес клуб? Пожа́луйста, расскажи́те мне.

– 당신은 헬스장에 간다고 했습니다. 당신이 자주 가는 헬스장에 대해 묘사해 주세요. 그곳에서 무엇을 하나요? 당신이 하는 운동에 대해서 말해 주세요. 헬스장과 관련하여 재미있는 일이 있었나요? 이야기해 주세요.

Урок 5
요가 하기

• Как вы впервы́е на́чали занима́ться йо́гой? Как прошло́ ва́ше са́мое пе́рвое заня́тие? Объясни́те, когда́ и где вы на́чали занима́ться йо́гой. В чём по́льза йо́ги? О каки́х осо́бенно запомина́ющихся эпизо́дах вы мо́жете мне рассказа́ть?

– 처음 당신이 요가를 하게 된 계기는 무엇인가요? 당신이 처음 요가를 접했을 때 어땠나요? 언제 어디서 누구와 함께 요가를 시작했는지 설명해 주세요. 요가가 어디에 좋은가요? 당신이 요가를 하면서 특별히 기억에 남는 일화에 대해 말해줄 수 있나요?

수영하기

> OPIc 시험에서는 콤보 형식으로 출제되는 경우가 많습니다. 주제별 답변에 대한 핵심 구조를 중심으로 응용 어휘를 활용한 콤보 형식의 답변을 연습해 보세요. 모범 답변을 활용해 나만의 스토리텔링도 만들어 보세요.

Q **Как ча́сто вы хо́дите в бассе́йн? Почему́ вы лю́бите пла́вать? Опиши́те бассе́йн, куда́ вы хо́дите. Как мо́жно научи́ться хорошо́ пла́вать? Объясни́те.**

얼마나 자주 수영장에 가나요? 당신은 왜 수영하는 것을 좋아하나요? 당신이 가는 수영장에 대해서 묘사해 주세요. 어떻게 수영을 잘 할 수 있나요? 설명해 주세요.

  3단 콤보 답변

> 주제별 답변에 대한 핵심 구조를 중심으로 응용 어휘를 활용해서 콤보 형식의 답변을 익혀 보세요.

① 수영장 가는 일상

핵심 구조 수영장 가는 횟수, 수영을 좋아하는 이유

① **Я обы́чно пла́ваю два ра́за в неде́лю.**
저는 보통 일주일에 2번 수영을 합니다.

② **Я пла́ваю то́лько по понеде́льникам и сре́дам.**
저는 월요일과 수요일에만 수영을 합니다.

③ **До́ктор сказа́л мне, что я до́лжен(должна́) занима́ться спо́ртом.**
의사는 저에게 반드시 운동을 해야 한다고 말했습니다.

④ **Я на́чал(а́) пла́вать, потому́ что у меня́ боля́т суста́вы.**
저는 관절이 아파서 수영을 하기 시작했습니다.

⑤ **По́сле пла́вания у меня́ всегда́ появля́ется чу́вство све́жести.**
수영 후에 저는 항상 상쾌한 기분을 느낍니다.

응용 어휘	④ голова́ 머리	живо́т 배	кровено́сные сосу́ды 혈관	желу́док 위
	лёгкие 폐	пе́чень 간		

2 수영하는 곳 묘사

① Мне бóльше всегó нрáвится сáмый извéстный бассéйн гóрода.

저는 도시에서 제일 유명한 수영장이 가장 마음에 듭니다.

② Билéты в э́тот бассéйн óчень дешёвые.

이 수영장 표는 매우 저렴합니다.

③ Обы́чно длинá дорóжки бассéйна – 25 мéтров.

보통 수영장의 길이는 25m입니다.

④ Там есть специáльные местá для детéй.

그곳에는 아이들을 위한 특별한 장소도 있습니다.

⑤ В э́том бассéйне тренирýются спортсмéны.

이 수영장에서 운동선수들이 훈련합니다.

③ глубинá 깊이   ширинá 넓이
④ тренирóвки 트레이닝   начинáющих 초보

3 수영하는 법

① Чтóбы хорошó плáвать, нýжно умéть дышáть.

수영을 잘하기 위해서는 숨을 쉴 줄 알아야 합니다.

② Слéдующая вáжная вещь – э́то удáр.

다음으로 중요한 것은 발차기입니다.

③ Óчень трýдно рабóтать ногáми и рукáми.

다리와 손을 이용해 동작하는 것은 매우 힘듭니다.

④ Это занимáет мнóго врéмени.

이것에는 많은 시간이 소요됩니다.

⑤ Я хочý плáвать немнóго лýчше в слéдующем мéсяце.

다음 달에 저는 좀 더 수영을 잘하고 싶습니다.

① нельзя́ боя́тья воды́ 물을 무서워하지 않아야 한다
    нýжно умéть рабóтать рукáми 팔을 사용할 줄 아는 것이 필요하다
② дыхáние 호흡   размѝнка 준비 운동
③ спинóй 등을 이용해   плечáми 어깨를 이용해   шéей 목을 이용해

☐ **1단계** 수영장 가는 일상 ① + ④ + ② + ⑤   🎧 06-3

Я обы́чно пла́ваю два ра́за в неде́лю. Я на́чал(á) пла́вать, потому́ что у меня́ боля́т суста́вы. Пла́вание – хоро́шее упражне́ние для коле́нных суста́вов, поэ́тому я хочу́ пла́вать ка́ждый день. Но у меня́ нет вре́мени, поэ́тому я пла́ваю то́лько по понеде́льникам и сре́дам. Пла́вание заставля́ет меня́ чу́вствовать себя́ лу́чше. По́сле пла́вания у меня́ всегда́ появля́ется чу́вство све́жести.

저는 보통 일주일에 2번 수영을 합니다. 저는 관절이 아파서 수영을 하기 시작했습니다. 수영은 무릎관절 단련에 좋아서 저는 매일 수영하고 싶습니다. 하지만 시간이 없어서 월요일과 수요일에만 수영을 합니다. 수영은 컨디션을 더 좋게 만들어 줍니다. 수영 후에 저는 항상 상쾌한 기분을 느낍니다.

☐ **2단계** 수영하는 곳 묘사 ① + ② + ③ + ④   🎧 06-4

Мне бо́льше всего́ нра́вится са́мый изве́стный бассе́йн го́рода. Он о́чень большо́й, а биле́ты в э́тот бассе́йн о́чень дешёвые. Обы́чно длина́ доро́жки бассе́йна – 25 ме́тров, но здесь длина́ доро́жки 50 ме́тров, поэ́тому пла́вать немно́го сло́жно для начина́ющих. Когда́ я впервы́е пришёл(пришла́) в бассе́йн, бы́ло о́чень стра́шно. Потому́ что мои́ но́ги не каса́лись дна. Душева́я ко́мната о́чень больша́я и чи́стая. Мно́гие лю́ди мо́гут по́льзоваться са́уной. Там есть специа́льные места́ для дете́й, поэ́тому мно́гие лю́ди, у кото́рых есть де́ти, вме́сте хо́дят с ни́ми в э́тот бассе́йн.

저는 도시에서 제일 유명한 수영장이 가장 마음에 듭니다. 수영장은 아주 크고 수영장 표는 매우 저렴합니다. 보통 수영장의 길이는 25m인데, 이곳의 길이는 50m여서 초보자에게는 조금 어렵습니다. 제가 처음 수영장에 갔을 땐 정말 무서웠습니다. 왜냐하면 제 다리가 땅바닥에 닿지 않았기 때문입니다. 샤워 공간은 매우 크고 깨끗합니다. 그래서 많은 사람들이 사우나를 이용할 수 있습니다. 그곳에는 아이들을 위한 특별한 장소도 있어서, 아이들이 있는 많은 사람들이 아이들과 함께 이 수영장에 다닙니다.

□ **3단계** 수영하는 법 ① + ② + ③ + ④ + ⑤ 🎧 06-5

Что́бы хорошо́ пла́вать, ну́жно уме́ть дыша́ть. При пла́вании вы должны́ сде́лать вдох че́рез рот и вы́дох че́рез нос. В проти́вном слу́чае в нос попадёт вода́. Сле́дующая ва́жная вещь – э́то уда́р. Он ва́жен, что́бы вы могли́ дви́гаться вперёд. Коне́чно, движе́ние рук та́кже име́ет большо́е значе́ние. Очень тру́дно рабо́тать нога́ми и рука́ми. И э́то занима́ет мно́го вре́мени. Вот почему́ я занима́юсь то́лько фриста́йлом. Я хочу́ пла́вать немно́го лу́чше в сле́дующем ме́сяце.

수영을 잘하기 위해서는 숨을 쉴 줄 알아야 합니다. 수영을 할 때 반드시 입으로 들이마시고 코로 내뱉어야 합니다. 반대로 할 경우에는 물이 코로 들어옵니다. 다음으로 중요한 것은 발차기입니다. 앞으로 가기 위해서는 발차기가 중요합니다. 물론 손의 움직임도 중요합니다. 다리와 손을 이용해 동작하는 것은 매우 힘듭니다. 그리고 이것에는 많은 시간이 소요됩니다. 바로 이것이 제가 자유형만 하는 이유입니다. 다음 달에 저는 좀 더 수영을 잘하고 싶습니다.

나만의 스토리를 만들어 보세요! 🐝

러시아어의 문법과 구조 형태 및 유용한 어휘 등을 학습하고 답변에 응용해 보세요. 자연스러운 표현과 언어 구사 능력이 올라갑니다.

● 아프다

> **у 사람** (생격) **+ боле́ть + 아픈 곳** (주격)

어떠한 신체 부위가 아프다고 표현할 때에는 боле́ть 동사를 사용합니다. 이때 신체 부위는 주격으로 표현하고 아픈 대상자는 у кого́를 사용합니다. 아픈 신체 부위가 주격이기 때문에 боле́ть 동사 역시 신체 부위에 맞춰서 인칭변화합니다. 주격이 단수일 경우에는 боли́т, 주격이 복수일 때는 боля́т가 됩니다.

У меня́ боли́т голова́.	저는 머리가 아픕니다.
У Анто́на боля́т руки́.	안톤은 팔(들)이 아픕니다.
У вас боли́т живо́т?	당신은 배가 아프신가요?

● ~에 닿다

> **каса́ться + 생격**

사물에 닿거나 어떤 관계를 다룰 때 '~에 닿다'라는 의미를 나타내는 표현입니다.

Ребёнку нельзя́ каса́ться ва́зы руко́й.	아이가 손으로 꽃병을 만져서는 안 됩니다.
Ноги́ не каса́лись дна.	발이 땅바닥에 닿지 않았습니다.
Нельзя́ каса́ться больны́х мест.	아픈 곳을 건드려서는 안 됩니다.

주제에 관한 다양하고 유용한 표현들입니다. 자신에게 맞는 문장을 체크하고 재미있는 스토리를 만들어 보세요. 돌발 질문에도 당황하지 않고 나만의 표현력은 물론, 논리력에도 자신감이 생깁니다.

☐ 수영은 건강에 좋은 운동입니다.

Пла́вание – поле́зный для здоро́вья спорт.

☐ 이것은 살을 빼는 데 아주 도움이 됩니다.

Это о́чень помога́ет похуде́ть.

☐ 수영은 몸매가 더 예뻐지게 해줍니다.

Пла́вание улучша́ет фигу́ру.

☐ 아이가 저보다 수영을 잘한다는 것은 신기합니다.

Интере́сно, что ребёнок лу́чше пла́вает, чем я.

☐ 만약에 당신이 어렸을 때부터 수영을 했다면, 당신은 예쁜 어깨를 가졌을 것입니다.

Е́сли вы пла́ваете с де́тства, у вас мо́гут быть краси́вые пле́чи.

☐ 이 호흡기술은 매우 어렵습니다.

Эта те́хника дыха́ния о́чень сло́жная.

☐ 왜냐하면 우린 보통 반대로 숨을 쉬기 때문입니다.

Потому́ что обы́чно мы ды́шим наоборо́т.

☐ 수영할 때 긴장해서는 안 됩니다.

Нельзя́ не́рвничать во вре́мя пла́вания.

☐ 만약 당신이 긴장한다면, 당신의 몸은 무거워질 것이고 가라앉을 것입니다.

Е́сли вы бу́дете не́рвничать, ва́ше те́ло ста́нет тяжёлым и уто́нет.

☐ 이것이 당신이 긴장을 풀고 쉬어야 하는 이유입니다.

Вот почему́ вы должны́ рассла́биться и отдыха́ть.

자전거 타기

OPIc 시험에서는 콤보 형식으로 출제되는 경우가 많습니다. 주제별 답변에 대한 핵심 구조를 중심으로 응용 어휘를 활용한 콤보 형식의 답변을 연습해 보세요. 모범 답변을 활용해 나만의 스토리텔링도 만들어 보세요.

Q Вы указа́ли в анке́те, что вам нра́вится ката́ться на велосипе́де. Мо́жете ли вы описа́ть свой велосипе́д как мо́жно подро́бнее? Поду́майте о вре́мени, когда́ у вас бы́ли тру́дности при езде́ на велосипе́де. Как вас впервы́е заинтересова́ло ката́ние на велосипе́де? Кто научи́л вас е́здить на нём?

당신은 설문조사에서 자전거 타는 것을 좋아한다고 했습니다. 가능한 당신의 자전거를 자세하게 묘사해 줄 수 있나요? 당신이 자전거를 탔을 때 어려웠던 날에 대해서 생각해 보세요. 처음에 당신은 어떻게 자전거에 관심을 가지게 되었나요? 누가 당신을 가르쳤나요?

 3단 콤보 답변

주제별 답변에 대한 핵심 구조를 중심으로 응용 어휘를 활용해서 콤보 형식의 답변을 익혀 보세요.

① 자전거 묘사

핵심 구조 자전거 묘사 및 정보

① Мой велосипе́д большо́й и жёлтый.
제 자전거는 크고 노란색입니다.

② Мой велосипе́д – э́то фи́рменный проду́кт.
제 자전거는 브랜드 제품입니다.

③ Спе́реди велосипе́да есть корзи́нка.
자전거 앞에는 바구니가 있습니다.

④ Па́па подари́л мне велосипе́д на день рожде́ния.
아빠는 저에게 생일날 자전거를 선물해 주셨습니다.

⑤ Этот диза́йн велосипе́да был популя́рен среди́ де́вушек.
그 자전거 디자인은 여자들 사이에서 인기가 좋았습니다.

응용 어휘

① 색 : бе́лый 하얀색   кра́сный 빨간색   чёрный 검은색   се́рый 회색   полоса́тый 줄무늬
  종류 : го́рный 산악용   спорти́вный 스포츠용   городско́й 도시용   грузово́й 짐 옮기기용
③ велофонари́ 자전거용 전등   (вело)фля́га 자전거 물통   велокре́сло 자전거용 아기의자

② 자전거를 타면서 생긴 어려운 점

핵심 구조 문제의 시발점, 문제 해결

① В то вре́мя я не е́здил(а) на велосипе́де ча́сто, поэ́тому он слома́лся.

그때 저는 자전거를 자주 타지 않아서 자전거가 망가졌습니다.

② Тормоза́ на велосипе́де не срабо́тали.

자전거의 브레이크가 작동하지 않았습니다.

③ Мой па́па действи́тельно вы́бросил его́.

아빠는 정말로 그것을 버렸습니다.

④ Я отда́л(а́) велосипе́д в ремо́нт.

저는 자전거 수리를 맡겼습니다.

⑤ До сих пор я ката́юсь на э́том велосипе́де.

지금까지 저는 이 자전거를 탑니다.

응용어휘			
① он заржаве́л 녹슬었다	кто-то укра́л его́ 누군가 그것을 훔쳤다		
② звоно́к 벨	педали 페달	велосипе́дные це́пи 자전거 체인	
③ починил 고쳤다	отремонти́ровал 수리했다		

③ 자전거를 탔던 첫 경험

핵심 구조 자전거를 처음 배운 나이, 자전거를 가르쳐 준 사람

① Когда́ я впервы́е научи́лся(научи́лась) е́здить на велосипе́де, мне бы́ло шесть лет.

제가 여섯 살 때 저는 처음으로 자전거 타는 법을 배웠습니다.

② В то вре́мя меня́ учи́ла ма́ма.

그때 엄마가 저에게 가르쳐 주셨습니다.

③ На трёхколёсном велосипе́де легко́ научи́ться е́здить.

세발자전거는 배우기가 쉽습니다.

④ Е́здить на велосипе́де бы́ло о́чень сло́жно.

자전거를 타는 것은 매우 어려웠습니다.

⑤ Че́рез не́сколько дней я научи́лся(научи́лась) е́здить на велосипе́де.

며칠 후에 저는 자전거 타는 법을 습득했습니다.

응용어휘			
② однокла́ссник 같은 반 친구	ста́рый друг 오래된 친구	лу́чший друг 베스트 프렌드(단짝 친구)	
сосе́д 이웃			
③ двухколёсном 두발	четырехколёсном 네발	де́тском 어린이용	

☐ **1단계** 자전거 묘사 ① + ③ + ④ + ⑤ 🎧 06-7

Мой велосипе́д большо́й и жёлтый. Спе́реди велосипе́да есть корзи́нка. Мой велосипе́д недорого́й. Па́па подари́л мне велосипе́д на день рожде́ния. Этот диза́йн велосипе́да был популя́рен среди́ де́вушек. В то вре́мя я о́чень хоте́л(а) купи́ть велосипе́д. Я хоте́л(а) е́здить на велосипе́де в магази́н, но, так как у меня́ его не́ было, бы́ло неудо́бно. Я был(а́) так сча́стлив(а), когда́ па́па подари́л мне велосипе́д.

제 자전거는 크고 노란색입니다. 자전거 앞에는 바구니가 있습니다. 제 자전거는 비싸지 않습니다. 아빠는 저에게 생일날 자전거를 선물해 주셨습니다. 그 자전거 디자인은 여자들 사이에서 인기가 좋았습니다. 그때 저는 자전거를 매우 사고 싶었습니다. 저는 자전거를 타고 상점에 가고 싶었지만 자전거가 없어서 불편했습니다. 아빠가 저에게 자전거를 사주셨을 때는 정말 행복했습니다.

☐ **2단계** 자전거를 타면서 생긴 어려운 점 ① + ② + ③ 🎧 06-8

В де́тстве у меня́ был велосипе́д. В то вре́мя я не е́здил(а) на велосипе́де ча́сто, поэ́тому он слома́лся. Но я э́того не зна́л(а). Одна́жды я пое́хал(а) на велосипе́де поката́ться. Но когда́ я хоте́л(а) затормози́ть, тормоза́ на велосипе́де не срабо́тали. Мне пришло́сь остана́вливать велосипе́д нога́ми. И я не мог(ла́) бы́стро на нём е́хать. Когда́ я верну́лся(верну́лась) домо́й, я сказа́л(а) па́пе, что велосипе́д слома́лся. Мой па́па сказа́л, что он вы́бросит его́, потому́ что я почти́ не е́зжу на нём. И па́па действи́тельно вы́бросил его́.

어렸을 때 저는 자전거가 있었습니다. 그때 저는 자전거를 자주 타지 않아서 자전거가 망가졌습니다. 하지만 저는 그것을 몰랐습니다. 어느 날 저는 자전거를 타고 나갔습니다. 하지만 제가 브레이크를 잡고 싶었을 때, 자전거 브레이크가 작동하지 않았습니다. 저는 자전거를 발로 세워야만 했습니다. 저는 자전거를 타고 빨리 갈 수도 없었습니다. 제가 집으로 돌아왔을 때, 저는 아빠한테 자전거가 고장 났다고 말했습니다. 아빠는 제가 자전거를 잘 타지 않기 때문에, 버리겠다고 했습니다. 그리고 아빠는 정말로 그것을 버렸습니다.

□ **3단계** 자전거를 탔던 첫 경험 ① + ② + ④ + ⑤　　　🎧 06-9

Когда́ я впервы́е научи́лся(научи́лась) е́здить на велосипе́де, мне бы́ло шесть лет. Я по́мню трёхколёсный велосипе́д во дворе́. В то вре́мя меня́ учи́ла ма́ма. А когда́ мне бы́ло во́семь лет, мой па́па купи́л мне двухколёсный велосипе́д. Е́здить на том велосипе́де бы́ло о́чень сло́жно, поэ́тому мой па́па учи́л меня́ ката́ться на велосипе́де ка́ждый ве́чер. Снача́ла я мно́го па́дал(а). Но че́рез не́сколько дней я научи́лся(научи́лась) е́здить на велосипе́де.

제가 여섯 살 때 저는 처음으로 자전거 타는 법을 배웠습니다. 저는 세발자전거가 마당에 있었던 것을 기억합니다. 그때 엄마가 저에게 가르쳐 주셨습니다. 그리고 8살이 되었을 때, 아빠가 두발자전거를 사주셨습니다. 그 자전거를 타는 것은 매우 어려워서 아빠가 매일 저녁 자전거 타는 법을 알려주셨습니다. 처음에 저는 많이 넘어졌습니다. 하지만, 며칠 후에 저는 자전거 타는 법을 습득했습니다.

나만의 스토리를 만들어 보세요! 🐝

러시아어의 문법과 구조 형태 및 유용한 어휘 등을 학습하고 답변에 응용해 보세요. 자연스러운 표현과 언어 구사 능력이 올라갑니다.

● ~이 고장 나다

слома́ться은 '부서지다, 못쓰게 되다, 깨지다'라는 뜻을 가진 동사로 물체 등이 파손되었을 때 사용합니다.

Мой велосипе́д слома́лся.   제 자전거가 고장 났습니다.

Мой телефо́н упа́л и слома́лся.   제 핸드폰이 떨어져서 고장 났습니다.

● 작동하다

рабо́тать는 '움직이다'라는 뜻을 가진 동사로 기계 등이 작동하는 것을 표현할 때 사용합니다.

Мой телефо́н слома́лся, поэ́тому не рабо́тает.

제 핸드폰은 고장이 나서 작동하지 않습니다.

Эта маши́на срабо́тала **автомати́чески.**

이 기계는 자동으로 작동합니다.

● 가르치다

> **учи́ть** + **사람** (대격) + **과목** (여격)

учи́ть은 '공부하다'의 뜻으로 쓰이지만, 뒤에 대격(사람)이 올 경우에는 '가르치다'의 의미로 쓰입니다. 이때, 가르치는 항목은 여격 또는 동사원형을 씁니다.

Ма́ма учи́ла меня́ ката́ться на велосипе́де.

엄마는 저에게 자전거 타는 법을 가르쳐 주었습니다.

Учи́тель у́чит шко́льников матема́тике.

선생님은 학생들에게 수학을 가르칩니다.

주제에 관한 다양하고 유용한 표현들입니다. 자신에게 맞는 문장을 체크하고 재미있는 스토리를 만들어 보세요. 돌발 질문에도 당황하지 않고 나만의 표현력은 물론, 논리력에도 자신감이 생깁니다.

☐ 저는 공원에서 자전거 타는 것을 좋아합니다.

Я люблю́ ката́ться на велосипе́де в па́рке.

☐ 저는 친구들하고 토요일마다 자전거를 탑니다.

Я ката́юсь на велосипе́де с друзья́ми по суббо́там.

☐ 저는 자전거를 좋아하는 사람들 모임의 회원입니다.

Я явля́юсь чле́ном клу́ба велосипеди́стов.

☐ 우리는 자전거를 타기 위해 자주 모입니다.

Мы ча́сто собира́емся, что́бы е́здить на велосипе́дах.

☐ 저는 그곳에서 제 여자친구를(제 남자친구를) 만났습니다.

Там я встре́тился(встре́тилась) с мое́й де́вушкой (мои́м па́рнем).

☐ 길에 사람이 많을 때 자전거를 타는 것은 매우 위험합니다.

Очень опа́сно е́хать на велосипе́де, когда́ мно́го люде́й на у́лице.

☐ 우리 도시에는 자전거 길이 있습니다.

В моём го́роде есть доро́ги для велосипеди́стов.

☐ 저는 살을 빼고 싶어서 그것을 타기 시작했습니다.

Я хоте́ла похуде́ть, поэ́тому на́чал(а́) ката́ться на нём.

☐ 저녁에는 조심히 타야 합니다.

На́до аккура́тно е́здить по вече́рам.

☐ 교통신호를 잘 지켜야 합니다.

Ну́жно соблюда́ть пра́вила доро́жного движе́ния.

걷기 및 조깅

> OPIc 시험에서는 콤보 형식으로 출제되는 경우가 많습니다. 주제별 답변에 대한 핵심 구조를 중심으로 응용 어휘를 활용한 콤보 형식의 답변을 연습해 보세요. 모범 답변을 활용해 나만의 스토리텔링도 만들어 보세요.

Q Вы указа́ли в анке́те, что лю́бите бе́гать. Когда́ и где вы обы́чно бе́гаете? Что вы должны́ учи́тывать, когда́ вы идёте на пробе́жку? Что обы́чно вы но́сите? Есть ли причи́ны носи́ть э́ту оде́жду?

당신은 설문조사에서 뛰는 것을 좋아한다고 했습니다. 언제 그리고 어디에서 보통 뛰나요? 조깅할 때, 무엇을 고려해야 하나요? 무엇을 보통 입나요? 그 옷을 입는 이유가 있나요?

 3단 콤보 답변

주제별 답변에 대한 핵심 구조를 중심으로 응용 어휘를 활용해서 콤보 형식의 답변을 익혀 보세요.

① 좋아하는 장소 및 시간

핵심 구조 　좋아하는 장소, 시간

① **По вечера́м** я обы́чно бе́гаю трусцо́й.
저는 보통 저녁마다 조깅을 합니다.

② Я люблю́ бе́гать вдоль на́бережной реки́ Ханга́н.
저는 한강을 따라 뛰는 것을 좋아합니다.

③ Мне нра́вится вече́рняя прохла́да.
저는 저녁의 선선함이 마음에 듭니다.

④ Я слу́шаю му́зыку че́рез нау́шники, когда́ бе́гаю.
저는 뛸 때, 이어폰으로 음악을 듣습니다.

⑤ Я люблю́ у́тренний во́здух.
저는 아침 공기를 좋아합니다.

응용 어휘		
① по утра́м 아침마다	ка́ждое у́тро 매일 아침	ка́ждый ве́чер 매일 저녁
③,⑤ ночны́е пейза́жи 야경	споко́йствие 평온, 고요함	атмосфе́ра 분위기, 공기
све́жий во́здух 맑은 공기		

❷ 고려할 사항

① Чтóбы не причинить вред своемý здорóвью, нýжно растя́гиваться пéред бéгом.

건강을 해치지 않고 뛰기 위해서는 스트레칭을 해야 합니다.

② Если не растя́гиваться, мóжно легкó получи́ть трáвмы.

스트레칭을 하지 않으면 다치기 쉽습니다.

③ Нельзя́ продолжáть бéгать, éсли станóвится тяжелó ды́шать.

숨 쉬는 것이 힘들어질 때 계속 뛰어서는 안 됩니다.

④ Если вы почýвствовали боль, вам слéдует немéдленно прекрати́ть бег.

만약에 고통이 느껴진다면, 신속하게 뛰는 것을 멈춰야 합니다.

⑤ Вы должны́ смотрéть пря́мо пéред собóй.

반드시 자신의 앞을 보아야 합니다.

❸ 옷차림

① Для бéга я обы́чно надевáю лéгинсы и что-нибýдь лёгкое свéрху.

뛰기 위해서 저는 보통 레깅스를 입고 무엇인가 가벼운 것을 그 위에 입습니다.

② Я предпочитáю надевáть обтя́гивающую одéжду.

저는 꽉 끼는 옷을 입는 것을 선호합니다.

③ Нá ноги обувáю лёгкие кроссóвки.

발에는 가벼운 운동화를 신습니다.

④ В холóдную погóду я тáкже ношý ветрóвку.

날씨가 추운 날에 저는 바람막이도 입습니다.

①,②,③,④ футбóлку 티셔츠　кéпку 캡 모자　кроссóвки для бéга 달리기용 운동화
футбóлку с дли́нными рукавáми 긴팔 옷　мáйку 민소매

콤보 형식의 답변을 활용해서 주제별 모범 답변을 제시합니다.

□ **1단계** 좋아하는 장소 및 시간 ① + ③　　　　🎧 06-11

По вечера́м я обы́чно бе́гаю трусцо́й. По́сле рабо́ты я е́ду домо́й, переодева́юсь и иду́ в парк, кото́рый нахо́дится недалеко́ от моего́ до́ма. Ве́чером ле́гче бе́гать, потому́ что нет со́лнца, и люде́й не так мно́го. Мне нра́вится вече́рняя прохла́да. Я ча́сто бе́гаю в э́том па́рке, потому́ что он небольшо́й и споко́йный. Мне он о́чень нра́вится. Я счита́ю э́тот парк одни́м из са́мых лу́чших в моём райо́не.

저는 보통 저녁마다 조깅을 합니다. 일이 끝난 후에 집으로 가서 옷을 갈아입고 집에서 가까운 공원으로 갑니다. 저녁에는 해가 없고 사람들도 그다지 많지 않아서 뛰는 것이 수월합니다. 저는 저녁의 선선함이 마음에 듭니다. 공원은 크지 않고 조용하기 때문에 저는 자주 이 공원에서 뜁니다. 저는 이 공원이 아주 마음에 듭니다. 이 공원은 저희 동네에 있는 공원들 중 최고라고 생각합니다.

□ **2단계** 고려할 사항 ① + ② + ③ + ④ + ⑤　　　　🎧 06-12

Что́бы не причини́ть вред своему́ здоро́вью, ну́жно растя́гиваться пе́ред бе́гом. Е́сли не растя́гиваться, мо́жно легко́ получи́ть тра́вмы. И нельзя́ продолжа́ть бе́гать, е́сли стано́вится тяжело́ дыша́ть. Е́сли вы почу́вствовали боль, вам сле́дует неме́дленно прекрати́ть бег. Е́сли вы бе́гаете ве́чером, вы должны́ смотре́ть пря́мо пе́ред собо́й. Ина́че мо́жно упа́сть.

건강을 해치지 않고 뛰기 위해서는 스트레칭을 해야 합니다. 스트레칭을 하지 않으면 다치기 쉽습니다. 그리고 숨 쉬는 것이 힘들어질 때 계속 뛰어서는 안 됩니다. 만약에 고통이 느껴진다면, 신속하게 뛰는 것을 멈춰야 합니다. 만약에 당신이 저녁에 뛴다면, 반드시 자신의 앞을 보아야 합니다. 그렇지 않으면 넘어질 수 있습니다.

☐ **3 단계** 옷차림 ① + ② + ③ + ④　　　🎧 06-13

На са́мом де́ле, мне всё равно́, что наде́ть, когда́ я иду́ гуля́ть. Но когда́ я бе́гаю, одева́юсь хорошо́. Для бе́га я обы́чно надева́ю ле́гинсы и что-нибу́дь лёгкое све́рху. В свобо́дной оде́жде бе́гать неудо́бно, поэ́тому я предпочита́ю надева́ть обтя́гивающую оде́жду. На́ ноги обува́ю лёгкие кроссо́вки. В холо́дную пого́ду я та́кже ношу́ ветро́вку.

사실 저는 산책하러 나갈 때 무엇을 입든 상관이 없습니다. 하지만 제가 뛸 때는 잘 갖춰서 입습니다. 뛰기 위해서 저는 보통 레깅스를 입고 무엇인가 가벼운 것을 그 위에 입습니다. 헐렁한 옷을 입고 뛰는 것은 불편하기 때문에 저는 꼭 끼는 옷을 입는 것을 선호합니다. 발에는 가벼운 운동화를 신습니다. 날씨가 추운 날에 저는 바람막이도 입습니다.

나만의 스토리를 만들어 보세요! 🐝

러시아어의 문법과 구조 형태 및 유용한 어휘 등을 학습하고 답변에 응용해 보세요. 자연스러운 표현과 언어 구사 능력이 올라갑니다.

● 의복 착용 표현

⑴ 입다

'입다'의 기본 동사에는 надева́ть와 одева́ться가 있습니다. 그러나 쓰임에 따라서 약간의 차이가 있으므로 사용에 주의해야 합니다. '(옷)을 입다'라는 표현에는 надева́ть 동사를 쓰고, '(어떻게) 입었다'라는 표현에는 одева́ться 동사를 주로 사용합니다.

> надева́ть + 대격 / одева́ться + 부사

[надева́ть 동사 : (옷)을 입다]

Я надева́ю пиджа́к. 저는 재킷을 입습니다.

[одева́ться 동사 : (어떻게) 입었다]

Сего́дня я оде́лся хо́лодно. 오늘 저는 춥게 입었습니다.

⑵ 옷을 갈아입다

одева́ться 동사로 '갈아입다'의 의미를 표현할 수도 있습니다. '~으로 바꾸다'의 의미가 내포되어 있는 접두사 пере를 одева́ться 동사에 붙이면 '(옷)을 갈아입다'라는 의미를 나타냅니다.

> переодева́ться + в + 대격

По́сле рабо́ты я переодева́юсь в но́вую оде́жду.
일이 끝난 후에 저는 새 옷으로 갈아입습니다.

Оле́г ча́сто переодева́ется. 알렉은 옷을 자주 갈아입습니다.

● 존재의 부재 표현

어떤 대상의 부재 또는 삭제를 의미할 때 전치사 без를 사용합니다. 이때 전치사 뒤에는 생격이 옵니다.

> без + 생격

Он ушёл без меня́. 그는 저를 빼놓고 떠났습니다.

Ко́фе без са́хара, пожа́луйста. 설탕 빼고 커피 주세요.

주제에 관한 다양하고 유용한 표현들입니다. 자신에게 맞는 문장을 체크하고 재미있는 스토리를 만들어 보세요. 돌발 질문에도 당황하지 않고 나만의 표현력은 물론, 논리력에도 자신감이 생깁니다.

☐ 어느 날 저는 제가 살이 빠졌다는 것을 알았고 기뻤습니다.

Одна́жды я по́нял(а́), что я похуде́л(а), и был(а́) ра́д(а).

☐ 이것은 살 빼는 데 도움이 되었습니다.

Это помогло́ мне похуде́ть.

☐ 저는 뛰기 시작한 이후 더 건강해졌습니다.

По́сле того, как я на́чал(а́) бе́гать, я ста́л(а) здорове́е.

☐ 이것은 제가 가장 좋아하는 취미입니다.

Это моё люби́мое хо́бби.

☐ 저는 준비운동 없이 30분을 뛰었습니다.

Я бе́гал(а) полчаса́ без разми́нки.

☐ 급작스럽게 저는 고통을 느꼈습니다.

Внеза́пно я почу́вствовал(а) боль.

☐ 의사가 말하길 쥐가 났다고 했습니다.

До́ктор сказа́л, что у меня́ была́ су́дорога.

☐ 저는 몸을 풀지 않았습니다.

Я не разогре́л(а) мы́шцы.

☐ 결과적으로, 저는 일주일 동안 뛰지 못했습니다.

В результа́те я не мог(могла́) бе́гать неде́лю.

☐ 그 이후로 저는 뛰기 전에 항상 몸을 풉니다.

С тех пор я всегда́ де́лаю разми́нку пе́ред бе́гом.

헬스 하기

OPIc 시험에서는 콤보 형식으로 출제되는 경우가 많습니다. 주제별 답변에 대한 핵심 구조를 중심으로 응용 어휘를 활용한 콤보 형식의 답변을 연습해 보세요. 모범 답변을 활용해 나만의 스토리텔링도 만들어 보세요.

Q Вы указа́ли, что хо́дите в спортза́л. Опиши́те тренажёрный зал, в кото́рый вы ча́сто хо́дите. Что вы там де́лаете? Расскажи́те мне об упражне́ниях, кото́рые вы де́лаете. У вас есть како́й-нибу́дь интере́сный эпизо́д, свя́занный с похо́дом в фи́тнес клуб? Пожа́луйста, расскажи́те мне.

당신은 헬스장에 간다고 했습니다. 당신이 자주 가는 헬스장에 대해 묘사해 주세요. 그곳에서 무엇을 하나요? 당신이 하는 운동에 대해서 말해 주세요. 헬스장과 관련하여 재미있는 일이 있었나요? 이야기해 주세요.

 3단 콤보 답변

주제별 답변에 대한 핵심 구조를 중심으로 응용 어휘를 활용해서 콤보 형식의 답변을 익혀 보세요.

❶ 헬스장 묘사

핵심 구조 ┃ 헬스장 외관/내관/시설 묘사

① Фи́тнес-клуб – большо́й и чи́стый.
　 피트니스클럽은 매우 크고 깨끗합니다.

② Лю́ди лю́бят но́вые спорти́вные тренажёры.
　 사람들은 새로운 운동 기구들을 좋아합니다.

③ В фи́тнес-клубе есть два больши́х за́ла.
　 피트니스클럽에는 2개의 큰 홀이 있습니다.

④ Пол в тренажёрном за́ле о́чень мя́гкий.
　 헬스장 바닥은 매우 부드럽습니다.

⑤ Я могу́ де́лать растя́жку и́ли занима́ться спо́ртом в за́ле.
　 저는 홀에서 스트레칭이나 운동을 할 수 있습니다.

응용어휘	② ста́рые 오래된　совреме́нные 현대의　уд́обные 편안한　уника́льные 유니크한 ③ группова́я програ́мма 그룹 프로그램　бассе́йн 수영장　де́тский клуб 어린이 클럽

② 헬스장에서 하는 것

헬스장에 도착한 후부터의 순서, 운동 기구 종류

① Снача́ла я переодева́юсь в спорти́вную оде́жду.

처음에 저는 운동용 옷으로 갈아 있습니다.

② Я слу́шаю объясне́ния тре́нера и пото́м начина́ю.

저는 트레이너의 설명을 듣고 난 후에 운동을 시작합니다.

③ Я обы́чно бе́гаю о́коло 1 ча́са на беговóй доро́жке.

저는 보통 1시간 동안 러닝머신에서 뜁니다.

④ По́сле бе́га я де́лаю растя́жку.

뛴 다음에 저는 스트레칭을 합니다.

⑤ Обы́чно я не трениру́ю мы́шцы в тренажёрном за́ле.

저는 보통 헬스장에서 근육 운동을 하지 않습니다.

③ велотренажёре 피트니스용 자전거　эллипти́ческом тренажёре 일립티컬
сте́ппере 스텝퍼

③ 헬스장에서 겪은 경험

에피소드

① Мой друг интересова́лся спóртом.

제 친구는 운동에 관심이 있었습니다.

② Так что мой друг научи́л меня́ пра́вильно тренирова́ться.

그래서 친구는 저에게 운동하는 법을 가르쳐 주었습니다.

③ Он наблюда́л за тем, как мой друг выполня́ет упражне́ния.

그는 제 친구가 운동하는 것을 지켜보았습니다.

④ Мой друг с мужчи́ной на́чали спóрить.

제 친구는 남자와 논쟁하기 시작했습니다.

⑤ Я не зна́л(а), как их останови́ть.

저는 어떻게 그들을 말려야 할지 몰랐습니다.

④ подружи́лись 친구가 되었다
разгова́ривал о здоро́вье 건강에 대하여 이야기했다
занима́лся трениро́вкой 운동을 했다

☐ **1단계** 헬스장 묘사 ② + ③ + ⑤ 🎧 06-15

Я хожу́ в небольшо́й фи́тнес-клуб. В зда́нии, где он нахо́дится, есть бассе́йн. Поэ́тому по́сле трениро́вки я могу́ пойти́ туда́ пла́вать. Лю́ди лю́бят но́вые спорти́вные тренажёры. Но я не о́чень хорошо́ в э́том разбира́юсь. В фи́тнес-клубе есть два больши́х за́ла. Я могу́ де́лать растя́жку и́ли занима́ться спо́ртом в за́ле. Лу́чше всего́ то, что фи́тнес-клуб нахо́дится недалеко́ от до́ма.

저는 크지 않은 피트니스클럽에 다닙니다. 피트니스클럽이 있는 이 건물에는 수영장이 있습니다. 그래서 운동을 하고 난 뒤, 수영을 하러 갈 수 있습니다. 사람들은 새로운 운동 기구들을 좋아합니다. 하지만 저는 운동 기구에 대해서 잘 모릅니다. 피트니스클럽에는 2개의 큰 홀이 있습니다. 저는 홀에서 스트레칭이나 운동을 할 수 있습니다. 헬스장은 집에서 멀지 않은 곳이 제일 좋습니다.

☐ **2단계** 헬스장에서 하는 것 ③ + ④ + ⑤ 🎧 06-16

Я обы́чно бе́гаю о́коло 1 ча́са на беговой доро́жке. Когда́ я занима́юсь, мне ску́чно, поэ́тому я смотрю́ телеви́зор и́ли юту́б. По́сле бе́га я де́лаю растя́жку. Если есть заня́тие по йо́ге, я та́кже занима́юсь йо́гой и пото́м бе́гаю. Обы́чно я не трениру́ю мы́шцы в тренажёрном за́ле. Это опа́сно, потому́ что я пло́хо зна́ю спо́собы трениро́вки мышц. По́сле трениро́вки я принима́ю душ и́ли бегу́ домо́й.

저는 보통 1시간 동안 러닝머신에서 뜁니다. 뛸 때는 심심하기 때문에 텔레비전을 보거나, 유튜브를 봅니다. 뛴 다음에 저는 스트레칭을 합니다. 만약, 요가 수업이 있으면 요가 수업을 듣고 뜁니다. 저는 보통 헬스장에서 근육 운동을 하지 않습니다. 근육 운동에 대해서 잘 알지 못해서 위험하기 때문입니다. 운동이 끝난 후에는 샤워를 하거나 뛰어서 집에 갑니다.

□ **3단계** 헬스장에서 겪은 경험 ① + ② + ③ + ④ + ⑤　　　🎧 06-17

Ра́ньше я ходи́л(а) в тренажёрный зал с дру́гом. Мой друг интересова́лся спо́ртом. Так что мой друг научи́л меня́ пра́вильно тренирова́ться. Одна́жды, когда́ я занима́лся(занима́лась) с дру́гом, к нам подошёл оди́н мужчи́на. Он наблюда́л за тем, как мой друг выполня́ет упражне́ния и сказа́л, что мы непра́вильно занима́емся. Он показа́л нам, как тренирова́ться. Одна́ко мой друг не согласи́лся с ним и они́ с мужчи́ной на́чали спо́рить. Я не зна́л(а), как их останови́ть. Так что предложи́л спроси́ть тре́нера. Тре́нер вы́слушал моего́ дру́га и мужчи́ну и сказа́л, что мой друг был прав. Мужчи́на покрасне́л и ушёл.

예전에는 헬스장에 친구와 함께 다녔습니다. 제 친구는 운동에 관심이 있었습니다. 그래서 친구는 저에게 운동하는 법을 가르쳐 주었습니다. 어느 날, 친구와 운동을 하고 있는데 한 남성이 다가왔습니다. 그는 제 친구가 운동하는 것을 지켜보더니, 옳지 않은 자세라고 말했습니다. 그는 우리한테 운동하는 모습을 보여줬습니다. 하지만, 친구는 그의 말에 동의하지 않았고 남자와 논쟁하기 시작했습니다. 저는 어떻게 그들을 말려야 할지 몰랐습니다. 그때, 제가 트레이너한테 물어보자고 제안을 했습니다. 트레이너는 친구와 남자의 말을 듣더니, 친구의 말이 옳다고 했습니다. 아저씨는 얼굴이 붉어져서는 사라졌습니다.

나만의 스토리를 만들어 보세요! 🐝

러시아어의 문법과 구조 형태 및 유용한 어휘 등을 학습하고 답변에 응용해 보세요. 자연스러운 표현과 언어 구사 능력이 올라갑니다.

● 흥미 표현

> интересова́ться + 조격

интересова́ться는 '~에 흥미가 있다'라는 뜻으로 흥미의 대상은 조격으로 표현을 합니다.

Я интересу́юсь спо́ртом.　　　　　　　　저는 스포츠에 흥미가 있습니다.

Анто́н интересу́ется матема́тикой.　　　안톤은 수학에 흥미가 있습니다.

● 관찰 표현

> наблюда́ть + за + 조격

наблюда́ть 동사는 '관찰하다 주의하다'라는 뜻으로 조격을 요구하는 동사입니다. 이때, 전치사 за를 써 주면 '살피다, 주시하다'라는 의미가 됩니다. 전치사 за는 '~의 뒤를 따르다'라는 의미가 내포되어 있습니다.

Ма́ма наблюда́ет за ребёнком.　　　　　엄마는 아이를 살핀다.

Тре́нер наблюда́ет за тем, как лю́ди трениру́ются.

트레이너는 사람들이 어떻게 운동하는지 살핀다.

● 붉어짐의 표현

красне́ть은 색이 '빨개지다'라는 뜻을 가진 동사입니다. 무언가가 빨개질 때 쓰는 표현이며, 부끄러울 때 빨개지는 볼을 표현하기도 합니다.

Не́бо красне́ет.　　　　　　　　　　　하늘이 빨개집니다.

Он покрасне́л от стыда́ за своё поведе́ние.

그는 자신의 행동이 부끄러워 얼굴이 붉어졌다.

주제에 관한 다양하고 유용한 표현들입니다. 자신에게 맞는 문장을 체크하고 재미있는 스토리를 만들어 보세요. 돌발 질문에도 당황하지 않고 나만의 표현력은 물론, 논리력에도 자신감이 생깁니다.

☐ 제 친구는 헬스장에 헬스 기구들이 그다지 많지 않다고 말했습니다.

Мой друг сказа́л, что в тренажёрном за́ле не так мно́го тренажёров.

☐ 저는 그곳에 필요한 헬스 기구는 모두 있다고 생각합니다.

Я ду́маю, что в нём есть все ну́жные тренажёры.

☐ 그룹 프로그램은 따로 운영됩니다.

Группова́я програ́мма прово́дится отде́льно.

☐ 제가 할 수 있는 것으로는, 요가 그리고 필라테스 수업이 있습니다.

Есть заня́тия йо́гой и пила́тес, так что я могу́ занима́ться.

☐ 저는 집에서 먼 피트니스클럽에서 운동하는 것을 좋아하지 않습니다.

Я не люблю́ занима́ться спо́ртом в фи́тнес-клу́бах, кото́рые нахо́дятся вдали́ от до́ма.

☐ 피트니스클럽은 걸어서 15분 거리에 위치해 있습니다.

Фи́тнес-клу́б нахо́дится в 15 мину́тах пешко́м.

☐ 덤벨을 드는 것은 힘듭니다.

Мне тяжело́ поднима́ть гантéли.

☐ 저는 헬스용 자전거를 탑니다.

Я ката́юсь на велотренажёре.

☐ 트레이너들은 헬스 기구를 어떻게 사용하는지 설명해 줍니다.

Тренéры объясня́ют, как испо́льзовать спорти́вные тренажёры.

☐ 가끔씩은 헬스 기구를 사용하기 위해서 제 순서를 기다려야 합니다.

Иногда́ на́до ждать о́чередь, что́бы по́льзоваться спорти́вными тренажёрами.

요가 하기

OPIc 시험에서는 콤보 형식으로 출제되는 경우가 많습니다. 주제별 답변에 대한 핵심 구조를 중심으로 응용 어휘를 활용한 콤보 형식의 답변을 연습해 보세요. 모범 답변을 활용해 나만의 스토리텔링도 만들어 보세요.

Q **Как вы впервы́е на́чали занима́ться йо́гой? Как прошло́ ва́ше са́мое пе́рвое заня́тие? Объясни́те, когда́ и где вы на́чали занима́ться йо́гой. В чём по́льза йо́ги? О каки́х осо́бенно запомина́ющихся эпизо́дах вы мо́жете мне рассказа́ть?**

처음 당신이 요가를 하게 된 계기는 무엇인가요? 당신이 처음 요가를 접했을 때 어땠나요? 언제 어디서 누구와 함께 요가를 시작했는지 설명해 주세요. 요가가 어디에 좋은가요? 당신이 요가를 하면서 특별히 기억에 남는 일화에 대해 말해줄 수 있나요?

 3단 콤보 답변

주제별 답변에 대한 핵심 구조를 중심으로 응용 어휘를 활용해서 콤보 형식의 답변을 익혀 보세요.

① 요가를 시작하게 된 계기

핵심 구조   요가를 배우게 된 동기, 느낌

① Я повторя́л(а) всле́д за э́тими ви́део.
저는 그 비디오를 따라 했습니다.

② Я ви́дел(а) рекла́му в авто́бусе.
저는 버스에서 광고를 보았습니다.

③ Так йо́га ста́ла привы́чкой.
그렇게 요가는 습관이 되었습니다.

④ В то вре́мя йо́га была́ о́чень популя́рна.
그때 요가는 매우 인기였습니다.

⑤ В гру́ппе бы́ло мно́го люде́й, кото́рые хоте́ли похуде́ть.
그룹에는 살을 빼고 싶어 하는 사람들이 많이 있었습니다.

응용 어휘		
① ма́мой 엄마를 дру́гом(подру́гой) 친구를		учи́телем(учи́тельницей) 선생님을
инстру́ктором 마스터를		
③ хо́бби 취미 увлече́нием 취미, 좋아하는 것		мечто́й 꿈

② 요가가 건강에 미치는 영향

핵심 구조 요가를 배우면 좋은 점

① Йо́га поле́зна для на́шего здоро́вья.

요가는 우리의 건강에 매우 이롭습니다.

② Кро́ме э́того, йо́га похо́жа на медита́цию.

그 외에 요가는 명상과 비슷합니다.

③ Йо́га укрепля́ет суста́вы.

요가는 관절을 튼튼하게 합니다.

④ Йо́га де́лает те́ло ги́бким.

요가는 몸을 유연하게 만듭니다.

⑤ Йо́га помога́ет настро́иться на кре́пкий сон.

요가는 깊은 잠을 잘 수 있도록 도와줍니다.

응용어휘

① психи́ческого здоро́вья 정신 건강   здоро́вья се́рдца 심장 건강

облегче́ния бо́ли 통증 완화   иммуните́та 면역력

③ ко́сти 뼈   лёгкие 폐   мы́шцы 근육

③ 요가를 하면서 기억에 남는 순간

핵심 구조 기억에 남는 운동 자세, 에피소드

① Снача́ла по́зы в йо́ге каза́лись сли́шком сло́жными.

처음에 요가 동작은 매우 어려웠습니다.

② Он та́кже пригласи́л меня́ попро́бовать.

그는 저에게 시도해 보라고 했습니다.

③ Для меня́ са́мый запомина́ющийся моме́нт – э́то как я учи́лся(учи́лась) стоя́ть на рука́х вниз голово́й.

저의 가장 잊을 수 없는 자세는 물구나무서기입니다.

④ Когда́ я так стоя́л(а), я чуть не упа́л(а) и не уши́бся(уши́блась).

제가 일어섰을 때 저는 넘어질 뻔했고 다칠 뻔했습니다.

⑤ Ка́жется, из-за того́, что мы́шцы живота́ бы́ли сла́бые.

배에 힘이 없기 때문인 것 같습니다.

응용어휘

① тяжёлыми 버거운   тру́дными 힘든   лёгкими 쉬운   просты́ми 간단한

③ по́за горы́ 산 자세   по́за де́рева 나무 자세   соба́ка мо́рдой вниз 아래를 향한 개 자세

콤보 형식의 답변을 활용해서 주제별 모범 답변을 제시합니다.

□ **1단계** 요가를 시작하게 된 계기 ① + ③ + ④ 🎧 06-19

С де́тства я занима́юсь йо́гой. Одна́жды ма́ма купи́ла видеозаня́тия по йо́ге. Я повторя́л(а) всле́д за э́тими ви́део, когда́ мне бы́ло ску́чно. Так йо́га ста́ла привы́чкой. Одна́жды моя́ подру́га попроси́ла меня́ занима́ться йо́гой вме́сте. В то вре́мя йо́га была́ о́чень популя́рна. Подру́га хоте́ла похуде́ть, и я то́же хоте́л(а) похуде́ть и име́ть краси́вую фигу́ру. Поэ́тому я на́чал(а) ходи́ть в центр йо́ги с подру́гой.

저는 어렸을 때부터 요가를 했습니다. 어느 날 엄마는 요가 비디오를 사 오셨습니다. 저는 심심할 때마다, 그 비디오를 따라 했습니다. 그렇게 요가는 습관이 되었습니다. 어느 날 제 친구가 함께 요가를 배우자고 제 안했습니다. 그때 요가는 매우 인기였습니다. 친구는 살을 빼고 싶어 했고 저 역시 살을 빼서 예쁜 몸매를 가지고 싶었습니다. 그래서 저는 친구와 함께 요가 학원을 다니기 시작했습니다.

□ **2단계** 요가가 건강에 미치는 영향 ① + ④ + ③ + ② 🎧 06-20

Йо́га поле́зна для на́шего здоро́вья. Она́ де́лает те́ло ги́бким, укрепля́ет суста́вы. Кро́ме э́того, йо́га похо́жа на медита́цию, что́ помога́ет снять стресс. Но, ка́жется, научи́ться пра́вильно выстра́ивать по́зы в йо́ге о́чень тру́дно. Обуче́ние занима́ет мно́го вре́мени.

요가는 우리의 건강에 매우 이롭습니다. 요가는 몸을 유연하게 만들고 관절을 튼튼하게 합니다. 그 외에 요 가는 명상과 비슷해서 스트레스를 해소하는 데 도움을 줍니다. 하지만, 요가를 익히는 것은 매우 어렵습니 다. 동작을 익히는 데에는 많은 시간이 걸립니다.

3 단계 요가를 하면서 기억에 남는 순간 ① + ③ + ② + ④ + ⑤   🎧 06-21

Снача́ла по́зы в йо́ге каза́лись сли́шком сло́жными. Я не понима́л(а), как и когда́ дыша́ть. Я хоте́л(а) бро́сить йо́гу, потому́ что мне бы́ло о́чень ску́чно занима́ться, но, с друго́й стороны́, мне на́до бы́ло занима́ться для подде́рживания здоро́вья. Для меня́ са́мый запомина́ющийся моме́нт – э́то как я учи́лся(учи́лась) стоя́ть на рука́х вниз голово́й. Учи́тель стоя́л так легко́. Он та́кже пригласи́л меня́ попро́бовать. Но э́то была́ о́чень сло́жная по́за. Когда́ я так стоя́л(а), я чуть не упа́л(а) и не уши́бся(уши́блась). Ка́жется, из-за того́, что мы́шцы живота́ бы́ли сла́бые.

처음에 요가 동작은 매우 어려웠습니다. 저는 언제, 어떻게 호흡해야 하는지 이해하지 못했습니다. 저는 요가가 매우 지루해서 그만두고 싶었지만, 다른 한편으로는 건강 유지를 위해서 운동을 해야 했습니다. 저의 가장 잊을 수 없는 자세는 물구나무서기입니다. 선생님은 아주 쉽게 일어났습니다. 그는 저에게 시도해 보라고 했습니다. 하지만 그것은 매우 어려운 자세였습니다. 제가 일어섰을 때 저는 넘어질 뻔했고 다칠 뻔했습니다. 배에 힘이 없기 때문인 것 같습니다.

나만의 스토리를 만들어 보세요! 🐝

러시아어의 문법과 구조 형태 및 유용한 어휘 등을 학습하고 답변에 응용해 보세요. 자연스러운 표현과 언어 구사 능력이 올라갑니다.

● 관점

관점을 표현할 때는 сторона́(방면, 방향) 단어를 이용해서 표현합니다. 2가지의 관점에 대해서 이야기할 때에는 'с одно́й стороны́ ~, с друго́й стороны́(한편으로는 ~, 다른 한편으로는 ~)'로 표현합니다. 이러한 표현은 암기해 두는 것을 추천합니다.

Я рассмотре́ла вопро́с со всех сторо́н.   저는 모든 방면으로 살펴보았다.

Я зна́ю его́ с са́мой лу́чшей стороны́.   저는 그의 가장 좋은 면을 알고 있다.

С одно́й стороны́, э́то хорошо́, с друго́й стороны́, пло́хо.
한편으로는 좋지만, 다른 한편으로는 나쁘다.

● 이롭다

상태를 표현할 때는 동사가 아닌 부사 또는 형용사 단어미 형태를 쓰며, '이롭다'라는 의미를 가진 형용사 поле́зный(이로운, 유용한, 유익한)에서 파생된 형용사 단어미형 형태인 поле́зен (поле́зна, поле́зно, поле́зны)를 씁니다. 형용사 단어미는 형용사에서 만들어진 형태지만 문장 안에서는 술어 역할을 합니다. 또한 주격의 성과 수를 맞춰 줘야 합니다. 격은 변하지 않습니다.

Э́то лека́рство поле́зно для здоро́вья.   이 약은 건강에 이롭습니다.

Йо́га поле́зна для здоро́вья.   요가는 건강에 이롭습니다.

● 그만두다

> бро́сить + 대격/동사원형

бро́сить 동사의 뜻은 '버리다'입니다. 하지만 무언가를 '그만두다'라고 표현할 때 쓰이기도 합니다.

Он бро́сил кури́ть.   그는 담배를 끊었습니다.

Я хочу́ бро́сить плохи́е привы́чки.   저는 나쁜 습관을 버리고 싶습니다.

주제에 관한 다양하고 유용한 표현들입니다. 자신에게 맞는 문장을 체크하고 재미있는 스토리를 만들어 보세요. 돌발 질문에도 당황하지 않고 나만의 표현력은 물론, 논리력에도 자신감이 생깁니다.

☐ 저는 단 한 번도 요가 선생님께 요가를 배운 적이 없습니다.

Я никогда́ не учи́лся йо́ге у ма́стера йо́ги.

☐ 하지만, 저는 이미 3개월 치의 돈을 모두 지불했기 때문에, 요가 학원에 가야만 했습니다.

Одна́ко, мне на́до бы́ло ходи́ть в центр йо́ги, потому́ что я уже́ заплати́л(а) за все три ме́сяца.

☐ 피트니스클럽에는 항상 요가 수업이 있습니다.

В фи́тнес-клубе всегда́ есть заня́тия йо́гой.

☐ 요가는 살 빼는 데 도움을 줍니다.

Йо́га помога́ет похуде́ть.

☐ 요가는 유연성을 기르는 데 도움을 줍니다.

Йо́га помога́ет разви́ть ги́бкость.

☐ 제가 요가를 처음 시작했을 때는 포즈를 잡기가 힘들었습니다.

Когда́ я на́чал(а́) занима́ться йо́гой, мне бы́ло тру́дно выполня́ть по́зы.

☐ 저는 지금 요가 덕분에 균형 잡힌 몸매를 가지고 있습니다.

Сейча́с у меня́ стро́йная фигу́ра благодаря́ йо́ге.

☐ 아픔은 계속해서 옵니다.

Боль постепе́нно пройдёт.

☐ 요가 후에 저는 항상 잠이 옵니다.

По́сле йо́ги мне всегда́ хо́чется спать.

☐ 저는 각각의 자세들을 올바르게 하려고 노력합니다.

Я стара́юсь пра́вильно выполня́ть ка́ждую по́зу.

여행 (국내/해외)

학습목표 출제경향

선택지가 적은 러시아어 Background Survey에서 여행은 많은 응시자들이 선택하는 항목입니다. 돌발 질문으로도 자주 등장하는 빈출도 높은 항목이므로, 기본적인 관련 어휘와 표현을 준비합니다. 국내와 해외로 나누어지지만 주제 특성상 비슷한 내용의 질문이 나올 수도 있으므로, 기본적으로 할 수 있는 표현을 위주로 학습하여 다양한 상황과 질문에 활용하는 것이 좋습니다. 롤플레이 형식으로는 교통편 예약 또는 공항에서 발생한 일에 대한 질문도 자주 출제되고 있습니다.

주제별 고득점 꿀팁

Урок 1 국내 여행	✴ 좋아하는 국내 여행지 → 좋아하는 이유 말하기 ✴ 국내 여행 시 준비물 → 국내 여행을 준비하는 과정 말하기 ☞ 여행할 때 동행자는 '가족'으로 표현하는 것이 답변하기에 좋습니다.
Урок 2 해외여행	✴ 기억에 남는 해외여행 → 기억에 남는 이유 말하기 ✴ 해외여행 시 준비물 → 해외여행을 준비하는 과정 말하기 ☞ 국내 여행과 크게 다르지 않으며, 단지 해외로 장소만 바뀌는 점을 생각해서 적절한 어휘나 표현을 활용하여 답변합니다.
Урок 3 국내 출장	✴ 국내 출장 시 준비물 → 국내 출장의 목적 → 에피소드 말하기 ✴ 국내 출장 중 하는 일 말하기
Урок 4 해외 출장	✴ 해외 출장의 목적 → 해외 출장에서의 에피소드 말하기
Урок 5 집에서 보내는 휴가	✴ 집에서 휴가를 보내는 이유 → 집에서 휴가 기간에 하는 일 말하기 ✴ 최근 집에서 휴가를 보낸 경험 말하기 ☞ 집에서 보내는 휴가는 앞에서 학습한 '집안일 하기' 또는 '요리하기'의 답변 내용을 활용할 수 있습니다.

✱ Background Survey에서 해당 항목을 선택했을 경우, 자주 출제되는 콤보 형식의 질문 유형입니다.
빈출도 높은 질문 유형들을 익혀두고, 질문의 의도를 빠르게 파악할 수 있도록 학습해 보세요.

| 주제별 질문 유형 한눈에 파악하기 | 🎧 07-1 |

Урок 1 **국내 여행**	• У вас есть люби́мое ме́сто путеше́ствия? Почему́ вы предпочита́ете туда́ е́здить? Пожа́луйста, опиши́те ва́ше люби́мое ме́сто путеше́ствия. Что вы обы́чно берёте, когда́ путеше́ствуете по родно́й стране́? Почему́ вы берёте э́ти ве́щи? Расскажи́те мне о свое́й са́мой запомина́ющейся пое́здке. – 선호하는 여행지가 있나요? 왜 그곳을 여행하는 것을 선호하나요? 좋아하는 여행 장소에 대해 묘사해 주세요. 국내로 여행을 갈 때 무엇을 가져가나요? 왜 그 물건들을 가지고 가나요? 가장 기억에 남는 여행에 대해 말해주세요.
Урок 2 **해외여행**	• Опиши́те, пожалуйста, го́род и́ли страну́, кото́рую вы посети́ли. Почему́ вы лю́бите э́ту страну́? Расскажи́те мне подро́бно, как вы гото́витесь к пое́здке за грани́цу. На чём вы предпочита́ете е́здить за грани́цу? Почему́ вы предпочита́ете э́тот вид тра́нспорта? – 당신이 방문한 도시나 국가를 묘사해 주세요. 당신은 이 나라를 왜 좋아하나요? 해외여행을 가기 위한 준비과정을 자세하게 말해 주세요. 해외여행을 갈 때 무엇을 타고 가는 것을 선호하나요? 왜 그 교통수단을 선호하나요?
Урок 3 **국내 출장**	• Вы указа́ли в анке́те, что бы́ли в командиро́вке в родно́й стране́. Что вы обы́чно берёте во вре́мя командиро́вки? Что вы там де́лаете? Где вы неда́вно бы́ли в командиро́вке? – 설문조사에서 당신은 국내 출장을 다녀온 적이 있다고 했습니다. 출장을 갈 때 당신은 보통 무엇을 가져가나요? 그곳에서 당신은 무엇을 하나요? 최근에 당신은 어디로 출장을 갔나요?
Урок 4 **해외 출장**	• Расскажи́те о зарубе́жной командиро́вке. Куда́ вы е́здили, и как до́лго вы там остава́лись? Что вы де́лали? Расскажи́те, пожа́луйста, мне дета́ли. Если вы отпра́витесь в зарубе́жную командиро́вку, что вы положи́те в свой чемода́н? Каки́е ве́щи вы возьмёте? – 해외 출장에 대해서 말해 주세요. 어디로 다녀왔는지 그리고 얼마나 그곳에 머물렀나요? 무엇을 했나요? 상세하게 말해 주세요. 만약 당신이 해외 출장을 간다면 무엇을 반드시 캐리어에 가져갈 건가요? 어떤 물건을 가져갈 건가요?
Урок 5 **집에서 보내는 휴가**	• Почему́ вам нра́вится остава́ться до́ма, когда́ вы в о́тпуске? Что вы де́лаете до́ма? Кого́ вы приглаша́ете с собо́й в путеше́ствие в о́тпуск? Как вы обы́чно прово́дите вре́мя? Расскажи́те мне, пожа́луйста, как вы неда́вно провели́ о́тпуск. – 당신은 왜 휴가 때 집에 남는 것을 좋아하나요? 집에서 당신은 무엇을 하나요? 휴가 때 누구를 초대하나요? 어떻게 당신들은 시간을 보내나요? 최근에 휴가를 어떻게 보냈는지 나에게 이야기해 주세요.

국내 여행

OPIc 시험에서는 콤보 형식으로 출제되는 경우가 많습니다. 주제별 답변에 대한 핵심 구조를 중심으로 응용 어휘를 활용한 콤보 형식의 답변을 연습해 보세요. 모범 답변을 활용해 나만의 스토리텔링도 만들어 보세요.

Q У вас есть люби́мое ме́сто путеше́ствия? Почему́ вы предпочита́ете туда́ е́здить? Пожа́луйста, опиши́те ва́ше люби́мое ме́сто путеше́ствия. Что вы обы́чно берёте, когда́ путеше́ствуете по родно́й стране́? Почему́ вы берёте э́ти ве́щи? Расскажи́те мне о свое́й са́мой запомина́ющейся пое́здке.

선호하는 여행지가 있나요? 왜 그곳을 여행하는 것을 선호하나요? 좋아하는 여행 장소에 대해 묘사해 주세요. 국내로 여행을 갈 때 무엇을 가져가나요? 왜 그 물건들을 가지고 가나요? 가장 기억에 남는 여행에 대해 말해주세요.

 3단 콤보 답변

주제별 답변에 대한 핵심 구조를 중심으로 응용 어휘를 활용해서 콤보 형식의 답변을 익혀 보세요.

① 국내 여행지

핵심 구조 선호하는 국내 여행지, 좋아하는 이유, 국내 여행지 설명

① Я люблю́ е́здить на мо́ре, когда́ у меня́ есть свобо́дное вре́мя.
저는 여가 시간이 있을 때 바다에 가는 것을 좋아합니다.

② Мо́ре вокру́г о́строва Чеджудо́ о́чень чи́стое и краси́вое.
제주도 근처 바다는 매우 깨끗하고 아름답습니다.

③ И приро́дные пейза́жи то́же краси́вые.
그리고 자연경관도 아름답습니다.

④ На о́строве есть маршру́ты для путеше́ственников.
섬에는 여행자들을 위한 코스가 있습니다.

⑤ О́стров Чеджудо́ нахо́дится на ю́ге Коре́и.
제주도는 한국의 남쪽에 위치해 있습니다.

응용어휘			
① на откры́тый во́здух 들판으로	в го́ры 산으로	на о́зеро 호수로	в дере́вню 시골로
в лес 숲으로	на мо́ре 해변으로	на ре́ку 강기슭으로	
③ го́ры 산들	леса́ 숲들	пля́жи 해변들	
⑤ на се́вере 북쪽에	на за́паде 서쪽에	на восто́ке 동쪽에	

② 국내 여행 시 준비물

핵심 구조 국내 여행에 필요한 준비물, 챙기는 이유

① Я упако́вываю ме́ньше веще́й, чем когда́ я путеше́ствую за грани́цу.

저는 외국으로 여행 갈 때 보다 짐을 더 적게 챙깁니다.

② Что́бы путеше́ствовать, ну́жно собра́ть свой бага́ж.

여행을 가기 위해서는 짐을 싸야 합니다.

③ Я беру́ с собо́й купа́льник, очки́, круг, полоте́нца и солнцезащи́тный крем.

저는 수영복, 물안경, 튜브, 수건과 선크림을 챙깁니다.

④ Я всегда́ проверя́ю, все ли ве́щи я упакова́л(а).

저는 항상 물건을 챙긴 것을 확인합니다.

⑤ Я ищу́ популя́рные места́ в том го́роде в интерне́те.

저는 인터넷에서 그 도시에서 유명한 장소를 찾습니다.

응용 어휘 ③ удо́бную оде́жду 편한 옷을　космети́ку 화장품들을　заря́дку 충전기를
о́бувь 신발을

③ 기억에 남는 국내 여행

핵심 구조 같이 국내 여행을 떠난 사람들, 기억에 남는 국내 여행지

① Са́мая изве́стная достопримеча́тельность в Коре́е – это Кёнджу.

한국에서 가장 유명한 유적지는 경주입니다.

② Кёнджу – истори́ческий го́род.

경주는 역사적인 도시입니다.

③ Если вы хоти́те пое́хать в Коре́ю, я рекоменду́ю посети́ть Кёнджу.

만약, 당신이 한국 여행을 원한다면, 저는 경주에 방문하는 것을 추천합니다.

④ Моя́ подру́га забы́ла купи́ть биле́т на авто́бус.

제 친구는 버스표 사는 것을 잊어버렸습니다.

⑤ На́до бы́ло ещё купи́ть биле́т на авто́бус, что́бы пое́хать домо́й.

집으로 가기 위해서 버스표를 또 사야만 했습니다.

⑥ Когда́ я был(а́) в Кёнджу, я ме́дленно обходи́л(а) го́род и прекра́сно проводи́л(а) вре́мя со свои́ми друзья́ми.

경주에 있을 때, 저는 천천히 도시를 돌아다녔고 친구들과 아주 즐거운 시간을 보냈습니다.

응용 어휘 ② зелёный 푸른　стари́нный 오래된, 고대의, 유서 깊은　совремне́нный 현대의
④ биле́т в музе́й 박물관 표　биле́т на по́езд 기차 표

☐ **1단계** 국내 여행지 ① + ② + ③ + ⑤　　　　🎧 07-3

Я люблю́ е́здить на мо́ре, когда́ у меня́ есть свобо́дное вре́мя. Обы́чно я е́зжу на о́стров Чеджудо́ по выходны́м. Мо́ре вокру́г о́строва Чеджудо́ о́чень чи́стое и краси́вое. И приро́дные пейза́жи то́же краси́вые. На о́строве мо́жно ката́ться на лошадя́х. А морепроду́кты на о́строве Чеджудо́ о́чень све́жие и вку́сные. Остров Чеджудо́ нахо́дится на ю́ге Коре́и, поэ́тому здесь тепле́е, чем в Сеу́ле.

저는 여가 시간이 있을 때 바다에 가는 것을 좋아합니다. 보통 저는 주말마다 제주도에 다녀옵니다. 제주도 근처 바다는 매우 깨끗하고 아름답습니다. 그리고 자연경관도 아름답습니다. 섬에서는 말을 탈 수도 있습니다. 그리고 제주도의 해산물은 매우 신선하고 맛있습니다. 제주도는 한국의 남쪽에 위치해 있어서, 서울보다 따뜻합니다.

☐ **2단계** 국내 여행 시 준비물 ② + ③　　　　🎧 07-4

Что́бы путеше́ствовать, ну́жно собра́ть свой бага́ж. Когда́ я е́ду на мо́ре, я беру́ с собо́й купа́льник, очки́, круг, полоте́нца и солнцезащи́тный крем. И ещё футбо́лку с дли́нными рукава́ми на вся́кий слу́чай. Когда́ я иду́ в го́ры, беру́ с собо́й во́ду, шокола́д, лёгкие дже́мперы и еду́. По́сле тяжёлого подъёма еда́ стано́вится вкусне́е.

여행을 가기 위해서는 짐을 싸야 합니다. 바다에 갈 때에는 수영복, 물안경, 튜브, 수건과 선크림을 챙깁니다. 그리고 만일을 위하여 긴팔도 챙깁니다. 산으로 갈 때는 물, 초콜릿, 가벼운 점퍼, 그리고 음식을 챙깁니다. 힘든 등산 후에 먹는 음식은 더 맛있습니다.

Неда́вно я с друзья́ми посети́л(а) го́род Кёнджу. Когда́ я был(а́) ма́леньким(ма́ленькой), я не люби́л(а) е́здить в э́тот го́род, но тепе́рь я ста́л(а) взро́слым(взро́слой), и Кёнджу ста́л(а) о́чень интере́сным ме́стом для меня́. Когда́ я был(а́) в Кёнджу, я ме́дленно обходи́л(а) го́род и прекра́сно проводи́л(а) вре́мя со свои́ми друзья́ми. Кёнджу – истори́ческий го́род, поэ́тому, е́сли вы хоти́те пое́хать в Коре́ю, я рекоменду́ю посети́ть Кёнджу.

최근에 저는 친구들과 경주를 다녀왔습니다. 제가 어렸을 때는 이 도시로 여행 가는 것이 싫었는데, 이제 저는 어른이 되었고, 경주는 저한테 아주 재밌는 곳이 되었습니다. 경주에 있을 때, 저는 천천히 도시를 돌아다녔고 친구들과 아주 즐거운 시간을 보냈습니다. 경주는 역사적인 도시이기 때문에 만약, 당신이 한국 여행을 원한다면, 저는 경주에 방문하는 것을 추천합니다.

나만의 스토리를 만들어 보세요! 🐝

러시아어의 문법과 구조 형태 및 유용한 어휘 등을 학습하고 답변에 응용해 보세요. 자연스러운 표현과 언어 구사 능력이 올라갑니다.

● 방위

방위는 'восто́к(동), за́пад(서), юг(남), се́вер(북)'으로 표기하며, 모두 전치사 на를 요구합니다. 형용사 형태로는 восто́чный, за́падный, ю́жный, се́верный의 형태로 남한은 Ю́жная Коре́я, 북한은 Се́верная Коре́я로 표기합니다.

Наш го́род нахо́дится на ю́ге Коре́и.

우리의 도시는 한국의 남쪽에 위치해 있다.

Владивосто́к нахо́дится на восто́ке Росси́и.

블라디보스토크는 러시아의 동쪽에 위치해 있다.

● ~에 방문하다

посети́ть 동사는 '~에 방문하다'라는 뜻을 가지고 있습니다. 중요한 것은 다른 운동 동사 (ходи́ть, идти́ ...)들과 달리 뒤에 전치사를 요구하지 않습니다. посети́ть 동사 다음에 바로 대격을 사용해 줍니다.

Президе́нт Роси́и посети́л Коре́ю.
러시아 대통령은 한국에 방문했다.

Студе́нты посети́ли музе́й.
학생들은 박물관을 방문했다.

● 가지고 가다

брать/взять с собо́й는 자신이 무엇인가를 '들고 가다/데리고 가다'라는 뜻으로서, 영어의 take out과 같은 의미를 가집니다. брать는 생략 가능합니다.

Вам здесь и́ли с собо́й? (брать 생략)
여기서 드시나요 아니면 가져가시나요?

Я беру́ с собо́й чемода́н.
나는 캐리어를 들고 간다.

Возьми́ с собо́й зо́нтик! Сейча́с идёт дождь.

우산 가져가! 지금 비 와.

주제에 관한 다양하고 유용한 표현들입니다. 자신에게 맞는 문장을 체크하고 재미있는 스토리를 만들어 보세요. 돌발 질문에도 당황하지 않고 나만의 표현력은 물론, 논리력에도 자신감이 생깁니다.

☐ 저는 산보다 바다를 더 좋아합니다.

Я люблю́ мо́ре бо́льше, чем го́ры.

☐ 한라산은 남한에서 가장 높은 산입니다.

Гора́ Халласа́н – са́мая высо́кая гора́ в Южной Коре́е.

☐ 한라산을 오르는 것은 매우 힘이 들지만, 정상에 올랐을 때는 기분이 아주 좋습니다.

Очень тру́дно поднима́ться на Халласа́н, но, когда́ я на верши́не, чу́вствую себя́ прекра́сно.

☐ 저는 산을 여행할 시간이 없습니다.

У меня́ нет вре́мени путеше́ствовать в го́ры.

☐ 저는 높은 산에 오르는 것이 힘들어서, 보통 낮은 산을 오릅니다.

Мне тру́дно поднима́ться на высо́кие го́ры, поэ́тому я обы́чно хожу́ на невысо́кие.

☐ 저는 깨끗한 공기가 마음에 듭니다.

Мне нра́вится чи́стый во́здух.

☐ 제가 산을 오르내릴 때 저는 많은 사람을 만납니다.

Когда́ я хожу́ в го́ры, я встреча́ю мно́го люде́й.

☐ 모든 사람들이 산을 오를 때 사진 찍는 것을 좋아합니다.

Все лю́бят фотогра́фировать, когда́ хо́дят в го́ры.

☐ 산에서는 몇몇의 동물을 볼 수 있습니다.

В гора́х мо́жно уви́деть не́которых живо́тных.

☐ 최근에 저는 산에서 청설모를 보았습니다.

Неда́вно в гора́х я ви́дел(а) бе́лку.

해외여행

OPIc 시험에서는 콤보 형식으로 출제되는 경우가 많습니다. 주제별 답변에 대한 핵심 구조를 중심으로 응용 어휘를 활용한 콤보 형식의 답변을 연습해 보세요. 모범 답변을 활용해 나만의 스토리텔링도 만들어 보세요.

Q Опиши́те, пожа́луйста, го́род и́ли страну́, кото́рую вы посети́ли. Почему́ вы лю́бите э́ту страну́? Расскажи́те мне подро́бно, как вы гото́витесь к пое́здке за грани́цу. На чём вы предпочита́ете е́здить за грани́цу? Почему́ вы предпочита́ете э́тот вид тра́нспорта?

당신이 방문한 도시나 국가를 묘사해 주세요. 당신은 이 나라를 왜 좋아하나요? 해외여행을 가기 위한 준비과정을 자세하게 말해 주세요. 해외여행을 갈 때 무엇을 타고 가는 것을 선호하나요? 왜 그 교통수단을 선호하나요?

 3단 콤보 답변

주제별 답변에 대한 핵심 구조를 중심으로 응용 어휘를 활용해서 콤보 형식의 답변을 익혀 보세요.

① 해외여행 국가

핵심 구조 여행한 나라 또는 도시 묘사, 도시에 관한 느낌

① Это была́ моя́ пе́рвая пое́здка в Аме́рику.

그것은 저의 첫 번째 미국으로 가는 여행이었습니다.

② Мно́гие лю́ди рекомендова́ли Гава́йи.

많은 사람들이 하와이를 추천했습니다.

③ На Гава́йях ка́ждый день была́ о́чень хоро́шая пого́да.

하와이에서는 매일 아주 좋은 날씨였습니다.

④ Лю́ди бы́ли о́чень дружелю́бные.

사람들은 매우 친절했습니다.

응용 어휘

① втора́я 두 번째 тре́тья 세 번째 четвёртая 네 번째		пя́тая 다섯 번째
во Фра́нцию 프랑스로 в Герма́нию 독일로		в Австра́лию 호주로
в Таила́нд 태국으로 во Вьетна́м 베트남으로		
② сове́товали 조언했다 предлага́ли 제안했다		
③ мя́гкая 온화한 сыра́я 습한 прохла́дная 선선한	жа́ркая 더운 тёплая 따뜻한	
④ до́брые 친절한, 선한 ве́жливые 예의 바른	гру́бые 난폭한, 무례한	
капри́зные 변덕스러운		

② 여행 준비

① **Во-пе́рвых, вы должны́ реши́ть, в каку́ю страну́ вы хоти́те пое́хать.**

첫 번째로, 당신은 어느 나라로 여행 가고 싶은지 반드시 정해야 합니다.

② **Я обы́чно е́зжу на куро́рты.**

저는 보통 휴양지를 갑니다.

③ **Во-вторы́х, вам ну́жно** купи́ть авиабиле́т.

두 번째로, 당신은 비행기 표를 사야 합니다.

④ **Я** обме́ниваю де́ньги за неде́лю до пое́здки.

저는 일주일 전에 돈을 환전합니다.

⑤ **Я обы́чно собира́ю ве́щи накану́не пое́здки.**

저는 보통 여행 전날 짐을 쌉니다.

③ найти́ авиабиле́т 비행기 표를 찾다   получи́ть ви́зу 비자를 받다
получи́ть разреше́ние 허락을 받다
④ изуча́ю поле́зные сове́ты путеше́ственникам 여행을 위한 유용한 팁들을 공부한다
узнаю́ о ме́рах предосторо́жности при пое́здке 여행할 때의 유의사항을 찾아본다

③ 해외여행할 때 선호하는 교통수단

① **Я предпочита́ю** лета́ть на самолёте, когда́ путеше́ствую за грани́цу.

저는 외국으로 여행을 갈 때 비행기로 가는 것을 선호합니다.

② **Хотя́ лета́ть на самолёте доро́же, мо́жно прие́хать быстре́е.**

비록 비행기로 가는 것은 비싸지만, 더 빨리 도착할 수 있습니다.

③ **Пое́здка на корабле́ занима́ет сли́шком мно́го вре́мени.**

배를 타고 여행하는 것은 아주 많은 시간을 소요합니다.

④ **Я заболе́л(а) морско́й боле́знью, когда́ плыл(а́) на корабле́.**

저는 배를 탔을 때, 뱃멀미로 아팠습니다.

⑤ **Хотя́ по́езд ме́дленнее, чем самолёт, но зато́ деше́вле и удо́бнее.**

비록 기차는 비행기보다 느리지만, 더 싸고 편합니다.

① отправля́ться в круи́з 크루즈를 타다
е́здить на по́езде 기차를 타다

☐ **1단계** 해외여행 국가 ① + ② + ③ + ④ 🎧07-7

Я е́здил(а) на Гава́йи в сва́дебное путеше́ствие год наза́д. Это была́ моя́ пе́рвая пое́здка в Аме́рику. Мно́гие лю́ди рекомендова́ли Гава́йи. Это был буква́льно рай на земле́. На Гава́йях ка́ждый день была́ о́чень хоро́шая пого́да. Со́лнце бы́ло о́чень жа́рким, но оно́ подходи́ло для купа́ния. На Гава́йях мно́го краси́вых пля́жей и краси́вых дере́вьев. Кро́ме того́, бы́ло мно́го вку́сной еды́, и лю́ди бы́ли о́чень дружелю́бные. Я ду́маю, что Гава́йи – лу́чшее ме́сто для о́тдыха. Я хочу́ пое́хать на Гава́йи ещё раз, е́сли у меня́ бу́дет шанс.

저는 작년에 신혼여행으로 하와이에 다녀왔습니다. 그것은 저의 첫 번째 미국으로 가는 여행이었습니다. 많은 사람이 하와이를 추천했습니다. 말 그대로, 하와이는 지상낙원이었습니다. 하와이에서는 매일 아주 좋은 날씨였습니다. 해는 아주 뜨거웠지만, 물놀이를 하기에 적합했습니다. 하와이에는 아름다운 해변과 아름다운 나무들이 많이 있습니다. 그 외에도, 맛있는 음식이 많이 있었고, 사람들은 매우 친절했습니다. 제 생각엔 하와이는 휴식을 위한 최고의 장소입니다. 저는 기회가 있다면, 하와이로 다시 가고 싶습니다.

☐ **2단계** 여행 준비 ① + ② + ③ + ④ + ⑤ 🎧07-8

Во-пе́рвых, вы должны́ реши́ть, в каку́ю страну́ вы хоти́те пое́хать. Я обы́чно е́зжу на куро́рты. Е́сли вы выбира́ете страну́ для пое́здки, вам необходи́мо вы́яснить, нужна́ ли вам ви́за. Во-вторы́х, вам ну́жно купи́ть авиабиле́т. На сле́дующем эта́пе на́до заброни́ровать но́мер оте́ля. Пото́м я обме́ниваю де́ньги за неде́лю до пое́здки. Я обы́чно собира́ю ве́щи накану́не пое́здки. В день пое́здки я проверя́ю, есть ли у меня́ па́спорт, потому́ что без па́спорта невозмо́жно пое́хать в другу́ю страну́.

첫 번째로, 당신은 어느 나라로 여행 가고 싶은지 반드시 정해야 합니다. 저는 보통 휴양지를 갑니다. 만약에 당신이 여행을 위한 나라를 선택했다면, 당신은 반드시 비자가 당신한테 필요한지 아닌지 확인해야 합니다. 두 번째로, 당신은 비행기 표를 사야 합니다. 다음 단계는 호텔 방을 예약해야 합니다. 다음으로 저는 일주일 전에 돈을 환전합니다. 저는 보통 여행 전날 짐을 쌉니다. 여권이 없으면 다른 나라로 떠날 수가 없기 때문에 여행 당일에는 여권이 저한테 있는지 확인합니다.

□ **3단계** 해외여행할 때 선호하는 교통수단 ③ + ① + ⑤ 🎧 07-9

Из Коре́и нельзя́ вы́ехать за грани́цу на по́езде, мо́жно то́лько самолётом и́ли кораблём. Пое́здка на корабле́ занима́ет сли́шком мно́го вре́мени, поэ́тому я предпочита́ю лета́ть на самолёте, когда́ путеше́ствую за грани́цу. Но, когда́ я был(а́) в Евро́пе, я бо́льше предпочита́л(а) е́здить на по́езде. Потому́ что, хотя́ по́езд ме́дленнее, чем самолёт, но зато́ деше́вле и удо́бнее.

기차로 한국에서 외국으로 가는 것은 불가능해서 오로지 배와 비행기로만 외국을 갈 수 있습니다. 배를 타고 여행하는 것은 아주 많은 시간을 소요해서 저는 외국으로 여행을 갈 때 비행기로 가는 것을 선호합니다. 하지만 제가 유럽에 있을 때, 기차로 다니는 것을 더 선호했습니다. 왜냐하면 비록 기차는 비행기보다 느리지만, 더 싸고 편하기 때문입니다.

나만의 스토리를 만들어 보세요! 🐝

러시아어의 문법과 구조 형태 및 유용한 어휘 등을 학습하고 답변에 응용해 보세요. 자연스러운 표현과 언어 구사 능력이 올라갑니다.

● 순서

> в(о)- + 서수사의 복수 전치격

'첫 번째로, 두 번째로'와 같이 순서를 표현할 때에는 전치사 в를 사용합니다. 이때 이음표(-) 표시는 반드시 필요합니다. 그리고 в의 뒤에는 서수사의 복수 전치격 형태를 사용합니다.

во-пе́рвых	во-вторы́х	в-тре́тьих
첫째로, 첫 번째로	둘째로, 두 번째로	셋째로, 세 번째로

● 교통수단

'~을 타고'라는 표현은 「на+교통수단(전치격)」의 구조 형태로 많이 사용합니다. 그러나 이와 같은 의미의 문법으로 교통수단을 조격 형태로 사용하기도 합니다. 의미상 차이점은 없으며, 표현 방식이 다른 것일 뿐입니다.

Я люблю́ е́здить автобусом за грани́цу.　　나는 버스를 타고 외국 다니는 것을 좋아합니다.
(= Я люблю́ е́здить на автобусе за грани́цу.)
Ка́тя прие́хала в Москву́ по́ездом.　　까짜는 모스크바에 기차를 타고 도착했습니다.
(= Ка́тя прие́хала в Москву́ на по́езд.)

● 전날

> накану́не + 생격 : ~ 전날

накану́не는 생격을 요구하는 전치사로 '~ 전날'이라는 뜻을 가지고 있습니다.

Я не могла́ подгото́виться к экза́мену, потому́ что я заболе́ла накану́не экза́мена.
저는 시험 전날 아팠기 때문에 시험 준비를 하지 못했습니다.

Оля пришла́ накану́не пра́здника.　　올라는 명절 전날에 도착했습니다.

주제에 관한 다양하고 유용한 표현들입니다. 자신에게 맞는 문장을 체크하고 재미있는 스토리를 만들어 보세요. 돌발 질문에도 당황하지 않고 나만의 표현력은 물론, 논리력에도 자신감이 생깁니다.

☐ 자연의 아름다움이 나를 매료시켰습니다.

Красота́ приро́ды привлекла́ меня́.

☐ 다행스럽게도, 한국인들은 비자 없이도 많은 나라를 여행할 수 있습니다.

К сча́стью, коре́йцы мо́гут путеше́ствовать по мно́гим стра́нам без ви́зы.

☐ 사실 비자는 큰 의미를 가지지 않습니다.

На са́мом де́ле ви́за не име́ет большо́го значе́ния.

☐ 제가 화장실에 있을 때, 누군가 식당에서 제 지갑을 가져갔습니다.

Кто́-то взял мой кошелёк в столо́вой, когда́ я был(а́) в туале́те.

☐ 저는 물건을 상 위에 올려놓으면 안 된다는 것을 깨달았습니다.

Я узна́л(а), что нельзя́ оставля́ть ве́щи на столе́.

☐ 저는 아주 강하게 한국으로 돌아가고 싶었습니다.

Я так си́льно хоте́л(а) верну́ться в Коре́ю.

☐ 저에게는 음식이 맞지 않았습니다.

Еда́ мне не подходи́ла.

☐ 저는 한국 음식이 아주 그리웠습니다.

Я о́чень соску́чился(соску́чилась) по коре́йской ку́хне.

☐ 저는 여행할 때 차로 다니는 것을 선호합니다.

Я предпочита́ю е́здить на маши́не, когда́ я путеше́ствую.

☐ 다른 나라에서 버스를 타고 돌아다니는 것은 재미있었습니다.

Бы́ло интере́сно е́здить на авто́бусе по го́роду в друго́й стране́.

국내 출장

OPIc 시험에서는 콤보 형식으로 출제되는 경우가 많습니다. 주제별 답변에 대한 핵심 구조를 중심으로 응용 어휘를 활용한 콤보 형식의 답변을 연습해 보세요. 모범 답변을 활용해 나만의 스토리텔링도 만들어 보세요.

Q **Вы указа́ли в анке́те, что бы́ли в командиро́вке в родно́й стране́. Что вы обы́чно берёте во вре́мя командиро́вки? Что вы там де́лаете? Где вы неда́вно бы́ли в командиро́вке?**

설문조사에서 당신은 국내 출장을 다녀온 적이 있다고 했습니다. 출장을 갈 때 당신은 보통 무엇을 가져가나요? 그곳에서 당신은 무엇을 하나요? 최근에 당신은 어디로 출장을 갔나요?

  3단 콤보 답변

주제별 답변에 대한 핵심 구조를 중심으로 응용 어휘를 활용해서 콤보 형식의 답변을 익혀 보세요.

① 국내 출장 시 준비물

핵심 구조 국내 출장 시 필요한 준비물, 가지고 가는 이유

① **Я беру́** костю́м, ноутбу́к и ну́жные докуме́нты.
저는 양복, 노트북 그리고 필요한 서류들을 가지고 갑니다.

② **Я до́лжен(должна́) взять** заря́дные устро́йства для моби́льного телефо́на.
저는 반드시 핸드폰 충전기를 가지고 갑니다.

③ **Я ищу́ информа́цию о** го́роде, кото́рый я посещу́.
저는 제가 방문하는 도시에 대한 정보를 찾습니다.

④ **В о́фисе, в кото́рый я отправля́юсь, нет моего́** компью́тера.
제가 가는 사무실에는 제 컴퓨터가 없습니다.

⑤ **Если мне ну́жно что́-то ещё, я обы́чно покупа́ю э́то в командиро́вках.**
만약에 무언가가 더 필요하다면, 저는 보통 출장 가서 삽니다.

응용 어휘			
①,②	рабо́чую оде́жду 작업복	визи́тку 명함	фотоаппара́т 카메라
	диктофо́н 녹음기	ва́жные докуме́нты 중요한 서류들	
③	фи́рме 회사	конфере́нции 콘퍼런스	вы́ставке 박람회
④	ме́ста 자리	нача́льника 상사	

② 국내 출장의 빈도와 목적

핵심 구조 국내 출장 빈도, 출장의 주요 목적, 출장에서 주로 하는 일

① У на́шей компа́нии мно́го филиа́лов в Коре́е.

우리 회사는 한국에 많은 지점을 가지고 있습니다.

② Я обы́чно е́зжу в командиро́вки для осмо́тра заво́да.

저는 보통 공장 시찰을 위해 출장을 갑니다.

③ Если выпуска́ется но́вый проду́кт, я е́зжу ча́ще.

만약 새로운 상품이 나온다면, 저는 더 자주 갑니다.

④ Це́ли командиро́вки меня́ются ка́ждый раз.

출장의 목적은 매번 다릅니다.

⑤ Я посеща́ю рабо́чие встре́чи и́ли выявля́ю пробле́мы в филиа́лах.

저는 업무상의 만남 또는 지점들의 문제 해결을 위해 방문합니다.

응용어휘

① мно́го магази́нов 많은 판매점　　мно́го аге́нтств 많은 판매 대리점
　мно́го клие́нтов 많은 고객
② контро́ля заво́да 공장 관리　　решения пробле́мы 문제 해결
　заключе́ния догово́ра 계약 체결　бизне́са 비즈니스
④ разли́чные 다양하다　　одина́ковые 같다

③ 최근 국내 출장 경험

핵심 구조 최근 간 국내 출장, 에피소드

① Я пое́хал(а) с мои́м президе́нтом и други́ми сотру́дниками.

저는 사장님 그리고 다른 동료들과 갔습니다.

② Конфере́нция проходи́ла в оте́ле.

콘퍼런스는 호텔에서 진행되었습니다.

③ Я встре́тил(а) там мно́гих люде́й.

저는 그곳에서 많은 사람을 만났습니다.

④ Сотру́дники за́дали мно́го вопро́сов президе́нту.

직원들은 사장님한테 많은 질문을 했습니다.

⑤ Я организова́л(а) э́ту конфере́нцию и был(а́) веду́щим(веду́щей).

저는 이 콘퍼런스를 기획하고 진행자였습니다.

응용어휘

③ осмотре́ла(а) заво́д (фа́брику) 공장을 시찰했다
　реши́л(а) пробле́му в систе́ме 시스템 문제를 해결했다
　заключи́л(а) догово́р 계약을 체결했다　встре́тил(а) клие́нтов 고객들을 만났다

☐ **1단계** 국내 출장 시 준비물 ① + ② + ④ + ⑤   🎧 07-11

Когда́ я отправля́юсь в командиро́вку, я гото́влюсь так, как бу́дто я путеше́ствую. Я обы́чно е́зжу на маши́не и́ли на по́езде. Я беру́ костю́м, ноутбу́к и ну́жные докуме́нты. Ещё я до́лжен(должна́) взять заря́дные устро́йства для моби́льного телефо́на и ноутбу́ка. В о́фисе, в кото́рый я отправля́юсь, нет моего́ компью́тера. Поэ́тому я до́лжен(должна́) привезти́ свой. Е́сли мне ну́жно что́-то ещё, я обы́чно покупа́ю э́то в командиро́вках.

제가 출장을 갈 때, 저는 마치 여행을 가는 것처럼 준비합니다. 저는 보통 자동차를 타거나 기차를 타고 갑니다. 저는 양복, 노트북 그리고 필요한 서류들을 가지고 갑니다. 또 저는 반드시 핸드폰 그리고 노트북 충전기를 가지고 갑니다. 제가 가는 사무실에는 제 컴퓨터가 없습니다. 그래서 저는 반드시 제 것을 가지고 갑니다. 만약에 무언가가 필요하다면, 저는 보통 출장 가서 삽니다.

☐ **2단계** 국내 출장의 빈도와 목적 ① + ② + ③ + ⑤   🎧 07-12

У на́шей компа́нии мно́го филиа́лов в Коре́е. Поэ́тому я обы́чно е́зжу в командиро́вки для осмо́тра заво́дов. Я обы́чно отправля́юсь в командиро́вку 2~3 ра́за в ме́сяц. Е́сли выпуска́ется но́вый проду́кт, я е́зжу ча́ще. Я посеща́ю рабо́чие встре́чи и́ли выявля́ю пробле́мы в филиа́лах. Э́то о́чень ва́жно для фи́рмы, и я могу́ мно́го узна́ть о рабо́те, поэ́тому е́здить в командиро́вки необходи́мо.

우리 회사는 한국에 많은 지점을 가지고 있습니다. 그래서 저는 보통 공장 시찰을 위해 출장을 갑니다. 저는 보통 한 달에 2~3번 출장을 갑니다. 만약 새로운 상품이 나온다면, 저는 더 자주 갑니다. 저는 업무상의 만남 또는 지점들의 문제 해결을 위해 방문합니다. 이것은 회사에 매우 중요한 것이며, 저도 일에 대해서 많이 배울 수 있어서 출장 가는 것은 어쩔 수 없습니다.

Неда́вно я е́здил(а) в командиро́вку в <u>Пхоха́н</u>. Я пое́хал(а) с мои́м президе́нтом и други́ми сотру́дниками. Наш филиа́л компа́нии та́кже нахо́дится в Пхоха́не. Конфере́нция проходи́ла в оте́ле. Сотру́дники за́дали мно́го вопро́сов президе́нту. Я организова́л(а) эту конфере́нцию и был(а́) веду́щим(веду́щей). Конфере́нция прошла́ успе́шно, и президе́нту о́чень понра́вилось. Я то́же был(а́) ра́д(а).

얼마 전에 저는 포항으로 출장을 다녀왔습니다. 저는 사장님 그리고 다른 동료들과 갔습니다. 회사 지사는 포항에도 있습니다. 콘퍼런스는 호텔에서 진행되었습니다. 직원들은 사장님한테 많은 질문을 했습니다. 저는 이 콘퍼런스를 기획하고 진행자였습니다. 콘퍼런스는 성공적으로 끝났고 사장님도 마음에 들어 하셨습니다. 저도 매우 기뻤습니다.

나만의 스토리를 만들어 보세요! 🐝

러시아어의 문법과 구조 형태 및 유용한 어휘 등을 학습하고 답변에 응용해 보세요. 자연스러운 표현과 언어 구사 능력이 올라갑니다.

● 질문하기

> спра́шивать + 대격 = зада́ть вопро́с + 여격 : ~에게 질문하다

зада́ть는 '~에게 ~을 던지다'라는 뜻의 동사로 '질문을 ~에게 하다'라는 뜻으로도 쓰입니다.
이때, 질문을 받는 사람은 여격으로 표현하며 「спра́шивать+대격」 동사와 뜻이 같습니다.

Студе́нты за́дали вопро́с преподава́телю. = Студе́нты спроси́ли
преподава́теля. 학생들이 선생님께 질문했습니다.

Сын за́дал вопро́с отцу́. = Сын спроси́л отца́.   아들이 아빠에게 질문했습니다.

● 소유 표현

「име́ть+대격」 구조는 '구체적, 추상적 사물을 소지하다'라는 의미로 'у кого́ (есть) …
(~을 가지고 있다)' 구문으로 대체할 수 있습니다.

Я име́ю де́ньги при себе́. = У меня́ есть де́ньги. 나는 돈을 가지고 있다.
Ва́жно име́ть хоро́шие воспомина́ния.
= Ва́жно, что́бы у вас бы́ли хоро́шие воспомина́ния.
좋은 추억을 가지고 있는 것은 중요하다.

● 진행되다

어떠한 행사나 동작이 진행될 때 쓸 수 있는 표현은 다양하지만, 보통 'проходи́ть(пройти́)
(지나가다, 진행되다)', 'происходи́ть(произойти́)(일어나다, 진행되다)' 동사를 사용합니다.

[проходи́ть(пройти́) 동사]

Конфере́нция прошла́ успе́шно.   오페라는 성공적으로 끝났습니다.
Вре́мя прохо́дит бы́стро.   시간이 빨리 갑니다.

[происходи́ть(произойти́) 동사]

Это происхо́дит ре́дко.   이것은 가끔 진행됩니다.
Что у вас тут произошло́, пока́ меня́ не́ было?
제가 없을 때, 여기서 무슨 일 있었나요?

주제에 관한 다양하고 유용한 표현들입니다. 자신에게 맞는 문장을 체크하고 재미있는 스토리를 만들어 보세요. 돌발 질문에도 당황하지 않고 나만의 표현력은 물론, 논리력에도 자신감이 생깁니다.

☐ 보통 우리는 회의 후에 저녁 식사를 함께합니다.

Обы́чно мы у́жинаем вме́сте по́сле совеща́ния.

☐ 저는 주기적으로 고객의 매장을 방문합니다.

Я регуля́рно посеща́ю магази́ны клие́нтов.

☐ 저는 출장 전 미리 시장조사를 합니다.

Я провожу́ иссле́дование ры́нка пе́ред пое́здкой.

☐ 저는 보고서를 검토할 겁니다.

Я рассмотрю́ отчёт.

☐ 모두들 세미나에서 발표를 집중해서 듣습니다.

Все внима́тельно слу́шали презента́цию на семина́ре.

☐ 많은 회사가 우리 회사와 일하고 싶어 합니다.

Мно́гие компа́нии хотя́т рабо́тать с на́шей компа́нией.

☐ 저는 출장에서 돌아오면, 다음날 출근을 해야 합니다.

Когда́ я возвраща́юсь из командиро́вки, мне ну́жно идти́ на рабо́ту на сле́дующий день.

☐ 저는 회의에 들어가기 전에는 항상 긴장합니다.

Я всегда́ не́рвничаю пе́ред совеща́нием.

☐ 저는 박람회에서 프레젠테이션을 발표했습니다.

Я предста́вил(а) презента́цию на вы́ставке.

☐ 저는 동료를 대신해서 출장을 다녀왔습니다.

Я е́здил(а) вме́сто моего́ колле́ги.

해외 출장

OPIc 시험에서는 콤보 형식으로 출제되는 경우가 많습니다. 주제별 답변에 대한 핵심 구조를 중심으로 응용 어휘를 활용한 콤보 형식의 답변을 연습해 보세요. 모범 답변을 활용해 나만의 스토리텔링도 만들어 보세요.

Q **Расскажи́те о зарубе́жной командиро́вке. Куда́ вы е́здили, и как до́лго вы там остава́лись? Что вы де́лали? Расскажи́те, пожа́луйста, мне дета́ли. Если вы отпра́витесь в зарубе́жную командиро́вку, что вы положи́те в свой чемода́н? Каки́е ве́щи вы возьмёте?**

해외 출장에 대해서 말해 주세요. 어디로 다녀왔는지 그리고 얼마나 그곳에 머물렀나요? 무엇을 했나요? 상세하게 말해 주세요. 만약 당신이 해외 출장을 간다면 무엇을 반드시 캐리어에 가져갈 건가요? 어떤 물건을 가져갈 건가요?

 3단 콤보 답변

주제별 답변에 대한 핵심 구조를 중심으로 응용 어휘를 활용해서 콤보 형식의 답변을 익혀 보세요.

① 출장 가는 곳

 핵심 구조 출장 간 나라 또는 도시, 출장 기간

① Я ча́сто отправля́юсь в командиро́вку за грани́цу.
저는 외국으로 출장을 자주 갑니다.

② Компа́ния отпра́вила меня́ в командиро́вку в Росси́ю.
회사는 저를 러시아로 출장을 보냈습니다.

③ Это была́ командиро́вка на три дня.
그것은 3일 동안의 출장이었습니다.

④ По́сле э́той командиро́вки я на́чал(а́) изуча́ть язы́к э́той страны́.
이 출장 이후에 저는 이 나라의 언어를 배우기 시작했습니다.

응용어휘			
①	в другу́ю страну́ 다른 나라로	в ра́зные стра́ны 다양한 나라들로	
②	в Кита́й 중국으로	в Аме́рику 미국으로	в Англию 영국으로
	в Япо́нию 일본으로	в Украи́ну 우크라이나로	
③	оди́н день 하루 동안의	два дня 이틀 동안의	неде́лю 일주일 동안의

② 출장 가서 하는 일

① Я был(á) там тóлько для тогó, чтóбы провéрить нóвые проéкты.
저는 새로운 프로젝트를 확인하기 위하여 그곳에 갔습니다.

② Я тáкже дóлжен(должнá) был(á) пойти на встрéчу с представителями други́х филиáлов.
저는 또한 다른 지사와의 만남에 가야만 했습니다.

③ Я съéздил(а) на экскýрсию по гóроду.
도시를 따라 견학을 다녀왔습니다.

④ Прия́тно провёл(á) врéмя.
기분 좋은 시간을 보냈습니다.

⑤ Я обошёл(обошлá) завóд и запóлнил(а) отчёт по разли́чным вопрóсам.
저는 공장을 둘러보았고 다양한 질문에 대한 보고서를 작성했습니다.

①,② предстáвить презентáцию нóвых товáров 신제품에 대한 프레젠테이션을 발표하다
реши́ть проблéмы с контрáктами 계약서상의 문제를 해결하다
состáвить контрáкт 계약서 작성
③ по завóду 공장을 따라   по агéнтству 대리점마다

③ 출장 준비

① Я старáюсь взять как мóжно мéньше багажá.
저는 가능한 짐을 적게 가져가려고 노력합니다.

② Я проверя́ю срок окончáния дéйствия пáспорта.
저는 여권 기한을 확인합니다.

③ Во-пéрвых, я собирáю дополни́тельную одéжду на недéлю.
첫 번째로 저는 일주일 치 여분의 옷을 챙깁니다.

④ Я могý пóльзоваться телефóном в междунарóдном рóуминге.
저는 로밍을 해서 핸드폰을 사용할 수 있습니다.

⑤ Я проверя́ю, взял(á) ли я пáспорт и билéт на самолёт.
저는 여권과 비행기 표를 챙겼는지 확인합니다.

⑤ докумéнты 서류들   ноутбýк 노트북   заря́дку для телефóна 핸드폰 충전기
планшéт 태블릿

☐ **1단계** 출장 가는 곳 ① + ② + ③ + ④ 🎧 07-15

Я ча́сто отправля́юсь в командиро́вку за грани́цу. Я е́зжу во мно́гие стра́ны. Поэ́тому мне ну́жно понима́ть ра́зные культу́ры. В про́шлом году́ моя́ компа́ния отпра́вила меня́ в командиро́вку в Росси́ю. Это была́ командиро́вка на три дня. В то вре́мя я не знал(а) ру́сский язы́к, поэ́тому бы́ло о́чень тяжело́. По́сле э́той командиро́вки я на́чал(а) изуча́ть язы́к э́той страны́.

저는 외국으로 출장을 자주 갑니다. 저는 많은 나라들을 다닙니다. 그래서 저는 다양한 문화를 이해할 필요가 있습니다. 작년에 회사는 저를 러시아로 출장을 보냈습니다. 그것은 3일 동안의 출장이었습니다. 그때 저는 러시아어를 알지 못했기 때문에, 매우 힘들었습니다. 이 출장 이후에 저는 이 나라의 언어를 배우기 시작했습니다.

☐ **2단계** 출장 가서 하는 일 ① + ② + ③ + ④ + ⑤ 🎧 07-16

Я был(а) там то́лько для того́, что́бы прове́рить но́вые прое́кты, кото́рые на́ши колле́ги сде́лали в Росси́и. Я та́кже до́лжен(должна́) был(а) пойти́ на встре́чу с представи́телями други́х филиа́лов. К сча́стью, у меня́ бы́ло немно́го свобо́дного вре́мени, поэ́тому я съе́здил(а) на экску́рсию по го́роду и прия́тно провел(а́) вре́мя. А на сле́дующий день я обошёл(обошла́) заво́д и запо́лнил(а) отчёт по разли́чным вопро́сам. В тот день ме́неджер компа́нии в Росси́и пригласи́л меня́ на прекра́сный у́жин.

저는 우리의 동료가 러시아에서 행한 새로운 프로젝트를 확인하기 위하여 그곳에 갔습니다. 저는 또한 다른 지사와의 만남에 가야만 했습니다. 다행스럽게도, 저에게는 어느 정도의 자유시간이 있어서 도시를 따라 견학을 다녀왔고 기분 좋은 시간을 보냈습니다. 그리고 다음 날 저는 공장을 둘러보았고 다양한 질문에 대한 보고서를 작성했습니다. 그날 러시아 회사의 매니저는 저를 멋진 저녁 식사에 초대했습니다.

Когда́ я отправля́юсь в командиро́вку за грани́цу, я стара́юсь взять как мо́жно ме́ньше багажа́. Во-пе́рвых, я собира́ю дополни́тельную оде́жду на неде́лю. Зате́м я беру́ гигиени́ческие принадле́жности, наприме́р, зубну́ю щётку и раство́р для конта́ктных линз. Я та́кже беру́ свой моби́льник, так как я могу́ по́льзоваться телефо́ном в междунаро́дном ро́уминге. Я беру́ свой ноутбу́к для рабо́ты, пре́жде чем выходи́ть из до́ма. И проверя́ю, взял(а́) ли я па́спорт и биле́т на самолёт.

제가 외국으로 출장을 갈 때, 저는 가능한 짐을 적게 가져가려고 노력합니다. 첫 번째로 저는 일주일 치 여분의 옷을 챙깁니다. 다음에 저는 위생용품을 챙깁니다. 예를 들면, 칫솔 그리고 콘택트렌즈 용액입니다. 저는 핸드폰도 챙기는데, 왜냐하면 로밍을 해서 핸드폰을 사용할 수 있기 때문에 핸드폰도 챙깁니다. 저는 집에서 나가기 전에 일을 하기 위해 노트북을 챙깁니다. 그리고 여권과 비행기 표를 챙겼는지 확인합니다.

나만의 스토리를 만들어 보세요! 🐝

러시아어의 문법과 구조 형태 및 유용한 어휘 등을 학습하고 답변에 응용해 보세요. 자연스러운 표현과 언어 구사 능력이 올라갑니다.

● 보내다, 출발하다

отпра́вить는 '~을 보내다'라는 뜻의 동사로서, 「отпра́вить+대격」 구조로 표현할 수 있습니다. '~가 ~로 보내어지다(출발하다, 떠나가다)'라고 표현할 때는 재귀동사 형태인 отпра́виться 동사를 씁니다.

Ма́ма отпра́вила дете́й к ба́бушке.   엄마는 할머니한테 아이들을 보냈습니다.

Фи́рма отпра́вила колле́г в Коре́ю.   회사는 한국으로 동료들을 보냈습니다.

Я отпра́вился в зарубе́жную пое́здку.   저는 외국으로 여행을 떠났습니다.

● 둘러보다

> осмотре́ть + 대격 : ~을 둘러보다, ~를 진찰하다

осмотре́ть는 '~을 둘러보다, 구경하다'라는 뜻의 동사로서, 뒤에는 대격을 요구합니다. 다른 의미로는 병원에서 '진찰하다'라는 뜻도 가지고 있습니다.

Оле́г осмотре́л заво́д.   알렉은 공장을 둘러보았습니다. (공장을 참관했습니다.)

Тури́сты осмотре́ли музе́й.   여행객들은 박물관을 둘러보았습니다.

Врач осмотре́л больно́го.   의사가 환자를 진찰했습니다.

● 외곽

> за + 방향(대격)/ 위치(조격)

за는 '~ 뒤에, ~ 뒤로'라는 뜻을 가진 전치사입니다. за 뒤에 대격을 사용할 경우에는 '방향'을 나타내며, 조격을 사용할 경우에는 '위치'를 나타냅니다.

Я пое́ду за́ город.   저는 외곽으로 갈 것입니다.

Мой дом нахо́дится за́ городом.   나의 집은 외곽에 위치해 있습니다.

Анна пое́хала за грани́цу(= в другу́ю страну́).

안나는 외국(= 다른 나라로)으로 떠났습니다.

Я живу́ за грани́цей(= в друго́й стране́).

저는 외국에서(= 다른 나라에서) 삽니다.

주제에 관한 다양하고 유용한 표현들입니다. 자신에게 맞는 문장을 체크하고 재미있는 스토리를 만들어 보세요. 돌발 질문에도 당황하지 않고 나만의 표현력은 물론, 논리력에도 자신감이 생깁니다.

☐ 저는 물건 목록을 만듭니다.

Я составля́ю спи́сок веще́й.

☐ 저는 비행 시간표를 확인하는 것을 잊지 않습니다.

Я не забыва́ю прове́рить расписа́ние ре́йсов.

☐ 만약에 재미있는 방문 장소가 있다면, 저는 구경하려고 노력합니다.

Е́сли есть интере́сные для посеще́ния места́, я стара́юсь их осма́тривать.

☐ 저는 핸드폰을 완전히 충전시킵니다.

Я по́лностью заряжа́ю свой телефо́н.

☐ 해외로 여행을 갈 수 있다는 것이 저는 마음에 듭니다.

Мне нра́вится возмо́жность путеше́ствовать за грани́цу.

☐ 저는 비행기를 놓쳤습니다.

Я пропусти́л(а) самолёт.

☐ 보통 저의 스케줄은 빡빡해서, 저는 충분한 휴식을 취할 수 없습니다.

У меня́ обы́чно пло́тное расписа́ние, поэ́тому я не могу́ доста́точно отдыха́ть.

☐ 고객이 저를 공항에서 기다리고 있었습니다.

Клие́нт ждал меня́ в аэропорту́.

☐ 보통 저는 비행기 표와 호텔 방을 스스로 예약합니다.

Обы́чно я сам(а́) брони́рую биле́т на самолёт и но́мер оте́ля.

☐ 모든 경우에 대비하여 저는 한 번 더 확인합니다.

На вся́кий слу́чай я ещё раз всё проверя́ю.

Урок 5

집에서 보내는 휴가

OPIc 시험에서는 콤보 형식으로 출제되는 경우가 많습니다. 주제별 답변에 대한 핵심 구조를 중심으로 응용 어휘를 활용한 콤보 형식의 답변을 연습해 보세요. 모범 답변을 활용해 나만의 스토리텔링도 만들어 보세요.

Q Почему́ вам нра́вится остава́ться до́ма, когда́ вы в о́тпуске? Что вы де́лаете до́ма? Кого́ вы приглаша́ете с собо́й в путеше́ствие в о́тпуск? Как вы обы́чно прово́дите вре́мя? Расскажи́те мне, пожа́луйста, как вы неда́вно провели́ о́тпуск.

당신은 왜 휴가 때 집에 남는 것을 좋아하나요? 집에서 당신은 무엇을 하나요? 휴가 때 누구를 초대하나요? 어떻게 당신들은 시간을 보내나요? 최근에 휴가를 어떻게 보냈는지 나에게 이야기해 주세요.

 3단 콤보 답변

주제별 답변에 대한 핵심 구조를 중심으로 응용 어휘를 활용해서 콤보 형식의 답변을 익혀 보세요.

1 집에서 휴가 보내기

핵심 구조 집에서 휴가 보내기를 좋아하는 이유, 휴가 때 하는 활동

① Я жду о́тпуск, когда́ рабо́таю.
저는 일할 때, 휴가만을 기다립니다.

② Я не де́лаю ничего́ осо́бенного до́ма.
저는 집에서 특별히 하는 것이 없습니다.

③ Снача́ла я высыпа́юсь.
저는 먼저 충분히 잠을 잡니다.

④ В о́тпуске я обы́чно зака́зываю еду́ на́ дом.
휴가 때 저는 보통 음식을 배달시킵니다.

⑤ Я становлю́сь о́чень лени́вым(лени́вой).
저는 아주 게을러집니다.

응용어휘

②④ хорошо́ отдыха́ю 충분히 쉬다　　це́лый день лежу́ на дива́не 하루 종일 소파에 누워있다
валя́юсь на крова́ти 침대에서 뒹굴뒹굴하다
③ принима́ю душ 샤워를 하다　　чи́щу зу́бы 이를 닦다
гото́влю за́втрак 아침을 준비하다　　убира́ю ко́мнату 방을 청소하다

220　한 번에 끝! OPIc 러시아어

❷ 휴가 때 초대 손님

핵심 구조 초대 손님, 휴가 일상

① **Я обы́чно приглаша́ю домо́й моего́ лу́чшего дру́га.**
저는 보통 제 친한 친구를 집으로 초대합니다.

② **До́ма мы гото́вим вку́сную еду́.**
집에서 우리는 맛있는 음식을 요리합니다.

③ **Когда́ мы еди́м, разгова́риваем.**
밥을 먹을 때 우리는 이야기를 합니다.

④ **Мы вме́сте игра́ем в компью́терные и́гры.**
우리는 함께 컴퓨터 게임을 합니다.

⑤ **Иногда́ мы де́лаем что́-то до́ма.**
가끔씩은 집에서 무언가를 만듭니다.

② **пече́м пече́нье(десе́рты, торт)** 쿠키(디저트, 케이크)을 굽다　　**болта́ем** 수다를 떨다
украша́ем дом 집을 꾸미다
③ **смо́трим фи́льмы по телеви́зору** 텔레비전으로 영화를 보다
спра́шиваем, как дела́ 어떻게 지내는지 물어보다

❸ 최근 집에서 휴가를 보낸 경험

핵심 구조 최근 휴가 경험, 주로 했던 일

① **Моя́ семья́ прие́хала ко мне домо́й в день, когда́ у меня́ был ле́тний о́тпуск.**
우리 가족은 여름휴가 때 제집으로 왔습니다.

② **Если мой дом гря́зный, моя́ ма́ма ворчи́т.**
만약 집이 더러우면, 엄마가 잔소리를 합니다.

③ **Ма́ма принесла́ мне мно́го еды́.**
엄마는 나를 위해 많은 음식을 가져오셨습니다.

④ **Ма́ма всегда́ пережива́ет за меня́.**
엄마는 항상 나를 걱정해 주십니다.

⑤ **Они́ разошли́сь по свои́м дома́м.**
그들은 각자 자신의 집으로 돌아갔습니다.

① **весе́нний** 봄의　　**осе́нний** 가을의　　**зи́мний** 겨울의
③ **коре́йские наро́дные лека́рства(кита́йские наро́дные лека́рства)** 한약
но́вое одея́ло 새 이불　　**фру́кты** 과일

콤보 형식의 답변을 활용해서 주제별 모범 답변을 제시합니다.

□ **1단계** 집에서 휴가 보내기 ② + ③ + ④ + ⑤　　　🎧 07-19

Я ча́сто отправля́юсь в командиро́вки. Поэ́тому я не хочу́ никуда́ уезжа́ть в о́тпуск. Я хочу́ отдыха́ть до́ма, поэ́тому я не де́лаю ничего́ осо́бенного до́ма. Снача́ла я высыпа́юсь. В о́тпуск обы́чно встаю́ в 10 часо́в, пото́м за́втракаю. По́сле за́втрака я лежу́ на дива́не и смотрю́ телеви́зор и́ли чита́ю кни́гу. Я люблю́ э́то вре́мя. В о́тпуске я обы́чно зака́зываю еду́ на́ дом. Я становлю́сь о́чень лени́вым(лени́вой).

저는 출장을 자주 갑니다. 그래서 저는 휴가 때 아무 곳에도 가고 싶지 않습니다. 저는 쉬고 싶어서 집에서 특별히 하는 것이 없습니다. 저는 먼저 충분히 잠을 잡니다. 휴가 때 보통 10시에 일어나고 다음에 아침을 먹습니다. 아침을 먹은 후에는 소파에 누워서 텔레비전을 보거나 책을 읽습니다. 저는 이 시간을 좋아합니다. 휴가 때 저는 보통 음식을 배달시킵니다. 저는 아주 게을러집니다.

□ **2단계** 휴가 때 초대 손님 ① + ② + ③ + ⑤　　　🎧 07-20

Я обы́чно приглаша́ю домо́й моего́ лу́чшего дру́га. Он ча́сто прихо́дит ко мне домо́й, потому́ что он живёт ря́дом с мои́м до́мом. До́ма мы гото́вим вку́сную еду́. Обы́чно гото́вит он, потому́ что о́чень хорошо́ э́то де́лает. Когда́ мы еди́м, разгова́риваем, и пьём пи́во с обе́да. По́сле еды́ мы смо́трим ста́рые фи́льмы. Иногда́ мы де́лаем что́-то до́ма, наприме́р, собира́ем ме́бель. Всегда́ ве́село, когда́ он прихо́дит ко мне домо́й.

저는 보통 제 친한 친구를 집으로 초대합니다. 그는 옆집에 살기 때문에 저희 집에 자주 옵니다. 집에서 우리는 맛있는 음식을 요리합니다. 그는 요리를 잘하기 때문에 보통은 그가 요리를 합니다. 밥을 먹을 때 우리는 이야기를 하고 점심 식사 때부터 맥주를 마십니다. 밥을 먹고 난 후에 우리는 집에서 옛날 영화를 봅니다. 가끔씩은 집에서 무언가를 만드는 데, 예를 들면 가구를 조립합니다. 그가 집에 오면 항상 재미있습니다.

□ **3단계** 최근 집에서 휴가를 보낸 경험 ① + ② + ⑤ 🎧 07-21

Моя́ семья́ прие́хала ко мне домо́й в день, когда́ у меня́ был ле́тний о́тпуск. Поэ́тому я убра́л(а) ко́мнаты. Éсли мой дом гря́зный, моя́ ма́ма ворчи́т. Мы провели́ це́лый день вме́сте. Я гото́вил(а) для семьи́ как по́вар в восхити́тельном рестора́не. Сестра́ игра́ла с мое́й соба́кой в мяч. К сожале́нию, мой брат не прие́хал. А ве́чером мы посмотре́ли интере́сный фильм. Пото́м они́ разошли́сь по сво́им дома́м. Был о́чень хоро́ший день.

우리 가족은 여름휴가 때 제집으로 왔습니다. 그래서 저는 방을 청소했습니다. 만약 집이 더러우면, 엄마가 잔소리를 합니다. 우리는 하루 종일 시간을 같이 보냈습니다. 저는 아주 멋진 식당의 요리사처럼 가족을 위해 요리를 했습니다. 여동생은 제 강아지와 공을 가지고 놀았습니다. 아쉽게도, 제 남동생은 오지 않았습니다. 그리고 저녁에 우리는 재미있는 영화를 보았습니다. 다음에 그들은 각자 자신의 집으로 돌아갔습니다. 아주 좋은 하루였습니다.

나만의 스토리를 만들어 보세요! 🐝

러시아어의 문법과 구조 형태 및 유용한 어휘 등을 학습하고 답변에 응용해 보세요. 자연스러운 표현과 언어 구사 능력이 올라갑니다.

● 기다리다, 기대하다

ждать с нетерпе́нием : ~을 고대하다, 기대하다, 기다리다

нетерпе́ние는 인내심이 없는 것을 의미하기 때문에, '조바심, 안달'이라는 해석도 가능합니다. 즉, '조바심을 가지고 기다리다(기대하다/고대하다)'라는 의미로 사용합니다.

Я жду́ с нетерпе́нием встре́чи с дру́гом.　　저는 친구와의 만남을 기대합니다.

Анто́н ждёт с нетерпе́нием хоро́ших новосте́й.

안톤은 좋은 뉴스들을 기대합니다.

● проспа́ть, вы́спаться : 늦잠을 자다

'늦잠을 자다'라는 표현에는 대표적으로 2가지의 동사가 있습니다. 그러나 두 동사는 의미적 차이가 있으므로 쓰임에 주의해야 합니다. проспа́ть 동사는 늦잠을 자서 안 좋은 결과를 얻을 때 사용하며, вы́спаться 동사는 자신이 원하는 만큼 충분히 잠을 잤을 때 사용합니다.

Я проспала́, поэ́тому опозда́ла на рабо́ту.

저는 늦잠을 자서 회사에 늦었습니다.

Шко́льник проспа́л, поэ́тому и опозда́л на уро́к.

학생은 늦잠을 자서 수업에 늦었습니다.

В суббо́ту я вы́спался.　　토요일에 저는 늦잠을 잤습니다.

Анто́н не мог вы́спаться.　　안톤은 충분히 잠을 못 잤습니다.

● 각자의 방향으로 가다

разойти́сь + по + 여격 : ~로 흩어지다

разойти́сь 동사는 '어딘가로 흩어져 가다'라는 의미를 가지고 있습니다. 이때 흩어지는 장소를 표현할 때는 일반적인 「в+대격」이 아닌, 「по+여격」으로 표현해 줍니다.

Студе́нты разошли́сь по дома́м.　　학생들은 각자 집으로 갔습니다.

Мы разошли́сь по противополо́жным сто́ронам.

우리는 반대 방향으로 헤어졌습니다.

주제에 관한 다양하고 유용한 표현들입니다. 자신에게 맞는 문장을 체크하고 재미있는 스토리를 만들어 보세요. 돌발 질문에도 당황하지 않고 나만의 표현력은 물론, 논리력에도 자신감이 생깁니다.

☐ 제가 집에서 쉬면, 돈을 아낄 수 있습니다.

Когда́ я отдыха́ю до́ма, я могу́ сэконо́мить де́ньги.

☐ 저는 여행 갈 시간이 많이 없습니다.

У меня́ не так мно́го вре́мени, что́бы путеше́ствовать.

☐ 저는 엄마가 해주는 밥을 먹을 수 있습니다.

Я могу́ есть то, что гото́вит ма́ма.

☐ 우리는 친구와 같이 시험을 준비합니다.

Мы вме́сте с дру́гом гото́вимся к экза́мену.

☐ 친구와 드라마 보는 것을 좋아합니다.

Я люблю́ смотре́ть сериа́лы с друзья́ми.

☐ 많은 사람이 비슷한 시기에 휴가를 갑니다.

Мно́гие е́дут в о́тпуск в одно́ и то же вре́мя.

☐ 저는 휴가 때마다 다른 곳으로 놀러 가는 것에 지쳤습니다.

Я уже́ уста́л(а) е́здить куда́-нибу́дь в о́тпуск.

☐ 저는 하루 종일 컴퓨터 게임을 합니다.

Я игра́ю в компью́терные и́гры весь день.

☐ 저는 오랫동안 만나지 못했던 친구들을 만납니다.

Я встреча́юсь с друзья́ми, с кото́рыми до́лго не ви́делся.

☐ 가끔 사람들한테는 자신을 위한 시간이 필요합니다.

Иногда́ лю́дям ну́жно вре́мя для себя́.

OPIc 시험을 마치기 전 마지막 단계로 '롤플레이'를 진행하게 됩니다. OPIc의 롤플레이는 다른 롤플레이 형식과 다르게 시험관이 상황을 제시하는 문구가 나오면, **상대방이 있다는 가정하에 제시된 상황에 맞게 혼자 질문과 답변을 병행하며 상황을 재연**하는 방식으로 진행됩니다. 한마디로 1인 역할극이라고 이해하면 됩니다.

수험생들이 OPIc 시험 중 가장 어려워하는 부분이 바로 롤플레이(Role play)인 역할극이므로, 롤플레이에 필요한 핵심 패턴을 집중적으로 학습해 보세요.

시험 형식 샘플

상황 제시

✏️ Вы хоти́те зарезерви́ровать стол в ре́сторане.
Зада́йте 3 или 4 вопро́са о брони́ровании официа́нтов.

당신은 레스토랑에서 예약을 하고 싶습니다.
웨이터에게 예약에 관해 3~4가지 질문을 해 보십시오.

답변

Я бы хоте́л(а) заброни́ровать сто́лик.	테이블을 하나 예약하고 싶습니다.
Мо́жно зада́ть не́сколько вопро́сов?	몇 가지 질문을 해도 될까요?
Ско́лько э́то сто́ит?	이건 얼마인가요?
У вас есть студе́нческие ски́дки?	학생 할인이 있나요?
Жаль!	안타깝네요!
Спаси́бо за по́мощь.	도와주셔서 감사합니다.

"혼자 북 치고 장구 치고~, 쑥스러워하지 말고 자신 있게!"

롤플레이

핵심 패턴

1 | 면접관에게 질문하기

면접관에게 설문 조사에서 선택한 주제들에 대해 질문을 하는 유형으로 돌발 질문에 대한 주제로 질문을 하는 경우도 있습니다. 육하원칙을 이용해서 여러 가지 질문을 할 수 있도록 연습해 보세요.

---

① Когда́ вы лю́бите е́здить в путеше́ствия?

당신은 언제 여행 가는 것을 좋아하나요?

☞ Я люблю́ е́здить на выходны́е.

저는 주말에 가는 것을 좋아해요.

대체 어휘 1

산책하다 гуля́ть
쇼핑하다
ходи́ть по магази́нам
영화를 보다
смотре́ть фи́льмы

---

② Что вы предподчита́ете де́лать в отпу́ске?

휴가 때 뭐 하는 것을 선호하세요?

☞ Я люблю́ проводи́ть вре́мя с семьёй.

저는 가족들과 시간 보내는 것을 좋아해요.

대체 어휘 2

운동하다
занима́ться спо́ртом
컴퓨터 게임을 하다
игра́ть в компью́терные и́гры
책을 읽다 чита́ть кни́ги

---

③ Что вы де́лаете на приро́де с пала́ткой?

당신은 캠핑에서 무엇을 하나요?

☞ Я гото́влю шашлыки́.

저는 바비큐를 요리해요.

대체 어휘 3

공원에서 в па́рке
시외에서 за́ городом
해변에서 на пля́же

사진을 찍다
фотографи́рую
공을 가지고 놀다
игра́ю с мячо́м

---

④ Каки́е ве́щи вы собира́ете пе́ред командиро́вкой?

당신은 출장 전 어떤 물건을 챙기나요?

☞ Я собира́ю то́лько ну́жные ве́щи.

저는 필요한 물건만 챙깁니다.

대체 어휘 4

휴가 о́тпуском
산책 прогу́лкой

수건 그리고 물병
полоте́нце и буты́лку воды́
수영복 그리고 선글라스
купа́льник и
солнцезащи́тные очки́

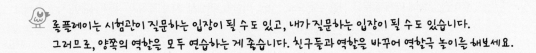

🐤 롤플레이는 시험관이 질문하는 입장이 될 수도 있고, 내가 질문하는 입장이 될 수도 있습니다.
그러므로, 양쪽의 역할을 모두 연습하는 게 좋습니다. 친구들과 역할을 바꾸어 역할극 놀이를 해보세요.

⑤ Почему́ вы де́ржите до́ма живо́тных?

당신은 왜 집에서 동물을 기르나요?

☞ **Потому́ что с де́тства я люби́л(а) живо́тных.**

저는 어렸을 때부터 동물을 좋아했기 때문이에요.

대체 어휘 5
강아지를 соба́к
고양이를 ко́шек
토끼를 кро́ликов

⑥ С кем вы лю́бите смотре́ть фи́льмы?

당신은 누구와 영화 보는 것을 좋아하나요?

☞ **Я люблю́ смотре́ть оди́н/одна́.**

저는 혼자 보는 것을 좋아합니다.

대체 어휘 6
여가 시간을 보내다
проводи́ть свобо́дное
вре́мя
요리하다 гото́вить
피트니스클럽에 가다
ходи́ть в фи́тнес-клуб

⑦ Како́й спорт вы лю́бите?

당신은 어떤 운동을 좋아하세요?

☞ **Я люблю́ гольф.**

저는 골프를 좋아합니다.

대체 어휘 7
어떤 음악을 Каку́ю му́зыку
어떤 음식을 Како́е блю́до

팝송 поп-му́зыку
피자 пи́ццу

💬 리액션(Reaction)하기 좋은 답변

Пра́вда? Невероя́тно!	정말요? 믿을 수 없어요!
Я то́же хочу́ попро́бовать когда́-нибудь!	저도 언젠가 해보고 싶어요!
Здо́рово!	대단해요!
Я то́же так ду́маю!	저도 그렇게 생각해요!
Я так не ду́маю.	저는 그렇게 생각하지 않아요.

2 상황에 맞게 질문하기

주어진 상황에 맞게 질문을 하는 유형으로, '식당, 어학원, 여행사, 차 렌트하기' 등의 상황이 자주 출제됩니다. 상황에 맞게 질문하는 것이 중요합니다.

---

① Вы не мо́жете порекомендова́ть мне, како́е блю́до са́мое популя́рное?

어떤 요리가 가장 인기 있는지 추천해 주실 수 없나요?

☞ Хочу́ попро́бовать.

한번 시도해 보고 싶네요.

대체 어휘 1

어떤 방이 가장 좋나요?
Како́й но́мер са́мый лу́чший?
어떤 영화가 예매율이 가장 높나요?
Како́й фи́льм са́мый ка́ссовый?

---

② У вас есть деше́вле?

더 싼 것이 있나요?

☞ Мне не нра́вится.

저는 마음에 들지 않아요.

대체 어휘 2

더 큰 бо́льше
더 작은 ме́ньше

---

③ Мне на́до зара́нее заброни́ровать?

제가 예약을 미리 해야 하나요?

☞ Хорошо́, так и сде́лаю.

네, 그렇게 할게요.

대체 어휘 3

비행기 표를 바꾸다
обменя́ть авиабиле́т
전화로 예약하다
заброни́ровать по телефо́ну

---

④ Како́й а́дрес?

주소가 어떻게 되나요?

☞ Мину́ту, ну́жно записа́ть.

잠시만요, 메모가 필요해요.

대체 어휘 4

담당자 연락처
но́мер телефо́на администра́тора
주문번호 но́мер зака́за

롤플레이는 시험관이 질문하는 입장이 될 수도 있고, 내가 질문하는 입장이 될 수도 있습니다.
그러므로, 양쪽의 역할을 모두 연습하는 게 좋습니다. 친구들과 역할을 바꾸어 역할극 놀이를 해보세요.

⑤ Что вхо́дит в сто́имость?

가격 안에는 무엇이 포함된 것인가요?

☞ **Отли́чно!**

완벽해요!

대체 어휘 5
프로그램 програ́мму
서비스 обслу́живание

⑥ Когда́ закрыва́ется?

언제 문을 닫나요?

☞ **Я верну́сь ра́ньше.**

그전에 돌아올게요.

대체 어휘 6
비행기가 착륙하다
самолёт приземля́ется
콘서트가 시작되다
начнётся конце́рт
티켓 구매가 끝나다
зака́нчивается прода́жа
биле́тов

⑦ Где мо́жно заплати́ть?

어디에서 결제할 수 있나요?

☞ **Спаси́бо.**

감사합니다.

대체 어휘 7
약을 사다
купи́ть лека́рство
진찰을 받다
обрати́ться к вра́чу
이것을 반품하다
верну́ть э́то

💬 리액션(Reaction)하기 좋은 답변

Вы о́чень добры́!	당신은 친절하군요!
Да, поня́тно.	네, 이해했습니다.
Спаси́бо за по́мощь!	도와주셔서 감사합니다!
Напишу́ вам мой но́мер телефо́на.	제 연락처를 써드릴게요.
Если у меня́ бу́дут каки́е-нибу́дь вопро́сы, спрошу́ вас.	만약에 어떤 질문이든 생기면, 당신에게 물어볼게요.

3 전화로 질문하기

전화로 질문을 하는 유형입니다. 주로 예약하기, 약속 정하기, 정보 물어보기 등의 질문들이 자주 출제됩니다. 전화할 때 필요한 표현들에 대해서 학습해 보세요.

① Алло́, здра́вствуйте! Это авиакомпа́ния «Аэрофло́т»?

여보세요, 안녕하세요! '아에로플로트 항공사'인가요?

☞ Да, э́то Мин Хо.

네, 저는 민호입니다.

> **대체 어휘 1**
> 한국 대사관
> коре́йское посо́льство
> 한국 병원
> коре́йская больни́ца
> 호텔 гостини́ца

② Могу́ ли я поговори́ть по телефо́ну с Анто́ном?

제가 안톤과 통화할 수 있을까요?

☞ Я хочу́ поговори́ть по телефо́ну с ним.

저는 그와 통화를 하고 싶어요.

> **대체 어휘 2**
> 이야기하다 разгова́ривать
> 러시아어를 공부하다
> изуча́ть ру́сский язы́к
> 저녁을 먹다 поу́жинать

③ Не могли́ бы вы переда́ть запи́ску?

메모를 전달해 주실 수 없나요?

☞ Она́ не отвеча́ет на мои́ звонки́, поэ́тому хочу́ оста́вить запи́ску.

그녀가 제 전화에 응답이 없어서 메모를 남기고 싶어요.

> **대체 어휘 3**
> 급한 질문이 있다
> есть сро́чные вопро́сы
> 내일 제가 없다
> за́втра меня́ не бу́дет

④ Скажи́те погро́мче, пожа́луйста.

조금 더 크게 말씀해 주세요.

☞ Ка́жется, связь плоха́я.

핸드폰 수신 상태가 안 좋은 것 같아요.

> **대체 어휘 4**
> 다시 한번 ещё раз
> 천천히 ме́дленнее
> 또박또박 чётко

🐤 롤플레이는 시험관이 질문하는 입장이 될 수도 있고, 내가 질문하는 입장이 될 수도 있습니다.
그러므로, 양쪽의 역할을 모두 연습하는 게 좋습니다. 친구들과 역할을 바꾸어 역할극 놀이를 해보세요.

⑤ Когда́ мо́жно поговори́ть по телефо́ну с ним?

그와 언제 통화할 수 있을까요?

☞ **Позвони́те мне, пожа́луйста, когда́ он вернётся.**

그가 돌아오면, 저에게 전화 주세요.

대체 어휘 5
저녁을 먹다 поу́жинать
만나다 встре́титься

⑥ Не могли́ бы вы соедини́ть меня́ с администра́тором?

저를 책임자에게 연결해 줄 수 없나요?

☞ **Да, соедини́те с ним, пожа́луйста.**

네, 그와 연결 부탁드립니다.

대체 어휘 6
매니저 ме́неджером
비행기 표 판매자
касси́ром по прода́же
биле́тов

💬 리액션(Reaction)하기 좋은 답변

Позвони́те мне, пожа́луйста, я бу́ду благода́рен (благода́рна)!	전화 주시면 매우 감사할 것 같아요!
Я подожду́ ва́шего звонка́.	전화 기다리고 있을게요.
Позвони́те когда́-нибудь.	언제든지 전화해 주세요.
Перезвоню́ вам.	다시 걸게요.
Сейча́с мо́жете разгова́ривать?	지금 이야기할 수 있나요?

4 상품 구매하기

상품을 구입할 때 상황에 맞게 질문하는 유형입니다. 주로 전자제품 및 의류 등의 물건을 사는 상황이 자주 출제됩니다. 상황에 맞게 질문하고 답변을 하는 학습을 해 보세요.

---

1 Я хочу́ купи́ть моби́льник.

나는 핸드폰을 구입하고 싶어요.

☞ Я ищу́ э́ту моде́ль.

저는 이 모델을 찾고 있어요.

대체 어휘 1

태블릿을 планше́т
노트북을 ноутбу́к
냉장고를 холоди́льник
진공청소기를 пылесо́с

---

2 Кака́я моде́ль са́мая популя́рная?

어떤 모델이 가장 인기 있나요?

☞ Мне то́же э́то нра́вится.

저도 이것이 마음에 드네요.

대체 어휘 2

싼 дешёвая
품질 좋은 ка́чественная

---

3 Каки́е есть фу́нкции?

어떤 기능이 있나요?

☞ Мне нра́вятся э́ти фу́нкции.

저는 이 기능이 마음에 들어요.

대체 어휘 3

할인들 ски́дки
세일들 а́кции
혜택들 бо́нусы

---

4 Како́й срок гара́нтии?

보증 기간이 어떻게 되나요?

☞ 2 го́да – э́то хорошо́!

2년이라니 좋네요!

대체 어휘 4

교환 обме́на
환불 возвра́та
취소 отме́ны

3일 3 дня
한 달 оди́н ме́сяц
1년 оди́н год

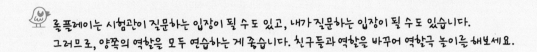

롤플레이는 시험관이 질문하는 입장이 될 수도 있고, 내가 질문하는 입장이 될 수도 있습니다.
그러므로, 양쪽의 역할을 모두 연습하는 게 좋습니다. 친구들과 역할을 바꾸어 역할극 놀이를 해보세요.

⑤ Ско́лько сто́ит всего́?

총 얼마인가요?

☞ **Пожа́луйста.**

여기 있습니다.

대체 어휘 5
할인해서 со ски́дкой
배달료 포함해서 с доста́вкой
포장비 포함해서 с упако́вкой

⑥ Мо́жно оплати́ть креди́тной ка́ртой?

신용카드로 계산할 수 있나요?

☞ **Я хочу́ оплати́ть услу́гу в рассро́чку на 3 ме́сяца.**

저는 3개월 할부로 계산하고 싶습니다.

대체 어휘 6
현금으로 нали́чными
기프트 카드로
пода́рочной ка́ртой

💬 **리액션(Reaction)하기 좋은 답변**

Я возьму́ э́то.	이걸로 할게요.
Мне не идёт.	나한테 어울리지 않네요.
Вы вы́глядите лу́чше!	훨씬 좋아 보여요!
Мне ка́жется, доста́точно.	내 생각으로는, 충분한 것 같아요.

예약 및 약속하기

예약을 하거나 약속을 할 때 많이 사용되는 유형입니다. 주로 식당 및 호텔을 예약하거나 친구와 약속 잡기 등이 많이 출제됩니다. 상황에 맞게 정확한 예약 및 약속을 하는 표현을 학습해 보세요.

① Я бы хоте́л(а) заброни́ровать сто́лик на двои́х.

2인석 자리를 예약하고 싶어요.

☞ У меня́ есть не́сколько вопро́сов.

저는 몇 가지의 질문이 있어요.

대체 어휘 1

내일 저녁 예약을 취소하다
отме́нить брони́рование у́жина на за́втра
예약 날짜를 변경하다
измени́ть да́ту брони́рования

② Каки́е места́ есть?

어떤 자리가 있나요?

☞ Могу́ ли я си́деть у окна́?

창가 옆에 앉아도 되나요?

대체 어휘 2

야외 테라스에
на откры́той терра́се
2층에 **на второ́м эта́же**

③ Каки́е ко́мнаты у вас есть?

어떤 방들이 있나요?

☞ Мне бо́льше нра́вится втора́я.

두 번째가 더 마음에 드네요.

대체 어휘 3

금연 방
ко́мната для некуря́щих
바다 전망 방
ко́мната с ви́дом на мо́ре
도시 전망 방
ко́мната с ви́дом на го́род

④ Ты не хо́чешь пое́хать в кино́ за́втра?

내일 영화관에 가지 않을래?

☞ Дава́й встре́тимся там!

거기에서 만나자!

대체 어휘 4

산책하다 **гуля́ть**
쇼핑하다
пое́хать по магази́нам
콘서트를 보다
посмотре́ть конце́рт

롤플레이는 시험관이 질문하는 입장이 될 수도 있고, 내가 질문하는 입장이 될 수도 있습니다.
그러므로, 양쪽의 역할을 모두 연습하는 게 좋습니다. 친구들과 역할을 바꾸어 역할극 놀이를 해보세요.

⑤ Во ско́лько мы встре́тимся?

몇 시에 우리 만날까?

☞ **Оке́й! Договори́лись!**

좋아! 약속했어!

대체 어휘 5

공항에 도착하다
прие́дем в аэропо́рт
저녁을 먹다 **поу́жинаем**
기차를 타다 **ся́дем в по́езд**

⑥ Мо́жно перенести́ встре́чу на сле́дующую неде́лю?

만남을 다음 주로 미룰 수 있을까?

☞ **Да, мо́жно.**

응, 괜찮아.

대체 어휘 6

기차표를 바꾸다
обменя́ть биле́т на по́езд
비행기 표를 바꾸다
обменя́ть биле́т на самолёт

💬 리액션(Reaction)하기 좋은 답변

Я ещё поду́маю и пото́м заброни́рую.	조금 더 생각해 보고 다음에 예약할게요.
Ка́жется, это ва́жно.	이건 중요한 것 같아요.
У меня́ не бу́дет вре́мени в други́е дни.	다른 날에는 시간이 없어요.
Внеси́те, пожа́луйста, меня́ в лист ожида́ния.	대기자 명단에 올려주세요.

항의하기

물건을 구매하거나 예약을 했을 시, 불만족스러울 때 해결을 하기 위한 상황으로 많이 출제되고 있습니다. 자신의 감정을 나타내며, 질문하고 답변하는 학습을 해 보세요.

---

① У меня́ жа́лоба по по́воду зака́за.

주문에 대한 불만이 있습니다.

☞ Наде́юсь, вы смо́жете реши́ть пробле́му.

당신이 해결할 수 있기를 바라요.

대체 어휘 1

서비스에 обслу́живания
객실 상태에 состоя́ния но́мера
품질에 ка́чества

---

② Этот телефо́н пло́хо рабо́тает.

이 핸드폰이 잘 작동하지 않습니다.

☞ Ка́жется, есть пробле́ма.

문제가 있는 것 같아요.

대체 어휘 2

카메라 фотоаппара́т
태블릿 планше́т

---

③ Я нашла́ ды́рку в ша́рфе.

스카프에서 구멍을 찾았어요.

☞ Я хочу́ обменя́ть на но́вый.

저는 새 상품으로 바꾸고 싶어요.

대체 어휘 3

얼룩을 пятна́
흠집을 цара́пины

---

④ Бы́стро реши́те э́ту пробле́му, пожа́луйста.

빠르게 이 문제를 해결해 주시길 부탁드립니다.

☞ Я разочаро́ван(а).

저는 실망했습니다.

대체 어휘 4

환불해 주세요 верни́те де́ньги
교환해 주세요 обменя́йте

롤플레이는 시험관이 질문하는 입장이 될 수도 있고, 내가 질문하는 입장이 될 수도 있습니다.
그러므로, 양쪽의 역할을 모두 연습하는 게 좋습니다. 친구들과 역할을 바꾸어 역할극 놀이를 해보세요.

---

⑤ Я не зака́зывал(а) э́то.

이것을 주문하지 않았습니다.

☞ Я заказа́л(а) то.

저는 저것을 주문했습니다.

⑥ У меня́ уже́ не в пе́рвый раз возника́ют пробле́мы с бытово́й те́хникой из э́того магази́на.

제가 이 가게에서 산 가전제품에서 문제가 일어난 것이 처음이 아니에요.

☞ Вы не могли́ бы мне сказа́ть, как тако́е могло́ произойти́?

어떻게 이런 일이 있을 수 있는지 제게 말해 줄 수 있나요?

💬 리액션(Reaction)하기 좋은 답변

Есть друго́й спо́соб?	다른 방법이 있나요?
Мне непоня́тно.	이해가 되지 않습니다.
Это совсе́м неудо́бно!	너무 불편해요!
Вы не объясня́ли мне.	저에게 설명해 주지 않았습니다.

환불 및 교환하기

물건 구매 후, 환불 또는 교환할 때 사용하는 표현입니다. 구매 및 항의하기를 함께 연결해서 사용할 수 있으며, 환불 또는 교환을 할 때 필요한 어휘들을 함께 학습해 보세요.

① Я бы хоте́л(а) верну́ть э́то.

이것을 반품하고 싶어요.

☞ По-мо́ему, мне не идёт.

저한테 어울리지 않는 것 같아요.

대체 어휘 1

서비스에 대해 알다
узна́ть об обслу́живание
상품을 고치다
почини́ть това́р
상품을 교환하다
обменя́ть това́р

② Могу́ ли я обменя́ть на друго́й цвет?

다른 색상으로 교환이 가능할까요?

☞ Э́то сли́шком мало́.

이건 너무 작아요.

대체 어휘 2

다른 사이즈로
на друго́й разме́р
다른 상품으로
на друго́й това́р
다른 모델로
на другу́ю моде́ль

③ Что ну́жно, что́бы обменя́ть?

교환하기 위해 무엇을 해야 하나요?

☞ Вот, возьми́те чек.

여기 영수증을 받으세요.

대체 어휘 3

결제한 카드
ка́рту, кото́рой оплати́л(а)
개런티 카드
ка́рту гара́нтии

④ Ну́жно ли мне плати́ть коми́ссию, что́бы обменя́ть?

교환하려면 수수료를 내야 하나요?

☞ Сла́ва бо́гу!

다행이네요!

대체 어휘 4

반품하다 **верну́ть э́то**
주문을 취소하다
отмени́ть зака́з
환불하다
получи́ть наза́д де́ньги

🐤 롤플레이는 시험관이 질문하는 입장이 될 수도 있고, 내가 질문하는 입장이 될 수도 있습니다.
그러므로, 양쪽의 역할을 모두 연습하는 게 좋습니다. 친구들과 역할을 바꾸어 역할극 놀이를 해보세요.

5 Могу́ ли я обменя́ть с курье́ром?

택배로 교환할 수 있나요?

☞ Да, скажи́те адре́с.

네, 주소 말씀해 주세요.

대체 어휘 5
수령자 전화번호
но́мер телефо́на получа́теля
수령자 이름
и́мя получа́теля

6 Я не взял(а́) чек, могу́ ли я верну́ть това́р?

제가 영수증을 안 가져 왔는데 상품을 반품할 수 있을까요?

☞ Ну, тогда́ не могу́.

그럼, 할 수 없겠군요.

대체 어휘 6
결제한 카드
ка́рту, кото́рой оплати́л(а)
포장지
упако́вочную бума́гу

💬 리액션(Reaction)하기 좋은 답변

Я хочу́ сро́чно обменя́ть.	저는 당장 교환을 하고 싶어요.
Как до́лго ну́жно ждать?	얼마나 오래 기다려야 하나요?
Очень сло́жно!	매우 복잡하네요!
Я напишу́ жа́лобу, е́сли вы не вернёте де́ньги.	환불해 주시지 않는다면, 불만족 신고를 하겠어요.

사과하기

친구와 약속에 늦거나, 어떠한 상황에서 사과하는 롤플레이에 대한 표현들입니다. 사과하는 동시에 대안을 제시하거나, 도움을 요청하는 표현 등을 함께 응용해서 사용할 수 있습니다. 사과할 때의 어휘 및 표현을 함께 학습해 보세요.

---

① Извини́ за опозда́ние!

늦어서 미안해!

☞ В сле́дующий раз я не опозда́ю!

다음에는 늦지 않을게!

대체 어휘 1

늦게 전화한 것에
то, что по́здно позвони́л(а)
말하는 것을 잊어서
то,что забы́л(а) сказа́ть

미리 말하겠다
зара́нее скажу́
말하는 것을 잊지 않겠다
не забу́ду сказа́ть

② Извини́ за то, что я слома́л(а) твой ве́щи.

네 물건들을 망가뜨려서 미안해.

☞ Я обяза́тельно куплю́ тебе́ таки́е же.

내가 반드시 같은 것으로 사 줄게.

대체 어휘 2

잃어버렸다 потеря́л(а)
깨트려 버렸다 разби́л(а)
못쓰게 만들어 버렸다
испо́ртил(а)

③ Извини́. Я так за́нят(а́), поэ́тому я не могу́ сдержа́ть обеща́ние.

미안해. 내가 너무 바빠서 약속을 못 지켜.

☞ В сле́дующий раз встре́тимся.

다음에 만나자.

대체 어휘 3

감기로 몸이 아프다
боле́ю гри́ппом
시험을 준비해야 한다
до́лжен(должна́)
гото́виться к экза́мену

④ Извини́, что я забы́л(а) твой день рожде́ния.

너의 생일을 잊어버려서 미안해.

☞ Я обеща́ю тебе́, тако́е бо́льше не повтори́тся.

다시는 안 그러겠다고 약속할게.

대체 어휘 4

심지어 너한테 말도 안 하고 가 버렸어
ушёл(ушла́), да́же тебе́ не сказа́л(а)
만나는 것을 잊었어
забы́л(а) встре́титься
다시 전화하는 것을 잊었어
забы́л(а) перезвони́ть

🐤 롤플레이는 시험관이 질문하는 입장이 될 수도 있고, 내가 질문하는 입장이 될 수도 있습니다.
그러므로, 양쪽의 역할을 모두 연습하는 게 좋습니다. 친구들과 역할을 바꾸어 역할극 놀이를 해보세요.

5 Я ещё не сдéлал(а) э́то.

저는 아직 이것을 다하지 못했습니다.

☞ Я пострáсь сдéлать э́то как мóжно скорéе.

가능한 한 빨리 그것을 다하도록 노력하겠습니다.

대체 어휘 5
다 읽다 прочитáл(а)
해결하다 реши́л(а)

6 У меня́ срóчные делá.

나 급한 일이 있어.

☞ Пожáлуйста, пойми́те меня́.

나를 이해해 주길 바라.

대체 어휘 6
급한 업무 срóчная рабóта
문제 проблéма

💬 리액션(Reaction)하기 좋은 답변

Спаси́бо за понимáние.	이해해 줘서 고마워.
Я винова́т(а).	내가 죄인이야.
Это моя́ оши́бка.	내 실수야.
Я не дéлал(а) э́того намéренно.	일부러 그런 거 아니야.
Бýду бóлее осторóжным(осторóжной).	좀 더 조심하도록 할게.

도움 요청하기

여러 상황에서 도움을 요청할 때 사용하는 표현입니다. 자신이 처한 상황에 대해 어떤 도움을 원하는지
이야기하는 방법을 연습하고 어휘를 익혀 보세요.

---

① Ты зна́ешь, где мо́жно организова́ть вечери́нку?

너는 어디에서 파티를 열 수 있는지 알고 있니?

☞ Скажи́ мне, пожа́луйста, где э́то.

그곳이 어디인지 말해줘.

대체 어휘 1

물건을 더 싸게 사다
купи́ть това́ры подеше́вле
회의를 진행하다
провести́ совеща́ние
저녁을 대접하다
угости́ть у́жином

---

② Прости́те, у вас есть вре́мя?

실례하지만, 시간 있으신가요?

☞ Вы мо́жете помо́чь мне?

저를 도와주실 수 있나요?

대체 어휘 2

해결하다 реши́ть
좋은 조언을 주다
дать хоро́шие сове́ты

---

③ Мо́жешь ли ты узна́ть э́то для меня́?

나를 위해서 이것을 알아봐 줄 수 있어?

☞ Спаси́бо тебе́! Я угощу́ тебя́ у́жином.

고마워! 저녁에 초대할게.

대체 어휘 3

받다 получи́ть
질문하다 спроси́ть
사다 купи́ть

---

④ Мо́жешь ли ты уча́ствовать вме́сто меня́?

나를 대신해서 참가할 수 있어?

☞ Спаси́бо! Не забу́ду твою́ по́мощь!

고마워! 너의 도움 잊지 않을게!

대체 어휘 4

참석하다 прису́тствовать
제출하다 предста́вить

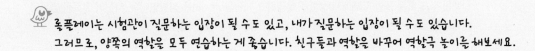

🐦 롤플레이는 시험관이 질문하는 입장이 될 수도 있고, 내가 질문하는 입장이 될 수도 있습니다.
그러므로, 양쪽의 역할을 모두 연습하는 게 좋습니다. 친구들과 역할을 바꾸어 역할극 놀이를 해보세요.

⑤ Мо́жно оста́ться в твоём до́ме на не́сколько дней?

며칠만 너희 집에서 지낼 수 있을까?

☞ **Спаси́бо за по́мощь!**

도와줘서 고마워!

대체 어휘 5

강아지를 돌봐 줄 수 있다
Ты мо́жешь поуха́живать за щенко́м
너한테 돈을 빌릴 수 있다
Мо́жно заня́ть у тебя́(на)
너의 자동차를 빌릴 수 있다
Мо́жно одолжи́ть у тебя́ маши́ну(на)

⑥ Я хочу́, что́бы вы помогли́ мне пригото́вить.

저는 당신이 제가 요리하는 것을 도와주길 원해요.

☞ **Вы мне о́чень помогли́!**

저한테 너무 도움이 되었어요!

대체 어휘 6

프로젝트를 완성하다
заверши́ть прое́кт
보고서를 쓰다
написа́ть отчёт
프레젠테이션을 발표하다
предста́вить презента́цию

💬 리액션(Reaction)하기 좋은 답변

Пото́м я угощу́ тебя́!	다음에 대접할게!
Ничего́! Я зна́ю, что вы то́же за́няты.	괜찮아요! 당신도 바쁘다는 것을 알고 있어요.
Я смог(ла́) всё успе́шно сде́лать благодаря́ тебе́!	덕분에 성공적으로 해낼 수 있었어!
Всегда́ благодарю́ тебя́ за по́мощь.	너의 도움에 항상 고마워하고 있어.
В сле́дующий раз я обяза́тельно помогу́ тебе́.	다음번에는 내가 너를 반드시 도와줄게.

10 상황 설명 및 대안 제시하기

선택한 주제 혹은 돌발 주제에서 상황을 설명하고 대안을 제시하는 상황입니다. 자신이 잘못한 경우와 상대방이 잘못한 경우에 대해서 상황 설명 및 대안을 제시하는 학습을 해 보세요.

① К сожале́нию, но́мер не заброни́рован, потому́ что я сде́лал(а) оши́бку брони́рования.

안타깝게도 내가 예약을 실수해서 객실 예약이 안 됐어.

☞ Ду́маю, нам придётся пойти́ в друго́й. Извини́.

우리는 다른 곳으로 가야 할 것 같아. 미안해.

대체 어휘 1
늦게 예약했다
я по́здно заброни́ровал(а)
번호 남기는 것을 잊다
я забы́л(а) оста́вить
но́мер телефо́на
예약 정보가 없다
нет информа́ции
брони́рования

② Они́ сказа́ли, что рестора́н закры́лся.

식당이 문을 닫았다고 말했어.

☞ На́до поменя́ть наш план.

우리의 계획을 바꿔야 해.

대체 어휘 2
오늘은 영업일이 아니다
сего́дня не рабо́чий день
그들은 현재 리모델링 중이다
у них сейча́с ремо́нт
이미 이사했다
они́ уже́ перее́хали

③ Здесь э́то не продаётся.

여기는 이것을 안 팔아.

☞ Как ты ду́маешь, мо́жно найти́ э́то в интерне́те?

이것을 인터넷에서 찾을 수 있을까?

대체 어휘 3
다른 매장에서
в друго́м магази́не
공식 사이트에서
на официа́льном сайте
온라인 쇼핑몰에서
в интéрнет-магази́не

④ У меня́ есть не́сколько вариа́нтов.

나한테 몇 가지 대안이 있어.

☞ Как ты ду́маешь?

어떻게 생각해?

대체 어휘 4
방법 спо́собов
의견 мне́ний
해결법 реше́ний

🐦 롤플레이는 시험관이 질문하는 입장이 될 수도 있고, 내가 질문하는 입장이 될 수도 있습니다.
그러므로, 양쪽의 역할을 모두 연습하는 게 좋습니다. 친구들과 역할을 바꾸어 역할극 놀이를 해보세요.

⑤ Что ты ду́маешь о том, что́бы погуля́ть в па́рке вме́сте?

같이 공원을 산책하는 것에 대해서 어떻게 생각해?

☞ **Бу́дет интере́сно!**

재밌을 거야!

대체 어휘 5

나한테 기회를 다시 주다
дать ещё мне шанс
나한테 다시 어느 정도 시간을 주다
дать мне ещё немно́го вре́мени
다른 것을 사다
купи́ть друго́й

⑥ Мо́жет быть, мы не смо́жем прие́хать во́время из-за про́бки.

아마도, 우리는 교통체증 때문에 제시간에 도착하지 못할 것 같아.

☞ **Дава́й(те) поду́маем о друго́м пути́.**

다른 길에 대해서 한번 생각해 보자.

대체 어휘 6

보고서를 제출하다
отда́ть отчёт
부모님을 모셔다드리다
провести́ роди́телей
참석하다 **прису́тствовать**

💬 리액션(Reaction)하기 좋은 답변

Е́сли тебе́ норма́льно, выбира́ем э́то.	만약에 네가 괜찮다면 이것으로 고르자.
Не пережива́й! Всё бу́дет хорошо́!	걱정하지 마! 다 잘될 거야!
Мне всё равно́.	나는 다 괜찮아.
Извини́ за то, что я по́здно тебе́ сказа́л(а).	너에게 늦게 말해서 미안해.

돌발 질문은 선택된 주제와 관련되거나 전혀 다른 내용의 질문이 나올 수 있는 상황을 대처하는 코너입니다. 출제 빈도가 높은 질문에 대한 다양한 답변을 제시하고 대처할 수 있는 응용 어휘들을 함께 익혀 보세요.

돌발 질문

10

1. 은행

출제 빈도가 높은 주제별 돌발 질문들의 모범 답변입니다. 어떤 질문이 나와도 당황하지 않도록, 대체 어휘를 응용해 나에게 맞는 대처 답변을 만들어 보세요.

Q **Расскажи́те мне о ба́нках ва́шей страны́. Когда́ они́ открыва́ются и когда́ закрыва́ются? Как они́ вы́глядят?**

당신 나라의 은행에 대해 이야기해 주세요. 언제 열고 언제 닫나요? 그것은 어떻게 보이나요?

В Коре́е мно́го ба́нков. Их легко́ найти́. Осо́бенно их мно́го о́коло жилы́х домо́в. Вре́мя рабо́ты всех ба́нков одина́ковое. Они́ открыва́ются в 9 часо́в у́тра и закрыва́ются в 4 ча́са дня. По́сле 4 часо́в лю́ди мо́гут по́льзоваться приложе́нием и́ли банкома́том. Банкома́ты найти́ ле́гче, чем ба́нки, в Коре́е банкома́ты откры́ты всегда́. В ба́нках всегда́ мно́го люде́й. Поэ́тому ну́жно взять номеро́к в о́чередь. Офисному рабо́тнику нелегко́ пойти́ в банк из-за того́, что ба́нки закрыва́ются ра́но. Поэ́тому обы́чно лю́ди по́льзуются приложе́ниями для де́нежных перево́дов и банкома́тами, что́бы снять де́ньги. Я то́же ча́сто по́льзуюсь приложе́ниями.

한국에는 은행들이 많습니다. 은행들은 쉽게 찾을 수 있습니다. 특히 동네 주변에 많습니다. 모든 은행들의 업무 시간은 같습니다. 은행들은 아침 9시에 문을 열고 오후 4시에 문을 닫습니다. 4시 이후에 사람들은 앱 또는 ATM 기를 이용합니다. ATM기는 은행보다 찾기 쉽고 한국에서는 항상 운영합니다. 은행에는 항상 사람들이 많아서 번호표를 뽑아야 합니다. 은행이 일찍 닫기 때문에 회사원이 은행에 가는 것은 쉽지 않습니다. 그래서 보통 사람들은 돈을 송금할 때는 앱을 이용하고 돈을 인출할 때는 ATM기를 사용합니다. 저 역시 자주 앱을 사용합니다.

선생님의 한마디!

~ся가 붙으면 재귀동사가 됩니다. 그래서 뒤에 목적어가 올 수 없습니다.

대체어휘	인터넷 뱅킹 интерне́т-ба́нкинг	자동 이체 автоперево́д
	자동 납부 автоплатёж	

2. 휴대폰

출제 빈도가 높은 주제별 돌발 질문들의 모범 답변입니다. 어떤 질문이 나와도 당황하지 않도록, 대체 어휘를 응용해 나에게 맞는 대처 답변을 만들어 보세요.

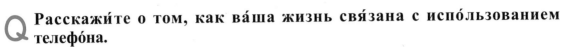

Q **Расскажи́те о том, как ва́ша жизнь свя́зана с испо́льзованием телефо́на.**

휴대폰 사용이 어떻게 당신의 생활과 연관이 되어있는지 이야기해 주세요.

Неда́вно я купи́л(а) но́вый телефо́н. Обы́чно я меня́ю телефо́н ка́ждые два го́да. В моби́льнике храни́тся мно́го информа́ции. В моём телефо́не мно́го фотогра́фий и информа́ции обо мне́. Я ча́сто по́льзуюсь свои́м телефо́ном, что́бы фотографи́ровать. И ча́сто испо́льзую социа́льные се́ти. Мо́жно обща́ться со мно́гими людьми́ с по́мощью моби́льного телефо́на. Я всегда́ ношу́ его́ с собо́й, поэ́тому мне ка́жется, телефо́н стал ва́жной ча́стью мое́й жи́зни.

저는 얼마 전에 새로운 휴대폰을 샀습니다. 보통 저는 2년마다 핸드폰을 바꿉니다. 핸드폰에는 많은 정보들이 보관되어 있습니다. 제 핸드폰 안에는 많은 사진과 저에 대한 정보들이 들어있습니다. 저는 보통 사진을 찍기 위해 핸드폰을 많이 사용합니다. 그리고 소셜 미디어를 자주 이용합니다. 휴대폰의 도움으로 여러 사람들과 연락을 할 수 있습니다. 저는 항상 핸드폰을 가지고 다녀서 핸드폰은 제 인생에서 중요한 부분이 된 것 같습니다.

선생님의 한마디!
1. '매 ~년/해 마다'의 표현은 「ка́ждые + 숫자」로 나타냅니다.
2. '~의 도움으로'라는 뜻인 с по́мощью는 생격을 요구합니다.

대체어휘

Кака́о 카카오톡	мессе́нджер 메신저	Фейсбу́к 페이스북
Инстагра́м 인스타그램	приложе́ние для электро́нной по́чты 메일 앱	
календа́рь 달력		

3. 인터넷

출제 빈도가 높은 주제별 돌발 질문들의 모범 답변입니다. 어떤 질문이 나와도 당황하지 않도록, 대체 어휘를 응용해 나에게 맞는 대처 답변을 만들어 보세요.

Q **Когда́ вы вы́шли в интерне́т в пе́рвый раз? Что вы де́лали обы́чно в то вре́мя?**

언제 처음 인터넷을 사용했나요? 그 당시에 보통 무엇을 하였나요?

Я впервы́е попро́бовал(а) вы́йти в интерне́т в нача́льной шко́ле. На са́мом де́ле, я не по́мню то́чно, когда́ я впервы́е на́чал(а) им по́льзоваться. В то вре́мя интерне́т не́ был таки́м бы́стрым, как сейча́с. Я обы́чно испо́льзовал(а) интерне́т, что́бы игра́ть в и́гры. И мне та́кже нра́вилось обща́ться с людьми́ че́рез интерне́т. В то вре́мя бы́ло мо́дно обща́ться с людьми́ че́рез чат. Тепе́рь, ка́жется, я по́льзуюсь интерне́том весь день и ка́ждый день. С по́мощью интерне́та я смотрю́ фи́льмы, чита́ю кни́ги и получа́ю мно́го информа́ции. У меня́ да́же есть возмо́жность купи́ть ве́щи. Тепе́рь я не могу́ жить без интерне́та.

저는 처음으로 초등학교에서 인터넷을 사용해 보았습니다. 사실 정확하게 언제 처음 사용했는지는 기억나지 않습니다. 그때는 지금처럼 인터넷이 빠르지 않았습니다. 저는 보통 게임을 하기 위해 인터넷을 사용했습니다. 그리고 인터넷을 통해 사람들과 교류하는 것도 좋아했었습니다. 그 당시에는 채팅을 통해 사람들과 교류하는 것이 유행이었습니다. 지금은 매일 하루 종일 인터넷을 사용하는 것 같습니다. 인터넷의 도움으로 저는 영화를 보고 책을 읽고 많은 정보를 얻습니다. 심지어는 물건도 살 수 있습니다. 이제는 인터넷 없이는 살 수 없습니다.

선생님의 한마디!

한때는 좋아했으나, 지금은 그렇지 않은 표현을 нравиться의 과거형으로 표현합니다.
단, 현재까지도 좋아한다면 нравиться 동사의 현재형 또는 완료상의 과거형으로 표현해 줍니다.

대체어휘		
купи́ть оде́жду 옷을 구입하다	иска́ть информа́цию 정보를 찾다	
смотре́ть фильм 영화를 보다	переписа́ться пи́сьма с друзья́ми 친구와 편지를 주고받다	

4. 쇼핑

출제 빈도가 높은 주제별 돌발 질문들의 모범 답변입니다. 어떤 질문이 나와도 당황하지 않도록, 대체 어휘를 응용해 나에게 맞는 대처 답변을 만들어 보세요.

Q **Почему́ вы лю́бите шо́ппинг? Как ча́сто вы хо́дите по магази́нам? Где вы покупа́ете ве́щи?**

쇼핑 가는 것을 왜 좋아하나요? 얼마나 자주 가나요? 어디에서 물건을 구입하나요?

Я люблю́ покупа́ть ве́щи. Осо́бенно я люблю́ ходи́ть по магази́нам, что́бы снять стресс. Зараба́тывать де́ньги тяжело́ и неинтере́сно, но тра́тить их мне о́чень нра́вится. Я обы́чно покупа́ю оде́жду по интерне́ту. Я хоте́л(а) бы ходи́ть по магази́нам, но э́то сли́шком тяжело́, и у меня́ не так мно́го вре́мени. Поку́пки в интерне́те – э́то отли́чный спо́соб уви́деть мно́го това́ров. Я де́лаю поку́пки приме́рно два ра́за в ме́сяц. Когда́ я встреча́юсь с друзья́ми, я хожу́ по магази́нам с ни́ми. Друзья́ даю́т мне мно́го сове́тов. И они́ всегда́ выбира́ют краси́вую оде́жду.

저는 물건 사는 것을 아주 좋아합니다. 특히, 스트레스 해소를 위해 상점 돌아다니는 것을 좋아합니다. 돈을 버는 것은 힘들고 재미없지만, 돈을 쓰는 것은 매우 좋아합니다. 저는 보통 인터넷에서 옷을 구입합니다. 직접 가서 쇼핑을 하고 싶지만, 너무 힘들고 시간이 많이 없습니다. 인터넷 쇼핑은 많은 상품을 보기 위한 아주 좋은 방법입니다. 저는 한 달에 2번 정도 쇼핑을 합니다. 친구들을 만날 때에는 친구들과 같이 쇼핑을 하러 갑니다. 친구들은 저에게 많은 조언을 줍니다. 그리고 그들은 항상 예쁜 옷을 골라 줍니다.

선생님의 한마디!

어떠한 장소들을 여러 군데에 들려야 하는 경우 「전치사 по+여격 복수」를 사용합니다.

  ходи́ть по вы́ставкам 전람회를 돌아다니다

대체어휘	· 구입품		
	аксессуа́ры 액세서리를	се́рьги 귀걸이를	о́бувь 신발을
	брю́ки 바지를	косме́тику 화장품을	
	· 쇼핑 장소		
	в универма́ге 백화점	в торго́вом це́нтре 쇼핑센터	на ры́нке 시장

5. 지형

출제 빈도가 높은 주제별 돌발 질문들의 모범 답변입니다. 어떤 질문이 나와도 당황하지 않도록, 대체 어휘를 응용해 나에게 맞는 대처 답변을 만들어 보세요.

Q **Расскажи́те, пожа́луйста, о геогра́фии ва́шей страны́. Есть ли у вас в стране́ го́ры, озёра и́ли ре́ки?**

당신 나라의 지리에 대하여 이야기해 주세요. 산, 호수 또는 강이 있나요?

Я живу́ в Респу́блике Коре́я, кото́рая нахо́дится на полуо́строве в Восто́чной Азии. Коре́я окружена́ тремя́ моря́ми, поэ́тому мно́го морепроду́ктов и име́ет краси́вые пейза́жи. Та́кже о́коло 70 проце́нтов земли́ покры́то гора́ми. Да́же в больши́х города́х, таки́х как Сеу́л и Пуса́н, мо́жно заме́тить ма́ленькие и́ли больши́е горы. Я ду́маю, что Коре́я име́ет уника́льную и интере́сную геогра́фию.

저는 동아시아에서 한반도에 위치해 있는 '대한민국'에 살고 있습니다. 한국은 삼면이 바다로 둘러싸여 풍부한 해산물과 아름다운 바다의 경치를 가지고 있습니다. 또한 지형의 약 70%가 산으로 되어있습니다. 서울이나 부산과 같은 대도시에서도 작고 큰 산들을 볼 수 있습니다. 한국은 독특하고 재미있는 지형을 가지고 있는 것 같습니다.

대체어휘	• 방위(주격)			
	восто́чный 동쪽의	за́падный 서쪽의	се́верный 북쪽의	ю́жный 남쪽의
	• 지형 관련			
	о́стров 섬	контине́нт 대륙	океа́н 대양	

6. 명절

출제 빈도가 높은 주제별 돌발 질문들의 모범 답변입니다. 어떤 질문이 나와도 당황하지 않도록, 대체 어휘를 응용해 나에게 맞는 대처 답변을 만들어 보세요.

Q **Расскажи́те о традицио́нных пра́здниках ва́шей страны́.**

당신 나라의 전통 명절에 대해서 이야기해 주세요.

Я хочу́ рассказа́ть о пра́зднике, кото́рый явля́ется одни́м из са́мых больши́х пра́здников в Коре́е – э́то Но́вый год. В Коре́е есть два Но́вых го́да. Пе́рвый Но́вый год отмеча́ют 1 января́, как во всём ми́ре, а второ́й – 1 января́ по лу́нному календарю́. Обы́чно э́то коне́ц января́ и́ли нача́ло февраля́. Пра́здник при́нято отмеча́ть три дня. В э́ти дни практи́чески все обще́ственные места́ не рабо́тают. На пра́здник вся семья́ и ро́дственники собира́ются в одно́м до́ме. На Но́вый год мы по тради́ции еди́м ри́совый суп ттокгу́к и блины́ чон. Утром второ́го пра́здничного дня де́ти де́лают покло́н ста́ршему поколе́нию и жела́ют им здоро́вья, сча́стья. А роди́тели даю́т им карма́нные де́ньги. Но́вый год явля́ется счастли́вым.

저는 한국에서 가장 큰 명절 중 하나인 '설날'에 대하여 이야기하고 싶습니다. 한국에는 2개의 설날이 있습니다. 하나는 전 세계와 마찬가지로 1월 1일에 지내는 것이고, 다른 하나는 음력 1월 1일에 지내는 것입니다. 보통 이날은 1월의 마지막 또는 2월 초입니다. 명절은 3일 동안 보내게 됩니다. 명절 기간에는 사실상 모든 공공장소들이 영업을 하지 않습니다. 명절에는 모든 가족들과 친척들이 한집에 모입니다. 설날에 우리는 쌀로 만든 국인 '떡국'과 '전'을 전통에 따라 먹습니다. 명절 이틀째 아침에는 아이들이 어른들께 절을 하고 그들의 건강과 행복을 기원합니다. 그리고 어른들은 아이들에게 용돈을 줍니다. 설날은 행복한 날입니다.

선생님의 한마디!
• 날짜 말하기
어떠한 때를 나타낼 때 일(日)을 서수사의 중성 생격으로 읽어 주어야만 합니다.

| Како́е число́? | Пе́рвое января́ | 며칠이야? 1월 1일 | (일 : 서수사 중성 주격, 월 : 명사 생격) |
| Когда́? | Пе́рвого января́ | 언제? 1월 1일에 | (일 : 서수사 중성 생격, 월 : 명사 생격) |

| 대체어휘 | бра́тья и сёстры 형제자매들 | вну́ки 손주들 | племя́нники 조카들 |
| | дя́ди 남자 친척들 | тёти 여자 친척들 | |

7. 음식

출제 빈도가 높은 주제별 돌발 질문들의 모범 답변입니다. 어떤 질문이 나와도 당황하지 않도록, 대체 어휘를 응용해 나에게 맞는 대처 답변을 만들어 보세요.

Q **Что обы́чно едя́т лю́ди в ва́шей стране́? Расскажи́те подро́бно.**

당신의 나라에서 사람들은 보통 무엇을 먹나요? 자세하게 이야기해 주세요.

Несмотря́ на то, что рис явля́ется основны́м проду́ктом пита́ния для коре́йцев, на́ша страна́ сла́виться свои́м кулина́рным многообра́зием. Обы́чно коре́йцы едя́т рис с заку́сками. Одно́ из са́мого изве́стных блюд в Коре́е - кимчи, пибимбап и бульгоги. Коре́йцы лю́бят есть сезо́нную пи́щу. Весно́й едя́т съедо́бные тра́вы, кото́рые расту́т то́лько в э́то вре́мя го́да. А ле́том коре́йцы лю́бят есть холо́дную лапшу́. О́сенью и зимо́й та́кже едя́т сезо́нную пи́щу. О́сенью предпочита́ют есть фру́кты, а зимо́й саши́ми.

밥은 한국의 주식이지만, 우리나라는 다양한 음식으로 유명합니다. 보통 한국 사람들은 반찬을 곁들여 밥을 먹습니다. 한국에서 가장 유명한 음식 중 하나는 김치, 비빔밥 그리고 불고기입니다. 한국인들은 제철 음식 먹는 것을 좋아합니다. 봄에는 이 계절에만 자라는 나물을 먹고 여름에는 냉면(을) 먹는 것을 좋아합니다. 가을과 겨울에도 제철 음식을 먹습니다. 가을에는 과일을 그리고 겨울에는 회 먹는 것을 더 좋아합니다.

선생님의 한마디!

сла́виться+조격 : '~으로 이름을 알리다, 유명하다'라는 의미로, 소문이 나는 것을 이야기 할 때 쓰는 표현입니다.

대체어휘		
ку́рицу 닭고기(를)	мя́со 고기(를)	саши́ми 회(를)
поле́зные проду́кты для здоро́вья 건강에 좋은 식품(을)		све́жие проду́кты 신선한 식품(을)

8. 계절

출제 빈도가 높은 주제별 돌발 질문들의 모범 답변입니다. 어떤 질문이 나와도 당황하지 않도록, 대체 어휘를 응용해 나에게 맞는 대처 답변을 만들어 보세요.

Q **Как меня́ются времена́ го́да в ва́шей стране́? Опиши́те, пожа́луйста, характери́стики ка́ждого сезо́на.**

당신 나라의 계절은 어떤가요? 매 계절마다 특징을 묘사해 주세요.

В Коре́е четы́ре я́рких сезо́на – весна́, ле́то, о́сень и зима́. Весна́ начина́ется с ма́рта, а зака́нчивается в ма́е. С апре́ля стано́вится тепле́е. Ле́то продолжа́ется с ию́ня по а́вгуст. В э́ту пору́ о́чень ду́шно, жа́рко. И ча́сто иду́т дожди́. В э́том сезо́не ча́сто происхо́дят наводне́ния и прихо́дят тайфу́ны. О́сенью пого́да стано́вится прохла́днее и свеже́е. Цвет ли́стьев меня́ется на кра́сный и́ли жёлтый. Зима́ наступа́ет в декабре́. Пого́да стано́вится холодне́е и о́чень си́льно ду́ет ве́тер.

한국에는 봄, 여름, 가을 그리고 겨울의 뚜렷한 사계절이 있습니다. 봄은 3월부터 시작하고 5월에 끝납니다. 4월부터 따뜻해지기 시작합니다. 여름은 6월부터 8월까지 지속됩니다. 이때는 매우 후덥지근하고 덥습니다. 그리고 비가 자주 옵니다. 이 시즌에는 자주 홍수가 일어나고 태풍이 불어옵니다. 가을에는 날씨가 더 선선해지고 상쾌해집니다. 잎사귀들의 색은 빨간색 또는 노란색으로 바뀝니다. 겨울은 12월에 찾아옵니다. 날씨는 더 추워지고 바람이 아주 세차게 붑니다.

선생님의 한마디!

'계절이 찾아오다'의 표현은 наступа́ть-наступи́ть 동사를 사용합니다.

Уже́ наступи́ла зима́. 벌써 겨울이 찾아왔습니다.

대체어휘	
расту́т цветы́ 꽃들이 피다	*лю́ди одева́ются легко́* 사람들이 옷을 가볍게 입다
лю́ди е́здят смотре́ть цветы́ 사람들이 꽃을 보러 다닌다	

9. 건강

출제 빈도가 높은 주제별 돌발 질문들의 모범 답변입니다. 어떤 질문이 나와도 당황하지 않도록, 대체 어휘를 응용해 나에게 맞는 대처 답변을 만들어 보세요.

Q **Все хотя́т быть здоро́выми. Что обы́чно де́лают здоро́вые лю́ди? Скажи́те, пожа́луйста, что они́ едя́т, что́бы быть здоро́выми.**

모든 이들이 건강해지고 싶어 합니다. 건강한 사람들은 주로 무엇을 하나요? 건강한 사람이 되기 위해서 그들이 무엇을 먹는지 말해 주세요.

У меня́ есть оди́н друг. Почти́ ка́ждый день он хо́дит в фи́тнес-клуб. Он ест сала́т и кури́ную гру́дку без со́уса ка́ждый день. Его́ фигу́ра о́чень стро́йная и краси́вая. Он сказа́л мне, е́сли я хочу́ сохрани́ть своё здоро́вье и име́ть стро́йную фигу́ру, на́до регуля́рно занима́ться. С ним я согла́сен(согла́сна). Мне ка́жется здоро́вые лю́ди стара́ются регуля́рно занима́ться спо́ртом, позити́вно ду́мать, не кури́ть и не пить. Ещё они́ стара́ются избега́ть нездоро́вой пи́щи, тако́й как фаст-фу́д. Кро́ме того́, они́ никогда́ не пропуска́ют приёмы пи́щи. Я ду́маю, что подде́рживать здоро́вье о́чень тру́дно.

저는 친구가 한 명 있습니다. 그는 거의 매일 헬스장에 갑니다. 그는 매일 샐러드와 닭가슴살을 소스 없이 먹습니다. 그의 몸매는 매우 균형 잡혀있고 예쁩니다. 그는 만약 제가 자신의 건강을 지키고 싶고 균형 잡힌 몸매를 가지고 싶어 한다면 규칙적으로 운동해야 한다고 말했습니다. 저는 그의 의견에 동의합니다. 건강한 사람들은 규칙적으로 운동하고 긍정적인 생각, 금연과 금주를 위해 노력하는 것 같습니다. 그리고 패스트푸드와 같이 건강하지 않은 음식으로부터 멀어지기 위해 노력합니다. 그리고 절대로 식사를 거르지 않습니다. 저는 건강을 잘 유지하는 일은 매우 어렵다고 생각합니다.

선생님의 한마디!

무언가로부터 '회피하거나 도피하다, 피하다'의 표현은 「избега́ть+생격」을 사용할 수 있습니다.

대체어휘		
пить бо́льше воды́ 물을 더 마시다	ра́но ложи́ться спать 일찍 잠자리에 들다	
есть во́время 제때 밥을 먹다	есть фру́кты и о́вощи 과일과 채소를 먹다	

10. 환경오염

출제 빈도가 높은 주제별 돌발 질문들의 모범 답변입니다. 어떤 질문이 나와도 당황하지 않도록, 대체 어휘를 응용해 나에게 맞는 대처 답변을 만들어 보세요.

Q В настоя́щее вре́мя лю́ди беспоко́ятся о загрязне́нии окружа́ющей среды́. Объясни́те, пожа́луйста, как загрязне́ние влия́ет на измене́ние кли́мата в после́дние го́ды.

현재 사람들은 환경오염에 대해 걱정을 합니다. 오염이 최근 기후 변화에 어떻게 영향을 끼치는지 설명해 주세요.

Загрязне́ние окружа́ющей среды́ происхо́дит от мно́гих исто́чников, таки́х как фа́брики и тра́нспортные сре́дства. Загрязне́ние влия́ет не то́лько на здоро́вье люде́й, но и на измене́ние кли́мата. Наприме́р, загрязне́ние окружа́ющей среды́ вызыва́ет потепле́ние клима́та. Из-за э́того ледники́ в Антаркти́де та́ют, поэ́тому среда́ обита́ния живо́тных изменя́ется быстре́е, чем они́ мо́гут к э́тому приспосо́биться. Повыше́ние у́ровня мо́ря, что ока́зывает огро́мное влия́ние на окружа́ющую среду́. Э́то приведёт к затопле́нию большинства́ острово́в.

환경 오염은 공장이나 운송 수단과 같은 많은 원인으로부터 발생합니다. 이러한 오염은 많은 사람뿐만 아니라 기후 변화에도 영향을 끼칩니다. 예를 들면 환경오염은 온난화 현상을 불러일으킵니다. 이것 때문에 남극의 빙하가 녹고 동물들의 서식지가 그들이 환경에 적응하는 것에 비해 더 빠르게 변하고 있습니다. 해수 온도의 상승은 환경에 엄청난 영향을 끼칩니다. 이것은 다수의 섬이 침수되는 결과를 가져올 것입니다.

| 대체어휘 | опусты́нивание 사막화 | разруше́ние озо́нового сло́я 오존층 파괴 | тайфу́н 태풍 |
| | наводне́ние 홍수 | землетрясе́ние 지진 | |

돌발 질문 10 **259**

OPIc 시험 도중 답변이 생각나지 않거나 예상치 못한 질문을 받았을 때 위기를 모면할 수 있는 위기 상황 대처 표현들과 본문에서 유용하게 활용할 수 있는 단어들을 카테고리별로 정리하였습니다.

꿀팁! 부록

- 위기 상황 대처 표현 20
- 기초 단어

1. Подожди́те мину́ту, пожа́луйста!

잠시만 기다려 주세요!

2. Да́йте мне немно́го вре́мени поду́мать!

생각할 시간을 조금만 주세요!

3. Я ещё бу́ду ду́мать об э́той пробле́ме.

저는 이 문제에 대해서 더 생각해 보겠습니다.

4. Я то́чно не зна́ю, как отве́тить на э́тот вопро́с.

저는 이 질문에 어떻게 답변을 해야 할지 잘 모르겠습니다.

5. Тру́дно объясни́ть, что я ду́маю.

제 생각을 설명하기가 어렵습니다.

6. Извини́те, я не по́мню ваш вопро́с.

죄송하지만, 질문 내용을 기억하지 못합니다.

7. Я хочу́ рассказа́ть бо́льше, но вре́мени не хвата́ет.

이 문제에 대해 많이 이야기하고 싶지만, 시간이 충분하지 않네요.

8. Я не по́нял(а́), что вы спроси́ли.

무엇을 물어보신 건지 이해를 못 했습니다.

9. Я не зна́ю, что мне на́до отве́тить.

저는 어떻게 대답해야 할지 모르겠습니다.

10. У меня́ нет о́пыта в э́той сфе́ре.

그 분야에 대한 경험이 없습니다.

11. Жа́лько, что вре́мени не хвата́ет, что́бы объясни́ть подро́бно.

이 문제에 대해서 자세히 설명하기 위한 시간이 충분하지 않아 아쉽습니다.

---

12. Я могу́ сказа́ть то́лько э́то.

여기까지만 말할 수 있습니다.

---

13. К сожале́нию, у меня́ нет о́пыта в э́том, поэ́тому мо́жно мне рассказа́ть о моём дру́ге(мое́й подру́ге)?

이 문제에 대해 경험이 없으므로, 제 친구의 이야기에 대해 말해도 될까요?

---

14. Э́тот вопро́с сло́жный! Но я постра́юсь отве́тить.

이 질문이 너무 복잡하네요! 그렇지만 대답하기 위해서 노력하겠습니다.

---

15. Э́то собы́тие произошло́ давно́, поэ́тому не о́чень хорошо́ по́мню.

그 일은 아주 오래전에 일어났던 일이라, 기억이 잘 안 납니다.

---

16. Я не зна́ю, как говори́ть об э́том по-ру́сски.

저는 그것에 대해 어떻게 러시아어로 말해야 하는지 모릅니다.

---

17. Я уже́ рассказа́л об э́том в предыду́щем отве́те.

저는 이전 답변에서 이 문제에 대해 이미 이야기했습니다.

---

18. Я приведу́ оди́н приме́р.

예를 하나 들도록 하겠습니다.

---

19. Я расскажу́ о друго́й те́ме, кото́рая похо́жа на э́ту.

제가 이 주제와 비슷한 다른 주제에 대해서 말하겠습니다.

---

20. Я не о́чень заду́мывался над э́той пробле́мой.

저는 이 문제에 대해서 많이 생각해본 적이 없습니다.

기초 단어

■ 숫자(기수) коли́чественные числи́тельные

0	ноль, нуль	30	три́дцать
1	оди́н, одна́, одно́, одни́	31	три́дцать оди́н/одна́/одно́/одни́
2	два, две	32	три́дцать два/две
3	три	33	три́дцать три
4	четы́ре	34	три́дцать четы́ре
5	пять	35	три́дцать пять
6	шесть	40	со́рок
7	семь	50	пятьдеся́т
8	во́семь	60	шестьдеся́т
9	де́вять	70	се́мьдесят
10	де́сять	80	во́семьдесят
11	оди́ннадцать	90	девяно́сто
12	двена́дцать	100	сто
13	трина́дцать	200	две́сти
14	четы́рнадцать	300	три́ста
15	пятна́дцать	400	четы́реста
16	шестна́дцать	500	пятьсо́т
17	семна́дцать	600	шестьсо́т
18	восемна́дцать	700	семьсо́т
19	девятна́дцать	800	восемьсо́т
20	два́дцать	900	девятьсо́т
21	два́дцать оди́н/одна́/одно́/одни́	1천	ты́сяча
22	два́дцать два/две	1만	де́сять ты́сяч
23	два́дцать три	십만	сто ты́сяч
24	два́дцать четы́ре	백만	миллио́н
25	два́дцать пять	천만	де́сять миллио́нов
26	два́дцать шесть	1억	сто миллио́нов
27	два́дцать семь	십억	миллиа́рд
28	два́дцать во́семь		
29	два́дцать де́вять		

264 한 번에 꿀! OPIc 러시아어

■ 숫자(서수) поря́дковые числи́тельные

서수사	남성	여성	중성	복수
첫 번째	пе́рвый	пе́рвая	пе́рвое	пе́рвые
두 번째	второ́й	втора́я	второ́е	вторы́е
세 번째	тре́тий	тре́тья	тре́тье	тре́тьи
네 번째	четвёртый	четвёртая	четвёртое	четвёртые
다섯 번째	пя́тый	пя́тая	пя́тое	пя́тые
여섯 번째	шесто́й	шеста́я	шесто́е	шесты́е
일곱 번째	седьмо́й	седьма́я	седьмо́е	седьмы́е
여덟 번째	восьмо́й	восьма́я	восьмо́е	восьмы́е
아홉 번째	девя́тый	девя́тая	девя́тое	девя́тые
열 번째	деся́тый	деся́тая	деся́тое	деся́тые
열한 번째	оди́ннадцатый	оди́ннадцатая	оди́ннадцатое	оди́ннадцатые
열두 번째	двена́дцатый	двена́дцатая	двена́дцатое	двена́дцатые
열세 번째	трина́дцатый	трина́дцатая	трина́дцатое	трина́дцатые
열네 번째	четы́рнадцатый	четы́рнадцатая	четы́рнадцатое	четы́рнадцатые
열다섯 번째	пятна́дцатый	пятна́дцатая	пятна́дцатое	пятна́дцатые
스무 번째	двадца́тый	двадца́тая	двадца́тое	двадца́тые
서른 번째	тридца́тый	тридца́тая	тридца́тое	тридца́тые
마흔 번째	сороково́й	сорокова́я	сороково́е	сороковы́е
오십 번째	пятидеся́тый	пятидеся́тая	пятидеся́тое	пятидеся́тые

■ 요일 дни неде́ли

월요일	화요일	수요일	목요일	금요일	토요일	일요일
понеде́льник	вто́рник	среда́	четве́рг	пя́тница	суббо́та	воскресе́нье

기초 단어

■ 월 ме́сяцы

1월	янва́рь	7월	ию́ль
2월	февра́ль	8월	а́вгуст
3월	март	9월	сентя́брь
4월	апре́ль	10월	октя́брь
5월	май	11월	ноя́брь
6월	ию́нь	12월	дека́брь

■ 기간 сро́ки

그저께	позавчера́	주	неде́ля
어제	вчера́	주말	выходны́е дни
오늘	сего́дня	이번 주	э́та неде́ля
내일	за́втра	월	ме́сяц
내일모레	послеза́втра	이번 달	э́тот ме́сяц
하루 종일	весь день	지난달	про́шлый ме́сяц
매일	ка́ждый день	해, 년	год
오후	ве́чер	올해	э́тот год
밤	ночь	작년	про́шлый год

■ 직급 служе́бное положе́ние

사장	президе́нт	매니저	ме́неджер
직원	служа́щий	상사	нача́льник

■ 전공 профéссии

경제학과	экономи́ческий факульте́т	국제관계학과	факульте́т междунаро́дных отноше́ний
경영학과	факульте́т управле́ния	러시아어학과	факульте́т ру́сского языка́
무역학과	факульте́т торго́вли	인문학과	гуманита́рный факульте́т
영문과	факульте́т англи́йского языка́	사회학과	социологи́ческий факульте́т

■ 가족 семья́

할아버지	де́душка	남편	муж
할머니	ба́бушка	부인	жена́
아버지	оте́ц	부부	супру́ги
어머니	мать	형제자매	брат и сестра́
나	я	오빠	ста́рший брат
고모, 숙모	тётя	남동생	мла́дший брат
조카, 손녀	племя́ник	여동생	мла́дшая сестра́
자녀	де́ти	언니	ста́ршая сестра́
큰아버지	дя́дя	큰아들	ста́рший сын
삼촌, 작은아버지	дя́дя	막내딸	мла́дшая дочь

■ 성격 хара́ктер

참을성이 없는	нетерпели́вый	무서운	стра́шный
인내심이 강한	терпели́вый	소심한	засте́нчивый
게으른	лени́вый	쾌활한, 활기찬	весёлый
신중한	серьёзный	호기심 많은	любозна́тельный
다정다감한	ласка́тельный	정직한	че́стный
열정적인	горя́чий	활동적인	акти́вный

■ 장소 местá

병원	больни́ца	공원	парк
회사	фи́рма	집	дом
공장	заво́д, фа́брика	우체국	по́чта
서점	магази́н книг	호텔	гости́ница, оте́ль
교회	це́рковь	사원, 절	храм
마켓	ры́нок	공항	аэропо́рт
대사관	посо́льство	버스 정류장	остано́вка
대학교	университе́т	역	ста́нция
상점	магази́н	박물관	музе́й
식당	рестора́н	미술관	галере́я
은행	банк	약국	апте́ка

■ 취미 хо́бби

운동하다	занима́ться спо́ртом	쇼핑하다	ходи́ть на шо́ппинг, по магази́нам
독서하다	чита́ть кни́ги	낮잠 자다	спать днём
여행 가다	путеше́ствовать	TV 보다	смотре́ть телеви́зор
요리하다	гото́вить	인터넷 하다	сиде́ть за компью́тером
운전하다	води́ть маши́ну	축구하다	игра́ть в футбо́л
산책하다	гуля́ть	농구하다	игра́ть в баскетбо́л
음악 듣다	слу́шать му́зыку	야구하다	игра́ть в бейсбо́л
사진 찍다	де́лать фо́то	노래 부르다	петь
영화 보다	смотре́ть фи́льмы	춤추다	танцева́ть

■ 색깔 цветы́

빨간색	кра́сный	흰색	бе́лый
파란색	си́ний	보라색	фиоле́товый
초록색	зелёный	회색	се́рый
분홍색	ро́зовый	주황색	ора́нжевый
검은색	чёрный	갈색	кори́чневый

■ 날씨 пого́да

봄	весна́	태풍	тайфу́н
여름	ле́то	천둥	гром
가을	о́сень	번개	мо́лния
겨울	зима́	습한	мо́крый
눈	снег	건조한	сухо́й
비	дождь	날씨가 좋은	со́лнечный

■ 위치 места́ расположе́ния

위에	наверху́	뒤에	за
아래에	внизу́	오른쪽에	спра́ва от
안에	внутри́	왼쪽에	сле́ва от
밖에	снару́жи	동쪽에	на восто́ке
옆에	у	서쪽에	на за́паде
사이, 가운데에	ме́жду	남쪽에	на ю́ге
앞에	пе́ред	북쪽에	на се́вере

■ 교통수단 тра́нспорты

지하철	метро́	비행기	самолёт
버스	авто́бус	배	кора́бль
택시	такси́	오토바이	мотоци́кл
자동차	маши́на, автомоби́ль	자전거	велосипе́д

■ 직업 профе́ссия

(남) 교사	учи́тель	(남) 강사	преподава́тель
(여) 교사	учи́тельница	(여) 강사	преподава́тельница
(남) 학생	шко́льник	교수	профе́ссор
(여) 학생	шко́льница	(남) 대학생	студе́нт
(남) 운동선수	спортсме́н	(여) 대학생	студе́нтка
엔지니어	инжене́р	(남) 배우	актёр
의사	врач	(여) 배우	актри́са
간호사	медсестра́	(남) 가수	певе́ц
사업가	бизнесме́н	(여) 가수	певи́ца
법률가	юри́ст	(남) 예술가	арти́ст
경찰	полице́йский	(여) 예술가	арти́стка
운전기사	води́тель	미용사	парикма́хер
주부	домохозя́йка	화가	худо́жник
요리사	по́вар	우체부	почтальо́н
판매자	продаве́ц	지휘자	дирижёр

■ 식료품 및 과일 проду́кты и фру́кты

양파	лук	양배추	капу́ста
마늘	чесно́к	상추, 샐러드	сала́т
버섯	грибы́	쌀, 밥	рис
면	ла́пша	빵	хлеб
고추, 후추	пе́рец	소금	соль

설탕	са́хар	밀가루	мука́
감자	карто́фель	당근	морко́вь
식용유, 기름, 버터	ма́сло	해산물	морепроду́кты
딸기	клубни́ка	수박	арбу́з
포도	виногра́д	복숭아	пе́рсик
귤	мадари́н	사과	я́блоко
배	гру́ша	바나나	бана́н
파인애플	анана́с	오렌지	апельси́н
레몬	лимо́н	체리	ви́шня
키위	ки́ви	블루베리	голуби́ка

■ 의류 оде́жда

모자	головно́й убо́р, ша́пка	야구모자	ке́пка
중절모	шля́па	베레모	бере́т
신발	о́бувь	구두	ту́фли
운동화	крассо́вки	앵클부츠	боти́нки
부츠	сапоги́	슬리퍼	шлёпанцы, шлёпки
치마	ю́бка	바지	брю́ки
청바지	джи́нсы	반바지	шо́рты
스타킹	колго́тки	양말	носки́
티셔츠	футбо́лка	셔츠	руба́шка
블라우스	блу́зка	민소매	ма́йка

■ 가구 ме́бель

침대	крова́ть	소파	дива́н
책장	кни́жный шкаф	화장대	туале́тный сто́лик
서랍장	комо́д	협탁	ту́мбочка
안락의자	кре́сло	거울	зе́ркало

■ 가전제품 электробытовáя тéхника

컴퓨터	компьютéр	라디오	рáдио
냉장고	холодúльник	전자레인지	микроволновая печь
세탁기	стирáльная машúна	전기포트	электрочáйник
식기세척기	посудомóечная машúна	믹서기	мúксер
텔레비전	телевúзор	청소기	пылесóс

■ 신체 тéло

눈 / 양쪽 눈	глаз / глазá	코	нос
입술	губы́	뺨 / 양쪽 뺨	щекá / щёки
귀 / 양쪽 귀	ýхо / ýши	목	шéя
어깨 / 양쪽 어깨	плечó / плéчи	손, 팔	рукá
손가락	пáлец	다리 / 양쪽 다리	ногá / нóги
발바닥	ступня́	손톱 / 손톱들	нóготь / нóгти
속눈썹 / 양쪽 속눈썹	реснúца / реснúцы	눈썹 / 양쪽 눈썹	бровь / брóви
턱수염	бородá	콧수염	усы́

■ 줄임 표현 аббревиатура

뜻	줄임 표현	원어
미합중국	США	Соединённые Штáты Амéрики
교통경찰	ДПС	Дорóжно-патрýльная слýжба
국제연합	ООН	Организáция Объединённых Нáций
고등교육기관	вуз	вы́сшее учéбное заведéние
해, 년	г.	год
거리	ул.	ýлица
집	д.	дом
모스크바 국립 대학교	МГУ	Москóвский госудáрственный университéт
소비에트 사회주의 연방공화국 (소련)	СССР	Сою́з Совéтских Социалистúческих Респýблик
독립국가연합	СНГ	Сою́з Независúмых Госудáрств